嚣张奋斗

—— 从草根青年成长为美国上市公司管理者的36个秘密 ——

I came, I saw, I conquered.

张一楠 著

山东人民出版社

序

年轻人，为了梦想，嚣张地奋斗！

楠爸、楠妈

这是一楠的第二本原创励志书，也是他的开山之作“励志大师”系列图书的第二部。

一楠正在实现他小时候当作家的梦想，作为他的父亲，我年轻时也想成为作家，并为此笔耕不辍。儿子经常说，他是我们最好的作品。现在他实现了自己的梦想，就等于让我也实现了多年前的作家梦，我们当父母的发自内心地为他开心。

一楠经常对我们说：“爸、妈，我要救人！我要救中国数千万的大学生和年轻人！”

现在，生活好起来了，但是很多大学生、年轻人失去了奋斗的渴望，失去了孝顺父母的心灵，失去了被别人爱和爱别人的能力，甚至有些孩子已经麻木了、绝望了、堕落了……

太可惜了！我们做父母的不愿意看到这样的景象，相信天下所有的父母都不愿意看到这样的情景。

我们做父母的希望看到社会上出现更多有上进心的孩子，更多奋发向上的大学生，更多孝顺、有爱心的年轻一代。只有这样，我们的国家才有希望，我们的民族才有希望。

本书的主题是“为了梦想，嚣张地奋斗！”就是鼓励年轻人奋发图强，勇敢地向前走，不回头。

一楠，希望你继续朝着自己的梦想，嚣张地奋斗！爸妈做你最坚强的后盾！

年轻人们，叔叔阿姨也希望你们嚣张地奋斗，为了你们心中的梦想，也为了你们父母心中的梦想！

目　录

第1个秘密

上帝不要你先成功，只要你先开始！

在哈尔滨上大学的时候，有一次与学校的外教一起吃饭，他感叹说："中国人可以用两根木棍吃东西，很了不起。"我说："你可以试试。"他说："我用刀叉吃东西五十多年了，是绝不可能在一个月内学会用筷子的。"在我的再三邀请下，他开始学习，在四五次失败后，他居然夹起了一颗花生米，前后就一分钟。经过十分钟的练习，他已经完全可以用筷子吃饭了。

再看另外一个例子。一天，我让一位员工用毛笔写50张海报，宣传一场演讲活动。她告诉我："老大，我从来没写过海报，从来没写过毛笔字！"我说："没事，会写汉字就会写毛笔字，写坏三张海报就练出来了。"于是，她就开始写，写到第五张的时候，她告诉我："我已经不想停下来了，写毛笔字很爽，写High了。"我瞄了一眼她写的海报，根本看不出这是第一次用毛笔的人写出来的，写得非常好。从她说"不会写"到说"写High了"，中间只间隔几分钟。

由此可见：**改变只在一瞬间。**

这两件事情都说明了一个道理：**有多少次，当我们自己说"我不行"的时候，压根没有尝试过，压根没有开始过。其实，当你勇于开始的那一刻，你已经不是一秒钟前的那个你，在"开始"的那一个瞬间，你已经成长了，已经不在原地了！**

楠哥是怎样开始讲课的

我曾是新东方一所分校的写作首席主讲、国内部主任。最好的成绩是连续6年押中了作文题目，帮助无数学生考试成功，我也被学生

今天我的千人演讲，“开始”于8年前只有两人的课堂。（教室里只有我与一名学生）

称为英语写作的“瑞士军刀”。虽然取得了一些成就，但是大家不知道，我在新东方的职场历程却源于一次小得不能再小的“开始”。

大学毕业以后，我听说新东方老师的年薪达到几十万，这对我这个傻小子来说有着巨大的诱惑力。于是我“开始”在一个极小的机构讲口语课（当时我不敢去大的机构应聘），不为别的，只为练习讲课。这个机构小到什么程度呢？只有两名员工负责招生、查听课证。讲了一个多月我才见到老板，老板和我是老师，加上两名员工一共四个人。后来，我到了另一家稍大些的学校，在那里“开始”讲授一门土得掉渣的课程，用的教材很多年轻人听都没听说过，书名叫《许国璋英语》。在讲这本书的时候，我不断琢磨新东方的讲课风格和技巧，自己的讲课能力与日俱增，风格也趋于成熟。

讲了两个多月，我就去新东方应聘，试讲了三次，终于被录取。开始讲授新概念英语和中学英语，虽然我非常努力，但是因为不了解学员的需求，一开始就被学员投诉了。讲这么简单的课程我都被投诉，可想而知我当时的水平。**这个世界上哪有什么讲课天才，都是练出来的！**在改进了课程之后，我“开始”讲授大学英语四级写作；之后，“开始”讲授IELTS雅思英语写作；之后，“开始”讲授考研英语写作；之后，“开始”做国内部主任，“开始”进行管理和市场工作。现在，我已经拥有了近十万学员的讲课经历，很多学生是冲着我的写作课来到新东方的。**但是大家绝对没想到的是，如今在几百人的课堂上挥洒自如的我，当初是给一个学生上课，“开始”的我的演讲之路。**

直到现在，我都觉得多年前的第一次“开始”，对我意义非凡。**如果没有第一次“开始”，就没有之后的一次又一次的“开始”，更不会有现在的工作成绩。**因此，第一次的“开始”与此后的任何一次“开始”同样重要。

还有一件不可思议的事情：2009年6月份，我给民营企业家讲了一堂课。听众都是四五十岁的长者，我比他们小十几岁、二十几岁甚至三十几岁，我自己运营企业的经验和阅历远远不如他们，为什么他们会听一个毛头小伙子给他们讲“企业运营”的课程呢？

事情是这样的：2009年的一天，我无意间看到了一位企业智慧导师的讲课视频，就开始对其课程着迷。他讲课有一个非常大的特点，就是非常实用。于是我狠狠心花了20000元报了他主讲的“运营智慧”课程，还特地飞到西安听他讲“运营智慧”。从西安回来以后，我“开始”作为分享嘉宾在课堂里给一些企业家讲“运营智慧”的知识。再后来，我“开始”给企业里的中高层和员工做简单的免费企业培训，最后，我正式地“开始”给企业家们讲企业运营智慧。

我在企业培训方面取得的成果，也是由一次又一次的“开始”积累起来的。我深有感触：**只要你有了第一次“开始”，就会有第二次“开始”，这样下去，你接下来的人生将会收获一长串意想不到的“开始”。**

惯性法则

有人问：开始以后，接下来怎么办呢？

问得好！大家都知道，物理学中有一个著名的法则，叫做“惯性法则”。

“惯性法则”的内容是：物体有维持现状的惯性，开始运动或者停止运动都是最消耗能量的时候。我们都骑过自行车，你一定有切身的体会，自行车刚刚起动时是最费劲的。跟骑自行车类似的是，我们开始做某件事的时候，也受到“惯性法则”的影响，总是需要很大勇气和能量才能开始行动。在潜意识里，我们还是想维持现状，对新的事情总有一种不接受、抵触，甚至恐惧的情绪。中国有句古话来描述这种状态——“万事开头难”。不过，当自行车运转起来以后，就轻松多了。做事业也一样，只要勇敢地“开始”，后面就会按照“惯性”顺利地前进了。

各位，你们有没有很早以前就想着手去实现自己的梦想？一定有！每个人都有！只是你们一想到美妙的梦想，随之想到的就是“如果实现不了怎么办？”所以很多人都选择了“不开始”，所谓“眼不见心不烦”，反正“不开始”，我们活得貌似也很好。

现在，你懂得了“惯性法则”，即使对事情还没有100%的把握，你们至少可以从有把握的地方开始行动。我保证，一旦你开始行动，就会有不可思议的感觉。你们会发现事情的进展远远比曾经想象的简单很多，甚至有人感慨：“早知道这么容易，我早就开始了！”“当初我一直觉得这是不可能的，没想到一开始做才发现这么简单。”

开始以后，按照惯性法则运行，你还要学会“改善和删除”，即：在“做”中不断检验、改进，有效的保留，无效的删除。行得通的继续做下去，并想办法做大；行不通的立刻修改；再不行就淘汰，再想新的办法，再行动。在做的过程中，你会逐渐地找到自己的特长和兴趣，也会逐渐地发现自己人生的真正价值，要永远保持一种“修改人生轨迹”的心态，以适应外界的变化。

几位商界猛人的“开始”

排名在世界500强的企业有几千家，但其中能持续50年上排行榜的只有18家公司。很多人都想知道这18家公司到底有什么与众不同。跟踪调查的结果远远在人们的意料之外：在这18家公司中，几乎没有哪一家开始就有一个长远规划或者伟大的构想，**它们只是勇敢地“开始”了自己的业务，并且不断地尝试，好的保留，不好的放弃，像达尔文的进化论所说的“适者生存，不适者淘汰”，不断地进化，不断地演变，不断地改进，最后保持了持续的成功。**

沃尔玛的创始人山姆•沃尔顿、索尼的创始人井深大和惠普的创始人休利德都有一个共同点：**创业时都没有伟大的构想，他们只是开始往前走，尝试做任何可能的生意。**他们创办事业的时候什么也没有，只有要成功的意愿和一股伟大的热情，并准备随时取消、修正或改进一种构想。3M公司是美国明尼苏达州的一家著名企业，产品从家庭用品到医疗用品，从运输、建筑到商业、教育、电子、通信等各个领域。我非常欣赏这家公司的CEO说过的一句话，他说：“我们公司的成功其实是无意碰上了一些新产品，但是，**千万别忘记：一定要开始行动才能碰上。**”

山姆•沃尔顿　世界零售超市巨头沃尔玛创始人。创业时，向岳父借了2万美元，加上自己当兵时积攒的5000美元，1951年与妻子海伦在阿肯色州开了一家小商店。1962年，沃尔顿创办了第一家沃尔玛（Wal-Mart）折扣百货店。1992年，沃尔顿获得“美国自由勋章”。沃尔玛能有今天的辉煌，创始人山姆•沃尔顿居功至伟。

山姆•沃尔顿有三句广为流传的名言：“顾客是上帝”、“尊重每一位员工”、“每天追求卓越”。他还有一个著名的“八颗牙”理论：对顾客微笑的时候，尽量露出八颗牙齿，这样做能发出最友善的微笑。

开始、行动、改正、尝试，如果你使用的方法有效就保留，无效就换新方法，就这么简单。随时随地格式化你的大脑，随时随地颠覆自己。**企业，是逐渐演进的物种，人也是。**

很多人年轻时都很迷茫，他们不知道此生可以做什么，他们不知道自己的生命将去向何方。这很正常，我也曾经这样迷茫过。我想告诉各位：人生的定位不是你坐在那里想出来的，也不是你和朋友们空谈出来的。**要想对人生进行准确的定位，只有开始做，开始尝试，开始在做中找，开始在尝试中找，在一个又一个的开始中寻找，在不断取得的小成就中寻找。**

最近读了一本书《藏锋》，写的是四川新希望集团董事长刘永好与兄弟们创业的故事。刘氏兄弟原来是干什么的？卖鹌鹑蛋的。他们在卖鹌鹑蛋的时候，能想到自己会成为中国的首富吗？他们有长远规划，想到将来要从事地产和金融行业吗？显然没有。起初他们只知道卖鹌鹑蛋赚钱，就**开始**卖鹌鹑蛋；卖了鹌鹑蛋之后，想到卖鹌鹑不是更赚钱吗？就**开始**卖鹌鹑；卖了鹌鹑之后，有一次来到广东，发现广东的农民都在排队买泰国正大康地的猪饲料，就想卖猪饲料不是更赚钱吗？于是就成立了新希望饲料厂，**开始**卖饲料，从此也就**开始**了他们辉煌的创业之路。

起初，他们没有任何成熟的想法，没有任何壮丽的蓝图，只是看到了机会，就**开始**做，做着做着，他们才**开始**思考如何壮大。起步的时候，不具备任何成熟完善的条件，只有一颗永远向上的心，总是在想着如何发展壮大。**从小事开始，不断地做大做强，不好的因素淘汰，有利于自己的因素保留下来并发扬光大。**

成功者与失败者最大的区别就是——有没有开始。失败者永远在思考，永远在想如何如何，成功者看到一个机会就死命地抓住，从一个不完美的条件开始，边做边完善。

英国牛人丘吉尔的又一次“开始”

二战结束后，丘吉尔不再担任英国首相，他对于退休的生活非常不适应，就去跟邻居一位女画家学画画。在政治上叱咤风云的丘吉尔

温斯顿·丘吉尔　政治家、画家、演说家、作家，1953年诺贝尔文学奖得主（获奖作品《第二次世界大战回忆录》）。曾于1940－1945年及1951－1955年期间两度任英国首相，带领英国获得第二次世界大战的胜利，被认为是20世纪最重要的政治领袖之一。被美国杂志《展示》列为近百年来世界最有说服力的八大演说家之一。2002年，BBC举行"最伟大的100名英国人"调查，丘吉尔获选为有史以来最伟大的英国人。

却迟迟不敢在洁白的画布上下笔。也许是刚从一个战场上败下阵来，就无法再忍受另外一个失败了。正像我们一样，我们总是害怕一切不够完美的开始，我们多么希望等到完美的时候才开始，但是什么时候才完美呢？最后我们磨灭了开始的渴望。

一天下午，丘吉尔面对着画布几十分钟，始终不敢下笔，他在等待一个完美的开始。女画家是一个智慧的人，她拿起丘吉尔的颜料盘，向着干净的画布一甩，所有的颜料都一股脑泼到了丘吉尔的画布上。雪白的画布瞬间变得乱七八糟，像一幅最恶劣的油画。既然画布已经成为这个样子，丘吉尔反而一下子放松了下来，就开始拿起画笔，在上面任意地涂抹起来。

这就是丘吉尔在绘画上的第一个"开始"，一个惨不忍睹的"开始"，但是丘吉尔的心门一下子打开了。从此丘吉尔在绘画上一发不可收拾，一边从政，一边绘画长达十几年时间，留下了很多风格迥异、思维大胆的油画。更加重要的是丘吉尔恢复了自信，在政治上重新找到了自己的位置。

其实完美的开始永远不会来到，我们又何必等它呢？

你应该从哪里开始？

有的人说：我的年龄已经大了，从未开始过，现在开始晚吗？不晚，一点都不晚！开始，就是随时随地开始，不论你多大年纪，不论你的过去怎样。世界第一名推销员乔·吉拉德也是大器晚成，35岁之前默默无闻、穷困潦倒，甚至非常窝囊，因为他连让太太、孩子们吃一顿饱饭都做不到。但是短短几年就一跃成为世界上最伟大的推销员！

亲爱的兄弟姐妹们，我为你们提出三点建议：

第一、不管你现在身处何处，你**将要**去何处非常重要！

第二、不管你现在起点如何，你**以后**要达到的高度非常重要！

第三、不管你现在现状如何，你**开始**行动比什么都重要！

如果你没有一个惊人的开始，不妨有一个卑微的开始；如果你没有一个完美无缺的开始，不妨有一个惨不忍睹的开始。一个坏的开始，总比没有开始强上千倍万倍。如果说一个好的开始等于成功的一

半，那么坏的开始至少等于成功的三分之一。

如果你想成为演员、明星，请**开始**练习第一个表情，饱含深情地说出第一句台词；

如果你想成为律师，请认真写好辩词，让哥们、姐们扮演甲方乙方，**开始**运营你的模拟法庭；

如果你想成为下一个乔丹和姚明，请**开始**在每天早晨6:30站在篮球场上，集中你的精神向篮筐投出第一个球；

如果你想成为企业家，成就自己的商业帝国，不要再患得患失，请**开始**做出第一份商业计划书，并卖出你的第一件商品；

如果你想成为一座城市的市长，千万别怕别人嘲笑你的梦想，请**开始**跟周围的人们交谈，关注他们的每一个需求并尽力满足，**开始**建立第一个“为市民服务小组”，你来任组长。然后，你成为一个小区的负责人，成为一条街的负责人，成为城市里最大的那个区的负责人，成为市长秘书，成为副市长，最后成为市长！市长也是人，其他人可以做，为什么你不可以？

英文中有这样一句话：Waiting for life is waiting for die. 等待生命，就是等待死亡。**生命不是用来等待的，生命是用来穿越的。与其在等待中枯萎，不如在“开始”中绽放！**

请问：谁会背完了整本地图再去旅行呢？旅行的魅力，不在于快速到达目的地，而在于在未知中一次又一次起步。各位草根朋友，我的肺腑之言是：虽然你现在一无所有，虽然现在的条件还不完美，但是你拥有此时此刻的行动欲望，这就是你最大的资本！**忘记完美，丢掉恐惧，先开始吧，先起步吧！**

上帝不要你先成功，只要你先开始！只要你能够一次又一次地开始，必将一次又一次地成为！我断定、确定以及肯定！

奋斗贴士——

以我在新东方负责的项目为例，一开始只有基础班和强化班两个班型。

当年我增设了艺术生慢速精讲班，后来我又独创了全国唯一的写作押题班；

第二年，又有了新创的画龙点睛班、冲刺班；

第三年，有了政治培训和一对一培训；

第四年，有了数学课程和一对六培训；

现在，又增设了词汇项目和大学预科训练营课程……

我负责的部门现在每年的预算上千万，但是也是从百万的预算开始做起的；我现在管理的项目有几十个之多，但也是从三四个项目开始做起的。一次次开始，一次次壮大，一次次新的开始和生长……

我在新东方教育科技集团工作了7年，非常了解这艘中国教育航母的发展历程。新东方是美国纽交所的上市公司，是中国当之无愧的第一名的民营教育机构，每年培训几百万学生。但是，所有的这一切辉煌都源于1993年那个卑微的“开始”。

1993年，俞敏洪老师离开北大，创办了新东方。起初只有两个项目——托福和GRE培训。学生名单上只有几十个名字，其中的大部分姓名还是俞老师为了招生自己偷偷加上去的。招生地点就是北京海淀区中关村沿街的一间四面透风的违章建筑里。

就这样，新东方无声无息地诞生，无声无息地开始发展……

不久，有了GMAT课程，有了听力口语课程，有了雅思课程，有了新概念课程，有了四六级课程；

后来，有了考研课程，有了中学课程，有了泡泡少儿英语课程；

再后来，有了SAT课程，有了国际游学项目，有了留学直通车课程……

就这样，当初那个微不足道的开始，18年后，裂变为一个令人瞩目的成就。

世间的所有创业皆如此，从一个小小的“开始”起步，持续不断地发展，最后就“生长”成一个大大的成功。

请大家记住，**创始人最大的本事就是从一个卑微的开始起步，十年后，二十年后，三十年后，这个不起眼的“开始”就变幻成了一个耀眼的“辉煌”。**

第2个秘密

逆境商数

大家会发现：现在富二代在社会上声望极差，近乎成为了“寄生虫”和“浪荡公子”的代名词。为什么？因为他们的父辈赚取了足够多的财富，舍不得再让儿女吃苦受罪，舍不得把他们放到逆境中去锤炼打磨，最后造就了“垮掉的一代”。第一代企业家们经过几十年的辛苦打拼，一手打造了庞大的商业帝国，他们把没有任何创业管理经验的儿女直接空降到公司里，接替自己的位置，这些小祖宗们能接得住吗？就比如爬山的过程，第一代企业家花费了几十年时间，一步一步爬到山顶，他们却想帮孩子省去辛苦爬山的过程，用直升机把孩子运到山顶。这些孩子站在山顶会怎样？就冻死了，高处不胜寒啊。

拿什么拯救富二代？

我们来看一个跟富二代完全相反的例子。今年我去中国石油大学演讲，认识一个小哥们，今年上大三，是全校学生会主席，自从上大学以来得奖无数，最近还代表学校跟随中央团委去日本做交流。我问他怎么看待富二代问题。他说：“小时候我的父亲经商，我也是一个富二代。但是在我参加高考之前20天，父亲突然得重病去世，当时我觉得天塌了。为什么老天对我如此不公平？同龄人有父母的呵护，而我却只能和妈妈相依为命。后来我想通了，**我没有人可以依靠，只能靠自己奋斗。现在我的很多同学怕做事，怕吃苦，怕受伤，我不怕！我反而觉得一个男人身上有几条伤疤挺酷的！一个男人最性感的部位，是他身上的伤疤！**”

说得多好！这是他用自己的生命体验得出的结论，挫折、逆境、甚至灾难打击了他，同时也锻造了他。小小年纪就可以成为在大学里叱咤风云的领袖人物，在困难中逆势而上，勇敢的奋斗是他成熟起来的主要因素。

从这位小哥们的人生故事当中，我找到了拯救富二代的解药，而且一定可以药到病除。

药方只有四个字：**摔打他们！**

有一次，记者问成龙是怎么教育房祖名的？成龙的回答只有三个字：**"栽跟头！"**这句话虽然简单，却道出了父辈们教育孩子的真谛：**任何痛苦和磨难，都是砥砺性格和信念的机会。**

大家知道澳门赌王何鸿燊是怎么培养儿子的吗？他的办法值得第一代企业家们好好借鉴。

何鸿燊　港澳十大富豪，澳门首富，澳门旅游娱乐有限公司总经理。控制的资产达5000亿港元之巨，个人财富700亿港元，澳门有三分之一的人直接或间接受益于他的公司。澳门人将其称作"无冕澳督"和"米饭班主"，是澳门博彩史上权势最大、获利最多、名气最响、在位最长的赌王。

何鸿燊的儿子何猷龙大学毕业后，被父亲送到香港的一家公司打工。从基层做起，经过摸爬滚打的锻炼，再加上赌王父亲的点拨，何猷龙晋升迅猛，很快就从员工晋升为经理，再晋升为总监，又晋升为副总，最后娶了这家公司总裁的女儿，成为这家公司的掌门人。这时候，何猷龙已经经历了商场上大风大浪的洗刷，成为了一个成熟的商人。时机成熟了，何鸿燊让儿子回来接手自己在澳门的庞大的博彩帝国。这时候的何猷龙不是从山底被空运到山峰，而是从一个山峰（香港公司）过渡到另外一个山峰（何家的澳门博彩产业），他自己经历过爬山（经营企业）的艰辛和危险，经营起自家的博彩帝国就游刃有余了。

折腾=体验，亲身体验是最深刻的智慧。社会是最好的学校，实践是最好的老师。今天不够好，是因为昨天折腾的太少；今天不太好，是过去别人对我们太好。要想未来变得更好，就不要奢求现在对自己太好。**小折腾只能磨练出小人物，大折腾才能磨练出大人物。**

经营企业靠的是体验。所以要想让孩子长大后可以顺利接班，必须给予他们足够多的失败体验，让他们逐渐成熟，逐渐老练，最后可以坦然面对商场上的疾风暴雨。比如，父辈企业家不要直接给孩子1200万，可以分成两个步骤给。第一次，可以给孩子600万，让他自己去创建一个公司，很快公司就会破产；第二次，再给他花600万创建一个公司，并在他不知情的情况下，想尽办法让公司再破产。如此几次以后，这位富二代就具备了残酷商场上的免疫力，具备了白手起家的基本心态和能力。一句话，父辈企业家要给予孩子挣到1200万的能力而不是直接给他1200万现金。

只有一个能够淡然面对“赔钱”困境的商人才是一个成熟的商人，才有资格朝着“企业家”的境界迈进。也许，这也是富二代由“垮掉的一代”变成“辉煌的一代”的唯一途径。

我的第一本书《凶猛成长》

我告诉大家：**一个人无论有多么牛B的老爸，都不会因为老爸的牛B而直接成长，也不会因为有一个牛B的老爸而直接超越所有人。只有他亲自经历过失败，亲自经历过伤害和痛苦，才能学会总结，学会反省，学会蜕变。这时候，他才开始逐渐牛B起来……**

所以，不管你是富二代，还是权二代，要走到人生的巅峰，要经历的不能只是鲜花、掌声，必须去经历失败和挫折，然后**将伤口变成你抵御下一次失败和挫折的盔甲，才能继续前行。成功的创业者有三大要诀：第一坚持，第二不要脸，第三不要脸地坚持。**不管是谁，若想在市场的江湖中成为英雄，必须练就这三点，方能百炼成钢。

我的第二本书《嚣张奋斗》

跟丁肇中学习怎样面对拒绝

先让大家看看我本人的逆境商数。

在我出版第一本励志书《凶猛成长》的时候，有人批评我说：“你不配出书。”我说：“配！（呸！）”

他又批评我说：“你出的书不配卖钱。”我说：“配！（呸！）”

最后他说：“你这样年轻，不配成功！”我说：“配！（呸！）配！（呸！）配！（呸！）”

面对极个别无聊之人的质疑、批评、谩骂、指责，更多的人选择的是缄默、忍让，我偏不！我要回击！任何时间，任何地点，任何人，给我真诚地提建议，我敬你是条汉子，跟你拜把子！任何时间，任何地点，任何人，泼妇骂街，我必须奉陪到底！

我的第三本书《青春霸道》

也许习惯了忍气吞声的你觉得我有些咄咄逼人，但是想在这个纷

丁肇中 1936年出生，美国实验物理学家。祖籍山东省日照市，华裔美国人，现任美国麻省理工学院教授，曾获得1976年诺贝尔物理学奖。他曾发现一种新的基本粒子，并以物理文献中习惯用来表示电磁流的拉丁字母“J”将这种新粒子命名为“J粒子”。

繁复杂的江湖之中取得一席之地，你就必须有这种咄咄逼人的劲头，这也是具备逆境商数的外在表现。

刚才“坯”得性起，我再给大家讲一个文弱书生咄咄逼人的故事。

丁肇中是著名的美国华裔实验物理学家，曾获得1976年诺贝尔物理学奖，被美国政府授予洛仑兹奖，被意大利政府授予特卡斯佩里科学奖。在世界精英汇聚的美国，一位华裔科学家能够脱颖而出，取得如此杰出的科学贡献，能够获得全世界的声望，背后的秘密是什么？除了丁肇中先生在物理学方面的过人天赋之外，还因为他有一股异于常人的“不接受拒绝和失败”的强大精神力量。

他在MIT（麻省理工学院）读书的时候，曾经把自己的发现写成一篇论文，投给某权威杂志。因为太超出常规，评审专家回信拒绝。丁肇中马上写信回击，说出那句名言：**我拒绝你的拒绝！I reject your rejection.**

被人拒绝了还这样理直气壮地回击，我们作为旁观者的感觉是：被拒绝的人仿佛不是丁肇中，而是那个评审专家。**在人生出现变数的时候，你要在困难面前更拽，在挫折面前更嚣张，在伤害面前更霸道，你就赢了！**如果你能做到，哪怕人生有这么一次，足矣！

江湖不相信眼泪

篮球之神迈克尔·乔丹说过：“在我的职业生涯中，我投失了超过9000次球，输掉了近300场比赛，失败总是一个接一个。**我可以接受失败，但我无法接受放弃。**”

人生在世，有三大商数决定了你最终的成就。**智商决定事业长度，情商决定事业宽度，逆商决定事业高度。**我用我的人格向你保证：在任何一个行业，最值钱、最有价值的就是第三个商数。

江湖不相信眼泪，江湖不怜悯脆弱。

一场暴风雨，足以摧毁一切，只有我们具备了“逆风飞扬”的逆境商数，挺立不倒，才能用足够的韧劲和坚强迎接更为猛烈的洗礼。**迎风站立，雨水打在脸上依旧笑靥如花，我们齐声高喊："让暴风雨来得更猛烈些吧！"**

一切伟大都是逼出来的。在这个被逼的过程中，你在快速地成长，但同时成长是需要代价的，是痛苦的。在这种条件下，谁具有较高的逆境商数，谁就可以忍耐这种痛苦，谁就可能最终亲手缔造伟大。

失去了灼痛，就失去了活力

几年前热播的电视剧《奋斗》中，男主人公陆涛的亲生父亲徐志森是一名成功的商人，他说过一句话让我印象特别深刻，他说："每个人都只能年轻一次，这是人生最邪恶的地方。有一天啊，你变老了，你可以不再轻信自己或者别人，你可以逃过很多伤害，但你也因此失去了活力，失去了猛地撞向尖刀那种切切实实的灼痛！没错，最终你是得到了平安、世故，那是逃避永恒痛苦的唯一方式。"每个有血性、有刚性的年轻人都不希望用所谓的成熟和世故来逃避痛苦。**如果没有了波澜壮阔的活力，没有了荡气回肠的经历，即使你逃避了痛苦，又怎样书写流芳百世的人生传奇呢？**

逆境商数的终极定义

逆境商数，是一种"自我治愈，恢复如初"的精神力量，你爬起来的速度要比摔倒的速度更快，即：失败后恢复的速度远远快于失败后痛苦的速度。如果普通人需要用十天为失败而纠结、痛苦，那么高逆商的人，第一步摔倒了，立刻爬起来，第二步重新开始，依然笑靥如花。我们在做任何事情的路上，会碰到很多考验，最终靠的就是我们每个人的意志耐力。**谁打不死，谁就会生存下来。**商场上，有些小公司慢慢做大，并不是因为他们有多么雄厚的资金，也不是因为他们技术有多么先进，而是因为创始人和团队肯拼到市场上一个人都不剩的最后时刻。世间很多事情，拼的就是创始人和团队成员的精神和意志，谁放弃了垮掉了谁就失败了，谁扛住了挺到最后了谁就成功了。

刀马旦　京剧中精通武艺的女性角色，能唱、能念、能做、能打，分短打武旦和长靠武旦。长靠武旦顶盔贯甲，是骑马的将军或统帅，亦称刀马旦。

最后，你要了解的是：你拥有的痛苦全世界所有人都拥有过，你没有拥有过的、更加深刻的痛苦，这个世界上也有过。**输不丢人，怕才丢人。逆境商数，就是不怕输，输得起，以刀马旦的姿态屹立在生活的舞台上，打拼到底！这是一种神一般伟大的精神，说得再直白一些，就是具备“不要脸”的心理承受能力，就是具备“不要命”的冲锋勇气。无知无畏，了无羁绊，拼命死磕，这是一种近乎神勇、一往无前的精神力量。**用一句话概括：**“跌倒以后一次次站起来，胸怀梦想，以屹立的姿势等待最终的辉煌。”**

这，就是逆境商数。

奋斗贴士——

了解自己的逆境商数：

1. 写下你可以承受的失恋的次数：__________次；

2. 写下你从失恋到恢复正常心情所需的时间：___________天；

3. 写下你在事业上可以承受的失败的次数：___________次；

4. 写下你在事业失败后到重新开始所需的时间___________天。

将这4个问题分别问5位朋友，比较一下你自己与别人相比之后的逆境商数。

第3个秘密

你敢动真格的吗？

看这个姿势就知道我演讲时动真格的了！

在300人的大学英语写作课上，我会布置一些锻炼观点的作业，学生将作文通过微博上的私信发给我，我帮他们看一下有没有语法和拼写错误。

在一次暑假班上，我有了一个意外的发现：学生们对待作业的态度和行动差别很大，从他们的态度和行动上，就可以预测不同的人会取得不同的学习效果。

第一种同学，用汉语写观点。他们懒得将这些汉语观点译成英语，觉得查字典、电子词典太麻烦；

第二种同学，用夹杂着中文和英文的语言完成作业。他们更加认真一些，会把一些重点单词查出来；

第三种同学，用全英文完成作业。他们告诉我，他们先是想好观点，用中文写出来，然后译成英文，遇到不会的单词，会不厌其烦地逐一查字典，并将所有的中文句子译成英文。最后，将这些句子逐一修改、润色，最后才会把修改好的英语作文发给我。

各位，这三种同学对待同一种作业采取了三种截然不同的态度和行动，我们由此可以判断：只有第三种同学能够把英语作文学好。你信吗？反正我信！（别笑）第三种同学不但能够学好英语，他们做任何事情都会成功。从他们的态度和行为中就可以判断，他们想做事情就会超级认真地去做，不完成决不罢休，不做好决不罢休。你可以感受到：**他们“想把英语学好”的想法是真心的，而且在行动上他们也确实动了真格的！这种人做事情你想拦都拦不住！他们必然成功！**

江湖中盛传我们公司的备课方式“惨无人道”，有些新老师在迷茫时也问我：究竟怎样准备才能讲出一流的课？我回答：你的课好不好只有一个标准——敢不敢把内容讲给自己的孩子听？敢讲给自己的孩子听，就说明内容对孩子一定有益，这就叫真备课；不敢讲给自己孩子听，怕毁了孩子，就说明内容不行，这就叫假备课。**奋斗时，做每一件事情都需要来真的，来假的必然害人害己。**

对爱情动真格的

我还发现一个有意思的现象。

当今电视台的求婚节目火爆，原因是社会上存在“海量”的剩男、剩女。之所以“剩下”，是因为这些人在“追求爱人”方面没有全力以赴，没有动真的。我们来看一个真诚追求爱情的例子——首位华裔美国驻华大使骆家辉当年的求婚过程。

骆家辉的太太是一位美丽的电视台记者，年轻时追求者甚多。第一次，骆家辉在船上向女友求婚，女友回答：“以后再说。”后来，骆家辉开车与女友兜风，在一片芳草地上第二次向她求婚，仍然没有成功。骆家辉见自己的“海陆求婚法”都不行，只好再从天上做文章。他租了一架飞机，垂下一条横幅，上面写着：“李小姐，我爱你！”并让飞机绕着女友住的公寓转圈。李小姐终于被骆家辉打动，嫁给了他。

骆家辉　美国民主党党员，1996年11月5日，获选为华盛顿州第21任州长，是美国历史上第一位华裔州长，也是第一位能在美洲大陆主政的亚裔州长。美国参议院2011年7月27日举行表决，一致批准现任商务部长骆家辉出任美国驻华大使，正式成为美国历史上首位华裔驻华大使。

不怕拒绝多次求婚，这是“坚持不懈”；使用“海、陆、空三军求婚法”，这是“全力以赴”。这两点是一个男人真爱的表现，是一个男人在爱情上动真格的表现。一个男人在感情上动真的了，他追的女孩子心中一定可以收到这股强大的真诚，她怎么会不为所动呢？所以，我想问现在剩男剩女们：你们果真想找到知心爱人吗？你们果真想追求幸福吗？如果你们真的想要，那么你们的努力有没有像当年的骆家辉那样动真格的呢？

虚伪之人的两个表现

在我看来，大多数人的失败在于他们内心深处的“虚假”和“虚伪”。虚伪的人，有两个表现：

第一、手与嘴不一致，是虚伪。

有些人的梦想只是说说而已，他们从不动手去实施。做事情最最需要的态度就是——玩真的。最不可能成功的态度就是嘴上想要，心里想要，但是行动跟不上，精神和意志力跟不上，这就是虚假。很多人的失败就在于“言行不一”，嘴上说非常想非常想成就一番事业，但是真到行动的时候，他们就怕了，或者懒了，心里想即使不成就事业活得也挺好。于是“努力”和“奋斗”只是他们嘴上说说而已，过完嘴瘾他们就把当初的梦想忘得一干二净。

第二、遇到困难就放弃，不敢坚持，是虚伪。

一个遇到困难就放弃的人，我可以断言，他是一个缺乏担当的人。我在演讲时多次提到：**“一个人做事情，如果遇到困难就放弃，他就是在人格上对自己耍流氓！”**

做事动真格的人，都是遇到困难决不放弃，咬牙坚持的人。这种人不会试探，只会楞乎乎、傻乎乎、彪乎乎地全力以赴向前冲！**全力以赴的特征就是做到“四千”，即：想尽千方百计，说尽千言万语，走遍千山万水，历经千难万险。**这种人是为事情负责的人，是为他人承担的人，是为自己担当的人。

大多数人都知道被人验证过的成功真理，但是他们不相信，这就是虚伪；有些人相信了成功的规律，但是从来不采取行动，这也是虚伪；少部分人相信了成功的规律，也采取行动了，但是没有全力以赴，这还是虚伪；极少数人相信了成功的规律，也采取行动了，也全力以赴了，但是没有死扛到底，坚持到最后一秒钟，这依然是虚伪。

那么，什么人不虚伪呢？动真格的人不虚伪！

他们有一种坚定的人生态度，有一种必赢的冲锋精神，他们身上有四种精神特质：**第一、坚信此事必成；第二、精神饱满、行动力强悍；第三、凡事全力以赴；第四、凡事坚持到底。**一个凡事动真格的人，他必将有所成就，不成就都得成就！

一个人只有彻底相信了成功的规律，并拿出百分之一万的精神头采取行动，而且拿出自己所有的本领全力以赴，死扛到底，坚持到最后一秒钟，他才会成就此生。如果你看到前面N个人前赴后继失败了，唯独一个人做事可以成就，为什么？**很简单，此人做事情动真格的了！**

王宝强动真格的了

士兵突击

许三多　小说和电视剧《士兵突击》中的主人公。王宝强所饰演的《士兵突击》记载了一名普通士兵的心路历程，讲述了一个中国军人的传奇故事。剧中的许三多，是一个土生土长的农村孩子，一个突然的因素，进入了部队，从而开始了一个"孬兵"在绝境中成长，在失去中成熟的故事。

《士兵突击》中的"许三多"被草根出身的演员王宝强演绎得深入人心，这个角色被誉为"中国的阿甘"。**这部戏的成功，这个角色的成功，都源于王宝强"真表演、真入戏、真玩命"的较真精神，可以说王宝强对这部戏是都动真格的了，而且他对每一部戏都是动真格的。**

王宝强出生于河北南河县大会塔村，8岁时看到李连杰主演的《少林寺》，就发誓说："长大以后我要做李连杰，我要演武打片！"就死缠着母亲去少林寺学武术。

少林寺的日子很清苦，但是小宝强能够忍受，他每天刻苦练武，梦想着一天能够和李连杰在一起演电影。三年过去了，小宝强才知道在少林寺练武不一定能够演电影，同寺的师兄弟们都觉得小宝强是做白日梦，根本不可能实现，纷纷劝他还是老老实实练武吧。然而，大部分人不知道**"只有对梦想足够真诚的人，梦想才会真诚地回报他"**。当时的王宝强就是这样一个对梦想百分百真诚、百分百真挚的少年。

14岁的王宝强离开了少林寺，独自来到北京打拼。一开始他在北京电影制片厂的门口守着，一见到有导演经过，就给人家"翻跟头"，毛遂自荐自己的少林功夫。终于，王宝强等到了他生平第一个角色——剃光了头，拖着假辫子，穿上长袍马褂，在"清代"的大街上"溜达"。虽然是个群众演员，"溜达"一天也只有20元的报酬，但终于拍上了电影，王宝强对这个群众角色非常认真。别的演员在街上"溜达"得随随便便，只有王宝强反复研究"溜达"的动作要领，"溜达"得尽量真实、自然。**别人是为了表演而"假溜达"，而他是"真溜达"！**

从开始演戏到现在，这个农村的小伙子都不会做作，都不会"表演"，他只会真实地呈现"戏中人"真实的生命，拍任何一部片子他都认真到了"较真"的地步。

《天下无贼》中有一部义务献血的戏，王宝强挽起袖子——真抽。

《暗算》中阿炳的两只耳朵会动，他通过长时间的练习掌握了这一“绝技”，演戏时他的耳朵真会动。

在《集结号》中，有一段他抱着即将牺牲的战友大哭的戏，拍摄前导演问他：“要真哭还是假哭？”他说：“当然真哭！”结果哭得非常投入的王宝强鼻涕流了出来，而他丝毫不觉，在场所有的工作人员都被他的真哭所感动。

《士兵突击》中有一场戏，“许三多”为了不给全班拖后腿，苦练“腹部绕杠”，最后创下了333个“腹部绕杠”的全连纪录。为了拍好这场戏，在拍摄前一个月的时间里，王宝强每天坚持做俯卧撑200个，仰卧起坐300个。实拍时，他一口气做了几十个近乎完美的“腹部绕杠”。拍完以后，休息了三天才能继续拍戏。

在王宝强看来，真演和假演虽然都是表演，但是效果有着巨大的差别，你欺骗观众，观众一眼就能识破。所以，**他的演出都是来真的。**

阿甘动真格的了

电影《阿甘正传》被我看了无数遍，这部电影被评为男人必看的十部电影之首，必看指数为★★★★★★★★★……

你会相信一个智障儿的成功吗？

你相信这世上得到最多的人正是那些不计得失的人吗？

你会相信“永远不断尝试新的巧克力，才会知道有别的味道”的理论吗？

不管你相信不相信，反正我信，我真的相信！

阿甘的智商只有75，连上小学都困难。他不会刻意地表达，**但是他却懂得“真实”的终极价值：绝不耍小聪明，绝不偷懒，只会不计成本地付出和努力，将一项长处发挥到极致为止。**阿甘经常说：“我妈妈说，要将上帝给你的恩赐发挥到极限。”

大学时打橄榄球，他只会傻傻地跑，跑，跑，努力地向前跑，他是队里最能跑的人，因为他只会拼命地奔跑，不会别的；

当兵去越南战场，他只知道“长官让我干什么，我就干什么”，

电影《阿甘正传》(Forrest Gump)是一部根据同名小说改编的美国电影，小说作者温斯顿·格卢姆(Winston Groom)。电影荣获1995年奥斯卡最佳影片奖、奥斯卡最佳男主角奖、奥斯卡最佳导演奖等6项大奖。

阿甘　电影《阿甘正传》中的人物，由汤姆·汉克斯饰演。只懂付出不求回报，从不介意别人拒绝，只是豁达、坦荡地面对生活。阿甘把自己仅有的智慧、信念、勇气集中在一点，什么都不顾，只知道凭着直觉在路上不停地跑，他跑过了儿时同学的歧视、跑过了大学的足球场、跑过了炮火纷飞的越战泥潭、跑过了乒乓外交的战场、跑遍了全美国，并且最终跑到了胜利终点。

他专注于各项训练，枪械拆组创造了全营的最快速度纪录；

坚守着“退伍后与战友去捕虾”的承诺，他和昔日的长官在风雨中驶船远航，成为唯一一艘坚持在飓风中捕捞的船只，他成为了百万富翁；

打乒乓球，每天练习，练习，练习，右手练熟了，再练左手，左手练熟了，再练双手左右开弓，最后代表美国国家队出访，对中美的乒乓外交做出了贡献；

电影快结束时，他开始跑步，让我印象最深刻的是，跑到最后他长出了长长的胡须随风飘扬，跑到最后他的身后有了一大群追随者。每次想起阿甘在美国东西海岸之间的奔跑，我心里都会止不住的血脉贲张、振奋不已。

傻傻的阿甘给了我们当头一棒：大多数的人一辈子只做了三件事——自欺、欺人、被人欺，离他们最远的就是“真实”二字。阿甘做任何事情都成功，就是因为每一次他面对自己的承诺和梦想的时候，都动真格的了！没有带一丝一毫的虚假！他成功的秘诀在于：做任何事情他都不会耍聪明，不会来虚的，做任何事情他都会来真的，而且他只会来真的。

这次，你敢动真格的吗？

朋友们，你现在之所以有困惑，是因为你看到自己面前有一个精彩纷呈的世界，但是不敢拿出自己的一切走进这个世界。你心中的顾虑太多，渴望太小；犹豫太多，果断太少。**不曾进入，也就不曾体验；不曾体验，也就无从收获。**之所以困惑，就是因为你犹犹豫豫地站在岸上，怎么会有真真切切的收获呢？其实，你要做的仅仅就是——进入，进入这个点，进入这个点背后那个波澜壮阔的世界。果断地进入里边，你就不再困惑。

我觉得，世界上根本不存在正常人，只存在四种人——第一种，做然后说，这是圣人；第二种，说然后做，这是贤人；第三种，说了不做，这是骗人；第四种，不说不做，这是死人。大家发现：**说和不说，并不是重点，重点是——做还是不做！判断一个人，不要看他说**

什么，而要看他做什么！骗人和死人都是不做的人，成功者非圣即贤，而圣人和贤人都是真的去做的人。

回忆8年前的我，还是一位青涩的年轻人，经常站在某一个礼堂或者大学报告厅的最后一排靠近出口的地方，遥望着舞台上一位位光彩照人、受人敬仰的演讲者。现在想想，从当年那个年轻人的脸上，你可以明显地看到一股真诚的渴望：他也想成为台上的演讲者，他也想让台下无数双手为他舞动！特别想，特别想！回忆8年一路走来，我从一名一说话就脸红的少年成长为一名知名的职业演讲者和企业管理者，最值得总结的是什么？我觉得，是对演讲梦想的足够真诚，8年来我为了实现梦想确实动了真格的，问心无愧！

现在很多人做事都秉承“江湖险恶，不行就撤”的原则，这就是没有动真格的，没有将自己完全交给这件事情。这些人的问题就在于：想要但是不愿意。不愿意把自己交给目标和梦想！**现在没获得，只因为当初没“交给”。你们想成事，就得来真的。反思一下，你们的精神中有多少是动了真格的？你们的行动中有多少是动了真格的？你们能把自己真的交付给事业多少，你们就会拥有多大的事业！**

不管你的目标多么宏伟，先问问自己：**这次是玩真的吗？**

不管你的梦想多么伟大，先问问自己：**这次是要动真格的吗？**

如果回答“是”，那么，请开始吧！

无论过去还是现在，我时常站在礼堂的最后一排，遥望台上的讲者。

奋斗贴士——

写下一件你准备动真格的事情。

____

写下这件事情“动真格的”标准是什么？

____

写下你将把“动真格的”状态持续多久。

____

第4个秘密

野性，是一个人最高的学历！

在我的课上，常常会发现一些“好孩子”、“乖孩子”，戴着一副大黑框眼镜，背着一个硕大的书包，独来独往，无声无息，没有一丝青春的朝气。他们每天哪里也不去，只在学校和家之间来往，“乖”得令人发指。他们似乎只会学习、读书和考试，其余的什么都不会。

每当看到这种孩子，我就特别担心。是的，这样的乖孩子不惹是生非，不让家长操心。但是大家知道吗？在学生时代不惹是生非的乖乖少爷、乖乖小姐们，长大后到了社会上就会惹是生非。试想，他们乖得丧失了基本生存能力，更别谈什么团队精神、竞争意识和商战智慧，有些人必然成为社会的负担，要靠父母或者政府来养活。请问：老大不小了还要靠别人养活，这难道不是最大的“惹是生非”吗？再有，古往今来的成就大业者，有几个人小时候是乖孩子呢？

有一个调皮捣蛋的年轻人，实在看不惯周围循规蹈矩的同伴们，就挖苦他们：“你们不约会、不谈恋爱、不出去玩、不喝酒、不逛街、不疯不闹、不叛逆、不追星、不暗恋、不表白、不聚会、不K歌、不撒野，只会学习，你们的青春被狗吃了么？”

这样的挖苦有些难听，但是却说到了问题的核心。乖孩子们，你们是应该清醒一下了：**不撒野、不疯狂、不惹祸的青春，这是青春吗？这是危险的人生信号！你们已经丧失了生命最基本的特性——野性！因此，我鼓励疯狂的青春、撒野的青春，甚至闯祸的青春！**请让你的青春更加波澜壮阔一些吧！请让青春的暴风雨来得更猛烈些吧！再猛烈些吧！

男人要闯

看到一个美女，上去表白，没有丝毫的犹豫，这种男人没有恐惧，是莽夫；看到一个美女，犹豫了半天，最后劝说自己把伸出去的手缩回来，这种男人是懦夫；看到一个美女，有些许犹豫，但片刻后还是上去追求，这种男人可以战胜恐惧，是极品。恢复野性，就是hold住恐惧、恢复勇气的过程。**勇敢，并不是心中没有丝毫的害怕，而是心怀恐惧，依然前行。**

一次，北大历史系的一个哥们儿跟我说："一楠，据我研究中国历史人物的规律，成功的人士一定要遵循一句话的规律。"我问："哪一句？"他继续说："男人要闯，女人要浪。"我不解地问："为什么说女人要浪呢？"他回答："武则天、慈禧不都是靠'浪'吗？她们用'浪'征服了皇帝，征服了当权者，最后自己掌握了政权。还有美国的麦当娜，用'浪'征服了各个阶段的合作者，踩着他们不断地往上爬，还用她的'浪'征服了观众。"

女人的成功是不是要靠"浪"，我不予评价，但是我知道：**男人要成功，必须要闯。**敢闯敢干，是一个男人生命力的象征。我要提醒男孩子们：**世界上每一个平庸的男人都是一座监狱，是他们自己关住了自己！你们要以此为戒。**

现在的人们常常提到"宅"，有些人还以"宅男"、"宅女"自我标榜。我可以肯定的是，宅男宅女们都是温室里的花朵，经不起生活的风吹雨打，他们习惯了被圈养，习惯了被喂养，习惯了每天在屋子的保护中生活，一走出房门就丧失了安全感。最近，在一份青年人常看的杂志上，我还看到这样一篇文章，标题是《"宅"出青春的精彩！》，鼓励孩子们在家里宅着。我在文章的下方批注了两个字——狗屁！宅，是对人类野性的束缚，怎么能大张旗鼓地宣扬呢？**人生，是一个人经历的总和。**如果一个人全部的经历都是在屋子里度过，那么他的人生就是监狱人生，该是多么悲哀！文明和科学的发展固然使人类取得了飞速的进步，但是也束缚了人类个性的发展，泯灭了人类原始的野性。缺乏野性的人是悲哀的，缺乏野性的社会是贫乏的。**人的悲哀不全在堕落，而在于生命力的柔化。**我的观点是：**丧失野性，**

武则天（624—705年） 中国历史上唯一一个正统的女皇帝，也是继位时年龄最大的皇帝（67岁即位）。唐高宗时为皇后，唐中宗和唐睿宗时为皇太后，后自立为武周皇帝，定都洛阳，并号其为"神都"。武氏认为自己好像日、月一样崇高，凌挂于天空之上。称帝后上尊号"圣神皇帝"，退位后中宗上尊号"则天大圣皇帝"。武则天也是一位女诗人和政治家。

是一个人最大的堕落！

年轻人的人生场地应该设在广袤的世界当中，而不是温室般的家里。我非常看不起安分守己、没有野心和雄心的人，无论你的年龄多大，无论你的背景如何，无论你的形象怎样，你的血液中一定要时刻躁动着原始野兽的血液，躁动着不安分的因子！不要安于现状，不要丧失进取心，永远不要！永远不要说："我已经到达了人生极限。"永远不要说："我这辈子就这样了。"你要敢于对自己、对全世界所有人说："我的人生应该是我想要的样子！"你要不断尝试，你要更加勇敢，你要继续闯荡，你要一生无惧。

老布什　美国第41任总统。第二次世界大战期间，参军做飞行员，表现英勇。退伍后到耶鲁大学攻读经济学。1951年创办布什－奥弗比石油开发公司。老布什任内最为人知的政绩，莫过于1991年海湾战争，击败伊拉克，并向后者实施经济制裁。他的长子乔治·沃克·布什2000年11月当选美国第43任总统，并于2004年获得连任。

美国人最野

我们中国人勤劳、勇敢、聪明、善良，但是现在世界上最强大的国家依然是美国。为什么？五千年的文化是我们的骄傲，同时也是我们的围墙和重负。大家有没有发现？中国人喜欢拍古装剧，美国人喜欢拍科幻片。生活在文明古国之中，我们经常嘲笑美国人没有历史，没有文化。但是我却认为：**没有历史，他们就只能创造将来！**

大家知道美国前任总统老布什用什么方式庆祝自己85岁生日吗？

3000米高空跳伞！

他还鼓动前来祝贺的前苏联领导人戈尔巴乔夫跟他一起跳，老戈同志害羞地说他不敢。一个耄耋老人用这种危险刺激的方式来纪念生日，除了野性的呼唤还有什么力量能够如此强大？

我想告诉大家的是：美国人与中国人最大的区别就在于两个字——绽放！美国人内心野性的绽放！充分完全的绽放！

学过世界史的人都知道，美国人的祖先是罪犯，他们中许多人是在英国犯了罪而被流放到美国的。也许正是因为美国人的祖先的背景，他们的后代才无所无惧，做事才疯狂，才善于异想天开，才敢想敢干！美国人总是夸耀自己的"American Dream"（美国梦），美国宇航局的大门上写着这样一句话："凡是我们梦想的，我们都能实现！"这就是鼓励人们不断地去幻想，不断地去实现，没有什么不可能。**野性，就是让人们放开了去想，放开了去做，放开了去实现自我。**看看美国人在全球探险扩张的历史，再看看近代开发西部的淘金狂热，美国人是疯狂的，是狂野的。正是所有美国人内心野性的喷薄而出，才成就了世界第一强国。

拜狼为师

常常有人问我：你的第一本励志书《凶猛成长》为什么用一只狼的图案作为封面？

我坦然地告诉大家：我喜欢狼，我最喜欢的一本书叫做《狼图腾》，我最喜欢的一首歌是齐秦的《狼》：我是一匹来自北方的狼，走在无垠的旷野中，凄厉的北风吹过，漫漫的黄沙掠过……每次听这首歌，我心中都充满了悲壮、奔放、渴望、自由的情绪……我喜欢狼在旷野里的吼叫，喜欢狼的孤独，甚至喜欢狼攻击动物的凶残，还喜欢狼在黑暗中那双绿莹莹的贪婪的目光。

我认为，人类必须向狼学习三点：

第一、狼嗅觉灵敏，哪里有血腥，就出现在哪里。成功的人要像狼一样，敏锐地嗅出任何一个改变命运的机遇。

第二、狼总是死缠烂打，绝不轻易放弃。即使遇到的对手特别强大，狼也不会轻易放弃。它会一直跟着你，威胁你，到你精疲力竭时，再施突袭。无论是优秀的人，还是优秀的团队、企业、军队，都要有这种死缠烂打、决不放弃的精神。

第三、狼很少单独出动，总是群拥而上。优秀的公司也要像狼一样，靠团队去竞争，去战胜别人。**总之，我欣赏狼的精神，欣赏狼的野性，欣赏狼的生命意志！**

痞气为大

有人曾经问我：为什么你当年在大学里不好好学习，却最向往做一个"知识痞子"？

我的回答是：我最向往的生活境界是自创的"人生十分气"，

美国梦（American Dream）　300年前，当英格兰移民乘坐"五月花号"横穿大西洋来到马里兰，寻找一块清教徒能居住的"净土"，"美国梦"已开始悄然萌芽——全世界每一个人，只要努力奋斗，都可以实现自己的梦想。即人们必须通过勤奋、勇气、创意、和决心迈向繁荣，而非依赖于特定的社会阶级和他人的援助。许多欧洲移民都是抱持美国梦的理想前往美国的。

狼　古生物时代，食肉性动物中进化最为完美的三种顶级动物为：恐怖鸟（泰坦鸟）、剑齿虎、狼。今天我们只能看见其中的狼，而恐怖鸟（泰坦鸟）、剑齿虎都已灭绝！在500万年漫长的进化过程中，很多凶猛的动物已灭绝，只有狼生存了下来，正如达尔文所说："物竞天择，适者生存。"

即——

三分贵气，不要那么土气；

三分静气，不要那么浮躁；

三分杀气，不要那么脆弱；

一分痞气，不要那么文静！

“人生十分气”的最后是一分气是“痞气”，我觉得丰富的人生绝不能缺乏这种气质。我非常欣赏的气质就是——痞气和匪气，因为它们比现在甚嚣尘上的“文弱、伪娘、阴柔”的精神面貌更加具有野生的状态。我毫不回避，我就是欣赏做事有匪气的人，成大业者身上多少都带一些匪气。

你知道吗？**在大多数女性心目中，有野性的男人最帅气，做事霸道的男人最性感。**中国近现代战争史上，国民党相当一部分将领都是正规军校出身，八路军将领很多则是“泥腿子”农民出身，最终前者完败给了后者。为什么？一个很重要的原因就是前者懦弱的“书生气”输给了后者的匪气和霸气。在战场上谁“让”谁输，谁“抢”谁赢！电视剧《亮剑》中丁伟军长想缴获敌军的一个骑兵营，就脱口而出：**“敌人的是我的，我的还是我的！总之，老子看上的，就是老子的！”**这句话匪气十足，充分体现了一位真正的军人在战场上的霸道和威猛之气，也正因为如此，当年具备这种“亮剑精神”的百万雄师百战百胜，锐不可当！

有野性者大成

有一句话叫做：“文明其精神，野蛮其体魄。”对现在的年轻人来说，这句话应该改为：**“野蛮其精神，野蛮其体魄！”**只要你在奋斗，只要你在抗争，就应该让那股原始野性的气质充分释放，**男人要凶悍，女人要彪悍！**我相信：每一个想成就此生的人心中都有一头野兽，你要为它找到一个宽广的场地，让这只野兽自由地驰骋。请你尽情地攻击、冲锋、占领、胜利，让你的野性充分释放！所有奋斗者的消失，都是因为内心野性的消失；**所有奋斗者的辉煌，都是因为内心野性的绽放！**请记住：**野性，是一个人最高的学历！有野性者大成！**

奋斗贴士——

今天在西安开会，遇到一位同事，他跟我讲了这样一件事。

有一次，他去一所大学演讲，事先跟那所大学的校长打好招呼，可以在现场签售自己新出版的一本书。但是，现场组织活动的团委书记不允许，结果现场就没有签售。我的这位同事在事后打电话给那位校长。结果该学校又重新安排了一场签售，规模更大。**我的这位同事做事的原则是——决不能饶“他”**。这里的“他”不是指某一个人，而是指“困难”，生活和工作中困难阻挡了你，但是你决不能饶了困难，这就是一种“一定要赢”的意志，也是一种野性的表现。

还有一次，这位同事所在的学校另一个部门招生非常凶猛，甚至在招生海报上写了“亲，么么”等肉麻字眼，让学生看起来很亲切。而且，这个部门的主管让部门内每一位老师，都是帅哥美女，到前台咨询，招生效果比较好。我的这位同事看到这种情况以后立刻决定超过他们，他召集了自己部门的美女帅哥老师和美女帅哥学生也去前台招生，由于他召集的做招生工作的老师和学生更能吸引眼球，而且都有学习课程的亲身经历，加上我这位同事自己也在前台监督，招生业绩也有很大好转。我们可以得出结论：**野性的另一个表现，是敢于争斗，即使是内部争斗也已一定要赢！**

大家记得我的偶像毛泽东主席那句名言吗？“与天斗其乐无穷，与地斗其乐无穷，与人斗其乐无穷！”我这位同事和毛主席都是湖南人，湖南人这种“一定要赢”的奋斗野性值得我们修炼一生。

第5个秘密

Change! Yes, you can!

我经常问学生："你们来到我的课堂上，终极目的是什么？"

有的学生说："为了考试，为了出国。"

有的学生说："为了学好英语，把四、六级过了。"

有的学生说："为了考研，成为研究生，找一个好工作。"

我的回答是："No，这些都是顺带的事情。你们来听我讲课的目的只有一个，就是Change！就是变化！比如说，你来之前不知道什么叫做独立主格，听我用一种极其简易的方式表述出来，你立刻学会了，上了考场你用不到10秒钟时间写出一句拽得不行的独立主格结构，让阅卷老师惊讶得下巴都掉了下来，抬上去又掉了下来，而且连连高声感慨'既生瑜，何生亮'，这样，你就有了变化！"

"再比如，你来上课之前已经被考试折磨得死去活来，从生理上到心理上全面变态了。听我在课上呐喊：**'再牛B的梦想，也抵不住傻B似的坚持！当你实在坚持不下去的时候还可以坚持，这才是真正的坚持！坚持，是一个人最牛B的才华！'**你立刻像打了鸡血一样去奋斗了，去拼命了！这时候，你又变化了！"

"所以，各位年轻人，你们来到我的课堂不是为了在这里枯坐4个小时，也不是为了单纯的学习和考试，你们来到这里的目的只有一个，就是Change！变化！如果你来到这里上了24次课，没有丝毫变化，这是你自己的耻辱，更是我的耻辱，是所有老师的集体耻辱！"

在今天这个高速发展、不断变化的世界，软件的升级几乎是几天一次，各种品牌的产品也在拼命升级以适应人们不断变化的需求。但是，令人悲哀的是，我们大脑心智模式的升级却很少发生。有些人恐惧改变，有些人害怕突破，他们觉得现在的生活已经非常满意，但是外界的变化不会以你个人的意愿为转移，**如果你不主动变化，只能被改变；如果你不主动升级，只能被强迫升级或者被淘汰。就这样简单。**

与其那样被动痛苦，我们还不如主动升级我们脑中的心智模式和思考程序。在今天我们需要时时刻刻提醒自己，那些两年前帮助我们成功的心智模式，现在也许正在阻碍我们两年后的成功。只有破除无效、陈旧的心智模式，只有每天、每月不断升级我们的心智模式和思考程序，才能进入自己希望的人生状态。

我想问大家一个问题："如果你与禽兽搏斗，会有什么结局？"

很多人答不出来，我来回答：与禽兽搏斗的结局有三种——

第一种你赢了，你就比禽兽还禽兽；

第二种你输了，你就连禽兽都不如；

第三种平了，你就跟禽兽没什么两样。

通过这道题目，我们得出的结论是：选择正确的对手和参照物比搏斗本身更重要！

如果大家要实现变化和突破，必须选择一个参照物，而且这个参照物一定要合适，不能忒低，并且要以自己的实际情况为衡量标准，而且最好能够量化。**对于自我突破来讲，最好的参照物不是别人，正是你自己。**

拿自己作为参照，每前进一步，每突破一点，你心中都会暗喜，这种感觉就是"成就感"。有了成就感，你就会以突破自己为乐，生生不息地去自我拔高，拼命地成长。

楠哥一直在改变ing

俗话说："江山易改，本性难移。"我认为这句话纯属扯淡，这只是懦弱者为自己不敢改变而提出的借口而已，一个有强烈企图心的人根本不会被一点点的路障挡住前行的脚步。

再以我自己的讲课经历为例。

刚开始，我讲新概念二册，为了备课我买了一块黑板在家里讲了两个月，爸爸妈妈都是我的听众，他们不懂英语，我妈妈是边打毛衣边听我讲课。后来在不懈的努力下，我讲新概念的能力有了巨大提升，在部门所有老师当中打分最高。

后来就开始讲大学英语四级和雅思写作，一开始打分垫底，后来经过我的不断琢磨，不断改善，打分又上去了，于是我开始讲托福写作和考研写作。

刚开始讲考研写作的时候，我与校长、我的主管以及一名经验丰富的老教师搭班讲课，在四个人中打分又是垫底。我就不信邪，当时我给自己定的目标是：我不管他是校长、主管，还是名师，我再嫩，再萌，也要在两个月内超越三位老师，打分必须第一！你猜怎么着？目标又实现了，我又改变了！

再后来，我开始每年讲考研写作押题课了，这个课程在集团40个分校里只有我自己在讲，而且每年押得很成功，名声在外；再后来，我就开始给新老师做演讲方面的培训了；再后来我就成为集团为数不多的全国巡讲师了；再后来，我开始研究企业运营和员工培训的课题，开始给企业家和中高层讲课了。

这就是我的蜕变，从一个见了生人就脸红的傻小子，一点一点蜕变，一步一步突破，现在在大礼堂里对着数千人演讲依旧淡定从容，对着身价上亿的企业家讲课依然可以游刃有余。我不是在炫耀自己的成绩，我只是在梳理自我的成长过程。猛地发现，我还是原来的那个我，性格、长相、个头、背景都没有变化，只是大脑里的程序变了，心理承受能力变了，思考问题和待人接物的方式变了，这8年来我不断变化的整个过程就是突破自我的过程。

我的故事对你的启发就是：**选一个你力所不能及的事情，一头扎进去，将这件事情做到极致，做到最好；然后再换一件难度大一点的事情，再一个猛子扎进去，再将这件事情做到极致，做到最好；然后再换难度更大的事情，这样循环下去……5年后，你会发现，现在会做的事情是5年前的你想都不敢想的。这样，你就完成了自我超越，这就是突破。**

变形金刚史玉柱

现在，我个人关注的核心逐渐从英语转移到企业运营方面来。在中国商界，史玉柱应该是所有草根创业者顶礼膜拜的偶像。他曾经一无所有，曾经沦为“中国首负”，后来又再度崛起，叱咤风云。他的创业生涯大起大落，他的商业动作波涛汹涌，惊涛拍岸。这位大家眼中的创业传奇人物，就是一个“改变自己”的高手。

1990年1月，求伯君的WPS借助方正的品牌和渠道横空出世。史玉柱一看不妙，就和一个伙伴背着热水器来到深圳大学。他们把自己反锁在一间房子里，开始过起一种“集中营式”的生活。他们要做什么？研发新产品！超越WPS！

不管外面的世界是精彩还是无奈，他们只和计算机同在。一个星期下一次楼，下楼不是转悠，而是就近买一箱方便面。没有和外界发生任何不必要的联系，不能看新闻联播，也没有众人为之疯狂的世界杯足球预选赛，没有星期天和节假日，甚至连中国人最看重的春节也不得不为此牺牲。春节在他的眼里，只是工作中的一天。**（有些人成功，因为当初他们断绝了与目标无关的一切事情。）**

整个深圳对于他们而言，只存在眼前的两台计算机。胡子长了，头发乱了，他们看上去就像被拘留的囚徒一样，但是没有人会在乎这些外表上的变化，只有脑海中那些宝贵的想法、思考的火花才是他们为之兴奋的。

最“可怜”的或许就是史玉柱身上的衬衫了，自从他们来到这间房子，这四件白衬衫就遭受了被虐待的命运。第一件穿“黑”了，就穿第二件、第三件、第四件；都穿“黑”了，又从四件“黑”的衬衣里挑出相对“白”一点的再穿。如此周而复始，那四件衬衫就这样被史玉柱翻来覆去地折腾了近五个月！他们过着苦行僧式的生活。除去睡觉，他们几乎没有一刻停止对技术问题的思考。

150个昏天黑地，150个日日夜夜，伴着20箱方便面的支撑，史玉柱和他的伙伴进行了一场超重量级的拳击比赛，在筋疲力尽的时候，他们凭点数取胜——他们终于成功了。

普通人四平八稳地生活，平平静静地上班下班，又巴望着1亿元人民币从天而降，你觉得可能吗？既然你要突破自己，就要在胸中升腾起一股不服气的倔劲儿，升腾起一种永不服输的狠劲儿，这种猛烈的情绪就是你事业起飞的超级助推器。有了这种情绪，你不飞翔也得飞翔，不突破也得突破。

史玉柱：从巨人汉卡到巨人大厦，从脑白金到黄金搭档，史玉柱是具有传奇色彩的创业者之一。他曾经是莘莘学子万分敬仰的创业天才，5年时间内跻身财富榜第8位；也曾是无数企业家引以为戒的失败典型，一夜之间负债2.5亿；而如今他又是一个著名的东山再起者，再次创业成为一个保健品巨鳄、网游新锐、身家数百亿的企业家。史玉柱再次崛起的故事，突显出“执著与毅力”的魅力与价值。尽管事业跌宕起伏、世人议论是非，他敢与苦难做伴，从跌倒的阴影中爬起来，迈向成功。

150天的最后一天，从那一刻开始，史玉柱从一个刚刚深圳大学毕业的文弱书生蜕变为一位百折不挠的创业英雄。我柱子哥（史玉柱是我的五大榜样之一，这五大榜样我都亲切地称之为“某某哥”）创业的故事对大家的启发是：**要想自我突破，就先找到一个创业的核心课题，然后在随后的5个月中，只做与这个核心课题相关的事情，断绝与课题无关的所有事情。这种方法外人看起来很艰苦、很难以理解，但是创业者自己会以此为乐，无视过程的艰辛和漫长。**如果你想突破自己，不妨试一下，将自己关起来5个月，只做与目标有关的事情，够胆你就开始吧！谁说你不能成为中国第二个史玉柱呢？

改变的最高境界是脱胎换骨

太平洋建设集团的总裁严介和先生在一次演讲中说道：“企业家跟普通人没有什么差别，只是比普通人解决了更多的困难，承受了更大的挫折，经历了更深的苦难。我做企业的时候曾经一夜白头。**所以，作为一个企业家，你没有资格慢慢地变化，你必须三步并作两步地前进，最好做到——脱胎换骨！”**

听完那次演讲，我印象最深的就是四个字——脱胎换骨。**脱胎换骨、凤凰涅槃、破茧而出，这就是一个成功者应该保持一生的生命状态。**在过去的成绩上，我们不能停留太久。你停留了，你的对手不会停留；你停留了，周围日新月异的环境不会停留。因此，脱胎换骨，也许是保护自己的最好方式，时时刻刻保持这样一种颠覆式变化的状态，才是你对得起自己的生活方式。

我提出的“蜕变力”，是建议成大事者让自己成为“变形金刚”，不断正向变化，时时刻刻正向突破。有句英文：**I walk slowly, but I never walk backward.（我走的很慢，但我从不后退。）**这句话同样适用于人的“蜕变”：你可以变化得很慢，但是你从不停止变化。**自己与自己较劲，自己与自己为敌，自己挑战自己！**这就是你成长、成熟、成功的最佳状态。

新中国是怎么建立的？1921年，在嘉兴南湖上，十几个“不安分”的年轻人开会，计划建立一个政党，责任是打破旧中国的平衡，建立全新的国家格局。你看，90年前，一群青涩甚至稚嫩的年轻人在一条游船上筹划建立一个伟大的政党，初衷是要打破令人窒息的局面，让落后的国家发生大变化！这在当时绝对是一个异想天开的计划！但是再看90年后的今天呢？他们的目标实现了，当年那些年轻人也成长为中国近现代史上赫赫有名的人物，有些人还成为影响中国甚至世界的伟人。30年前，伟大的党又开始实行改革开放，也是要打破平衡，让贫穷的国家发生变化！现在，我们的目标在逐步实现。

去改变吧，Yes， you can！

有人问：世间唯一永恒不变的是什么？

我回答：变化。

有人问：成功者一生不变的品质是什么？

我回答：改变！

改变，就是主动变化。就是：每时每刻主动打破原来的平衡状态和格局，每时每刻主动突破种种障碍，每时每刻主动呈现新的局面。

如果要突破原有的人生，每天你要反复问自己三句话，请你现在就回答：

第一句话：我是不是每一天打破格原来的格局？

请回答：______________________________

第二句话：我是不是每一天主动突破障碍？

请回答：______________________________

第三句话：我是不是每一天呈现新的面貌？

请回答：______________________________

如果你的回答是3个“YES”，恭喜你，哥们儿！请继续保持这种状态；如果你的回答是“NO”，请在此时此地立刻改变！Change right now！

我曾经把新东方董事长俞敏洪老师作为我学习和成长的榜样，俞老师曾经出版过一本演讲录《挺立在孤独、失败与屈辱的废墟上》。我模仿榜样，就出版了“励志大师”三部曲。当我的第一本励志书《凶猛成长》出版后，有的学生说：“楠哥，你已经接近了你的目标，下一个目标是卡耐基，超越他！”我的回答是：“你替我树立了一个有挑战性的目标，试试！”对于卡耐基这位成功学的鼻祖，别人

俞敏洪老师的第一本励志书

一提到就是崇拜，觉得无法超越，但是我的看法是：只要坚持改变，“张一楠”三个字也可能成为别人崇拜的对象，持续改变，“张一楠”三个字也许会成为21世纪的卡耐基，你可以不相信，但是我要说：**卡耐基宁有种乎？谁规定了中国人不可以成为成功学、管理学、演讲学、领导力方面的大师呢？**

一家美国上市公司的执行总裁说过这样一句话：“一家企业只有发展才能留住人才，一家企业只有发展才能激励人才，一家企业只有发展才能消化所有的矛盾。**发展，不是企业留住人才的最好方法，而是唯一的方法。**”发展，就是正向改变，就是跨越式改变，就是颠覆式改变，这不但是企业从优秀走向卓越的命脉，更是个人从平凡走向非凡的命脉！

Impossible is nothing（一切皆有可能），不要在自己的头顶安装天花板，不要为自己的人生设限！**虽然暂时弱小的你离强大的目标相距遥远，但是不要忘记：你在改变！随时随地、一日千里地改变！终将有一天，你会改变到让原来的那个你仰视；终将有一天，你会改变到比你的目标更加强大；终将有一天，你会站起来俯视曾经的一个个目标！相信我，Yes，you can！**

写完这篇文章，楠哥决定自己每天也要改变，每天做一件以前二三十年中从未做过的事情。比如骑单车围着城市转一圈，比如一天给十个外地游客带路，比如帮同事带一天孩子，比如到军营里演讲《凶猛成长》《嚣张奋斗》，比如在全国50座城市的新华书店签售“励志大师”系列图书，比如上街认识一位让自己一见钟情的女孩……哈哈。**这个世界唯一不变的就是变化！**以后大家相见，应该这样来打招呼：“哥们儿，今天你改变了吗？去改变吧，Yes，you can!”

戴尔·卡耐基（Dale Carnegie，1888—1955年）被誉为“人际关系学鼻祖”、“美国现代成人教育之父”、“20世纪最伟大的心灵导师”。早在20世纪上半叶，当经济不景气、战争等恶魔正在磨灭人类追求美好生活的心灵时，他通过演讲和著作的方式讲述大量普通人不断努力取得成功的故事，唤起无数迷惘者的斗志，激励他们取得成功。一生致力于人性问题的研究，开创出一套融演讲、推销、为人处世、智能开发于一体的成人教育方式，数以千万计的人从中受益。

奋斗贴士——

读到一篇关于“改变”的文章，触动很大，跟各位奋斗者共享。

有一个很浪漫的故事。

有一群人，他们积极自律，每天按计划行事，有条不紊；他们不张扬，把自己当成最卑微的小草，等待着人生开出花朵的那天。他们早晨5点多起来健身，你在睡觉；7点开始享受丰盛的早餐，蛋白质维生素淀粉粗纤维样样俱全，为新的一天起了一个好头，当他们收拾妥当准备开始一整天的工作时，你还在睡觉；他们用上午的高效时间完成了一个又一个任务，甚至发现了新的商机，发现了有可能给人生带来改观的机遇，当午餐时间临近，他们伸了伸腰，准备稍作休息，此时你终于起床。他们的午餐不铺张浪费，却营养全面，他们有选择的进食，因为清楚地知道自己想要的是什么。而你也在起床之后感觉到了饿意，你草草地洗了把脸，甚至连牙都没刷，打开冰箱，拿出了昨晚跟朋友high过之后带回来的薯条以及可乐；午睡之后，他们重新积极地投入工作，而你也终于吃饱喝足，坐在了电脑前。是的，你的一天开始了。

晚上回到家里，他们也打开了电脑，也许是为了完成白天没来得及做完的工作，也许是因为前两天刚报了一个网络课堂，此时你还沉浸在网络中，你发的贴子还不够有人气，你发现×××又更新微博了，电视剧里男女“猪脚”还没有最后在一起，作恶多端的女二号还没有得到应有的报应。终于，22点到了，他们停下了工作，或许去满满的书架上拿下了一本书，或许拿起了自己心爱的乐器打算练练手，或许已经上床睡觉。当然，睡之前他们会想一想，自己在这一天都做了什么，有什么收获，又有什么教训。最后，他们又重新提醒了一下自己那个埋在内心深处的梦想，然后满意地睡去了。此时的你还在等待升级，还在顶贴子，还在刷微博，还在为了男一号女一号哭哭啼啼，你的一天才刚刚开始精彩。后半夜，你隐约感到了困意，依依不舍地关掉了电脑，身上已经很臭，你却懒得去洗一个澡。你走向了乱糟糟的床，钻进了肮脏的被窝，掏出了手机——是的，爪机党伤不起。

你隐约知道自己的身边有那么一群“他们”，可是你却没有办法实实在在地感受到“他们”的存在。直到有一天，你和“他/她”终于浪漫地相见了——他/她是老总，你是普通的打工仔；他/她是主任，你是弱爆了的小职员；他/她游历各国，念着你想念的大学，拍着你想拍的照片，过着你想过的生活。事实已经如此，你就是那个电脑荧光照射下的SB。

如果你再不改变的话！

第6个秘密

一生只经营两个字

一位家具公司的员工找到我问："一楠老师，为什么老板给别的同事加薪、升职，却想把我开掉？我在这家公司工作了9年，没有功劳也有苦劳啊。"

一家工厂的技术总监跟我说："研发这个产品，我和我的团队花费了17个月的时间，花费资金2700多万，一年半的时间里，我没有休息过任何一个节假日。产品投放市场以后，销售业绩不理想，我想不通究竟为什么，我已经非常努力了！"

在一次闲谈中，一位政府公务员对我说："一楠，我在局里工作了12年，高不成低不就，比我年轻的都提了副局长，我还是老样子，究竟什么原因？"

一家珠宝店的老板问我："我辛辛苦苦开店，经营了10多年，身价上亿，有些员工在我的店里工作了5年，但是他们总是在背后说我的坏话，为什么呢？"

一次千人演讲结束以后，一位母亲找到我，非常苦恼地说："老师，我对女儿要求非常严格，对她的学习和生活都照顾得无微不至，为什么女儿从来不感激我，还跟我对着干？"

到成都的一所大学演讲，一位女生非常憔悴，问我："一楠老师，我把我的所有都给了男朋友，他还是要跟我分手，这是为什么？"

家具厂的员工、技术总监、政府公务员、珠宝店的老板、辛苦的母亲，还有失恋的女大学生面对生活感到纠结、郁闷、崩溃，大家思考一下：这6个人的问题究竟出在哪里？

那位家具公司的员工想升职，想加薪，我想说：市场残酷，你死我活，每个公司和老板都欢迎给公司带来巨大业绩的员工，**没有功劳的苦劳都是徒劳**。我想问：作为员工，你对公司和老板的**价值**在哪里？

研发了17个月的产品在市场上不受欢迎，我想说：任何产品没有好坏之分，只有消费者需要不需要之分。我想问：你这种产品对消费者的帮助和**价值**在哪里？

那位政府公务员没有得到提升，我想说：作为人民公仆，应该关心人民疾苦，帮助人民排忧解难；**作为下属，你要帮上司晋升，然后自己才能得到提拔**。我想问：你对老百姓的**价值**在哪里？你对上司的**价值**在哪里？

那位珠宝店老板得不到员工的尊重，我想说：作为富豪，除了自己挣钱，还要让所有员工挣到钱，买得起汽车，不再被风吹雨淋，起码买得起三室一厅的房子，不再跟陌生人合租。我想问：你对员工的关爱和**价值**在哪里？

那位辛苦的母亲如此爱女儿，但是女儿完全不理会，我想说：优秀的母亲不是强加给孩子什么，而要细心观察女儿的内心深处真正想要什么。我想问：你关心过她真正的需求吗？你对她成长的真正**价值**在哪里？

对于那位痛苦的失恋女生，我想说：**女朋友要帮助男朋友成长、成熟，要激发男人奋斗的雄心壮志，同时还要经营好自己的头脑、形象和学业（或者事业）**。我想问：你对男朋友的**价值**在哪里？

和珅的巨大价值

清朝乾隆时期有一位大臣，叫和珅，大家都熟悉。此人的官场成绩可谓“前无古人，后无来者”，他被封为一等忠襄公，任首席大学士、领班军机大臣，兼管吏部、户部、刑部、理藩院、户部三库，还兼任翰林院掌院学士、《四库全书》总裁官、领侍卫内大臣、步军统领等等要职。此人为皇上宠信之极，官阶之高，管事之广，兼职之多，权势之大，清朝罕有。他还是皇上的亲家翁，其子丰绅殷德被指定为皇上最宠爱的十公主之额驸。

和珅

很多人不理解和珅：一个大奸臣、大贪官为什么可以位极人臣，拥有如此显赫、辉煌、登峰造极的职场生涯？

我理解和珅。

因为和大人对自己的大客户——乾隆具有极大的、旁人无法替代的价值。众所周知，和珅有一项绝技，当时的文武百官无人能及，就是——拍马屁。和大人能把马屁集中火力拍在乾隆一个人身上，并且时刻观察拍得对方舒不舒服。

有的人不屑一顾：拍马屁也是本事吗？

拍马屁算不得大本事，但是通过拍马屁成为老板的心腹知己，这就是本事，而且是天大的本事！

我们来厘清一个问题，如果你周围有很多人跟你是同样的职位、同样的身份，有他们相伴，你会不会感到孤独？不会！你有很多同事、同学、朋友去聊天、去宣泄。但是，如果你的职位全国仅此一例，你没有朋友，没有同事，没有同学，只有对你的位子虎视眈眈的暗处的敌人，你会有什么感觉？你只能时刻警惕并会感到一种透彻骨髓的孤独。

皇帝，就是这样一种职位。

皇帝也是人，也需要快乐，也需要别人的认可，也需要好心情。虽然坐拥江山，身边满朝文武，后宫三千，但是谁能满足皇帝的一个小小的要求呢？谁能给他好心情？谁能给他被认同感？谁能给他及时的赞赏和鼓励？只有一个人，就是和珅。

拍马屁，很好地解决了做皇帝这个职位最头疼的问题——幸福指数不高。这就是和珅最大的价值所在。乾隆扯一个淡，和珅说精彩；吟一首诗，和珅喊震撼；关心百姓，和珅称圣明；镇压造反，和珅呼英武！试问，如果你是皇帝，你会怎样对待这样一个处处哄你开心，绞尽脑汁让你愉悦的大臣呢？除了欣赏，还是欣赏！如果不是君臣有别，你还会抱着他亲两口。小子，你太了解朕了，你对朕的价值无人替代！

和珅时时处处哄着皇帝老儿；乾隆一开心，就会对大臣好；大臣就会对百姓好；百姓也开心，该生产的生产，该戍边的戍边。全国上下其乐融融，众志成城，大清国国力强盛，威名远扬，出现了历史上著名的“康乾盛世”。和大人功不可没啊！这就是和珅对乾隆、对清政府的最大贡献和价值，也是他个人成功的原因。

成功的一生，是不断增值的一生

我在演讲时曾经做过这样一个小活动：拿出100元，问听众："谁要这100元？"台下的人纷纷举手。我将钱揉成一个团，又问："谁要？"台下还是那么多人举手。最后我把钱扔到地上，用脚踩了踩，还在地上碾了碾，又问："这张钱我揉过、踩过、碾过，谁还要？"台下依旧有人举手。然后我对大家说："我如此对待这张钱币，你们依然想要它，是因为它没有因为我的践踏而贬值，人生亦是如此。**人生的意义，不取决于他人的赞赏或诋毁，也不取决于别人的帮助或者阻挠，而是取决于我们自己的价值是否一直存在，并且是否一直增值。"**

不要再抱怨自己生活在竞争如此激烈的社会，生不逢时；不要再抱怨某个同事总是跟你过不去；不要再怨恨上司对你的努力视而不见；不要再抱怨顾客选择了竞争对手的产品；不要再抱怨女朋友的父母阻挠她跟你交往。**所有这些都是因为你的“价值”不够大！**

有个90后年轻人，非常困惑地问一位著名的记者："为什么马云说的每句话都如此震撼？"记者回答："当你每天只赚30～50元的时候,你的声音跟街上乞讨的差不多，基本没人听；当你每天赚300～500元的时候,你的声音跟我的差不多,偶尔会有人听；当你每天赚几十万的时候,你的声音就跟马云一样,就算放个屁也会被人录下来反复听。"

话糙理不糙，当你的个人价值为“零”的时候，除了怜悯的目光你得不到任何的关注，但当你的个人价值为“亿”时，你不想让别人关注你都不可能，你的一言一行都会成为大家讨论的热点，你走到哪里都会成为焦点。**关键在于你自己的价值够不够大！**

大家能理解吗？小草和大树都无声无息地生长，小草不被人们注意，还被人们踩来踩去，因为它没有为人们提供价值；大树为人们提

苹果手机虽小，但是谁能无视它的价值呢？

供树荫，有“挡风遮雨”的价值，因此被人们铭记。同样是植物，一种被人们践踏，一种被人们感激，区别在于它们自身是否具有价值。

美国苹果公司前任CEO乔布斯离开了世界，在他生前，无数人赞美他，无数人反对他，无数人质疑他，还有无数人诋毁他。但是，世人唯独做不到的就是——漠视他。因为他改变了手机，改变了电脑，改变了人类的通讯工具和娱乐工具，一句话，他彻底改变了这个世界。不管你喜不喜欢乔布斯，不可否认的事实是：你无法忽视他的价值，无法忽视苹果公司的价值，更无法忽视iphone、ipad、mac等天才产品的价值。

塑造自我价值，方能成就此生

能够理解“价值”二字，你就看清了很多人生困惑背后的深层次原因，解决起来就会得心应手。你不会再抱怨他人，抱怨世界，而是从“自身价值”的角度去思考问题。**你要明白：只有改变了（增加或减少）一件事或者一个人的价值，事情才会按照你希望的那样去发展，否则一切都不会改变。**

只要你懂得了“塑造自我价值”，思考问题、解决问题时，就不会怨恨他人，怨恨环境，怨恨时机，你会发现问题的出现并不是别人的原因，而是因为你“对他人的价值”不够，仅此而已。你要做的就是从多个角度塑造“自我价值”，只要“自我价值”满足了别人的需求，你的境遇就会大大改善，你对人对事的心态也会更加淡定从容。

讲一个真实的故事。

有一家培训集团有10位讲师，他们都为企业讲授执行、销售、管理、领导力等企业运营课程。这10位讲师完全靠市场化运作，也就是说有没有课讲，讲师自己说了不算，此公司的总裁说了不算，董事长说了也不算，谁说了算？客户说了算。

有一位张讲师被客户提前预定了一整年的课，课酬从2万元/天涨到了5万元/天，又涨到了10万元/天，而另外一位王讲师没有人请他去演讲。王讲师非常郁闷，给我打电话要我陪他去喝闷酒，聊聊这件事。

在电话里，我对他说：“酒就不用喝了，你的问题可以立刻解决掉！你的同事张讲师之所以大受欢迎，是因为他的课程对他所服务的企业产生了巨大的效益，他的课程对客户有用，有大用。你的课程对你的客户和企业没有产生直接、有效的业绩。因此，张讲师被客户抢着去企业里讲课，而没有人请你去。你不需要抱怨公司不给你机会，不需要抱怨客户不识人才，总之你不需要抱怨任何人、任何事情，**你唯一要做的就是——塑造自身的价值，塑造你的课程的价值。**只有你的课对客户有巨大的帮助，你和你的课程才会被客户们打架抢购！你要做的是找到一个重点行业，深入下去，深入你客户的企业，深入员工、中高层以及他们的老板，看看他们经营企业过程中真正的核心困惑是什么，遇到的经营难题是什么，然后帮他们解决掉。你必须成为一个Problem-solver（问题解决高手），成为能够解决企业所有经营问题的'瑞士军刀'，让你的大名在江湖中迅速传播。"

一千人来听你演讲，因为你的演讲对这一千人有价值。

王讲师终于明白了我的"价值理论"，从此开始拼命塑造自身的价值，塑造自己课程的价值，他知道：只有他对客户的帮助增加了，他自身的价值才会提高，他的课程才会跟着涨价。

你的自我价值是——利他

价值，说得简单一些，就是你对他人的用处。你想要对他人有用处，就要时刻观察对方的需求是什么。而且，一个人一生会有各种各样的需求，你不可能同时满足他所有的需求，所以，你一定要观察对方在此时此刻最最核心的一个需求或者最最困惑的一件事情是什么，然后去满足这个核心需求或者解决这个核心困惑。从这个角度来讲，雪中送炭一定比锦上添花效果更好。

你对他人的价值，包括物质价值和精神价值两种。

现在的笑星为什么风靡一时？赵本山、小沈阳、郭德纲、周立波，一个比一个火？因为他们解决了广大人民“快乐需求”的问题，这就属于精神价值的层面。

生产牛奶的企业为人类提供“营养价值”。

再以物质价值为例，一个人对他人的物质价值，就是满足他人的生存需要、生活需要，包括四大方面：衣、食、住、行。抓住四点中的任何一点，做好了，都会成为创富英雄。成功的企业家们做的就是这些事情。比如，牛根生为人们提供牛奶，柳传志、杨元庆为人们提供电脑，张瑞敏为人们提供家用电器……

再讲一个鲜为人知的故事。

15年前，在济南铁路成人中专学校，有一位老师叫王旭宁，收入很低，刚够养家糊口。当时他不被人注意，自身价值岂止有限，简直卑微。

15年后，王旭宁身价几十亿，成为风光无限的著名企业家，获得的财富和荣誉不计其数。

请问：同样一个人，为什么有如此巨大的差别？

原因是：在这15年里，王旭宁对于他人、对于社会的价值发生了巨大变化。

豆浆机，已成为百姓生活的必需品。

做老师的时候，他只需要讲好课，服务好十几位学生就可以了，创造的社会价值极其有限。但是在这15年里，王旭宁一刻也没闲着，他把制作豆浆的粉碎、磨、打浆、煮等复杂工艺全部集中在一个小小的豆浆机里完成，再加上智能软件控制，使其使用起来像傻瓜相机一样方便自如，这个小机器的名字叫作“九阳豆浆机”。为此，王旭宁获得了智能型家用全自动豆浆机的国家专利，更了不起的是，他建立了一个庞大的商业帝国——九阳集团，2008年在深交所挂牌上市，市值超过百亿元。

喝豆浆是每个中国人的生活习惯，但是在九阳豆浆机出现之前，人们自己做豆浆非常不方便，只能去买豆浆。于是王旭宁就把中国人的这个核心需求看在眼里，放在心里，十年如一日的研究豆浆机，改善豆浆机的功能。他的产品满足了大部分中国人的核心需求，所以产品一进入市场，就大受欢迎，他的自我价值随之也越来越高。从只服务几十位学生到服务中国数以亿计的豆浆消费者群体，王旭宁服务的人群越来越多，他对别人的帮助越来越大，他对别人的价值也越来越大，他自己的价值也越来越大。

因此，你的价值来自于你“利他”的价值，为什么连美国西点军校里都放着雷锋的雕塑？因为雷锋一生的生命价值都在“利他”，所以自己也获得了国家和人民赋予的至高无上的荣誉。

总而言之一句话：**人生所有的失败都来自于“自己对别人没有价值”。同时，人生所有的幸福和成功都来自于“成功地塑造了自我价值！”。**

雷锋（1940—1962年），中国家喻户晓的全心全意为人民服务的楷模，共产主义战士。作为一名中国人民解放军战士，他一生助人无数。毛泽东主席于1963年3月5日为他题词“向雷锋同志学习”，并把3月5日定为学雷锋纪念日。一部《雷锋日记》令读者无不为之动容。“雷锋精神”激励着一代又一代人学习，只要有人做了好事，人们就会把他们喻为“活雷锋”。雷锋有句名言：“人的生命是有限的，可是，为人民服务是无限的，我要把有限的生命投入到无限的为人民服务之中去。”在他短暂的一生中，他无时无刻不在实践着自己的理想。

一生只经营两个字——价值

现在，世间最伟大的秘密就摆在你的面前：

人一生要幸福，要成功，要快乐，只需要经营两个字——价值！

如果你能够成功，必然源于你先使他人成功，这是你对他人的价值；

如果你能够快乐，必然源于你先让他人快乐，这是你对他人的价值；

如果你能够幸福，必然源于你先给他人幸福，这是你对他人的价值！

如果你要获得成功、快乐、幸福，就需要经营——“自己对他人的价值”！

如果你要一生都获得成功、快乐、幸福，就需要——“持续地塑造自己对他人的价值”！

请大家记住：只要一个人能够解决他人的核心困惑，对于他人的价值就越高，那么自身的价值也会水涨船高，**而且，你所服务的人群数量和你自身的价值成正比。你服务的人越多，你的价值越大。**如果你服务几十人，你就是几十人的价值；如果你服务几千人，你就是几千人的价值；如果你能服务上亿人，你的价值就会步入“国宝级”的行列。

不是猛龙不过江。人人都觉得自己是龙，到底谁能过江呢？猛，是唯一的价值衡量标准。“足够猛”就是你的价值，“不够猛”就说明价值不够，就别想过江，还得回到岸边修炼去。做任何事情，大家不要老想着得到、得到、得到，你必须先提升自己的价值，当你的价值够了，一切都会得到。人的一生，会做成千上万件事情，但是做事的主线只有一个。当你牢牢抓住这条线的时候，人生意义就会凸现出来。**这条主线就是——持续地增加自身价值！人的一生，永远只经营两个字，就是“价值”。**

奋斗贴士——

请写下自己对九种人的价值——

我对父母的价值________________________________

我对男朋友（老公）的价值________________________

我对女朋友（老婆）的价值________________________

我对老师的价值________________________________

我对同学的价值________________________________

我对上级领导的价值____________________________

我对下属（同事）的价值__________________________

我对顾客的价值________________________________

我对人类的价值________________________________

第7个秘密

江湖中最无敌的武林秘笈——I believe!

小学四年级的时候上语文课，我突发奇想，这次期末考试我一定要考第一给同学们看看。在此之前，我的成绩还可以，每次考试总排在第六、七名的样子，不后退也前进不了。也不知道受了什么刺激，突然在那一天，我想考第一，于是我就用圆珠笔在左手臂上写了一句话："第一属于张一楠。"从此，洗手、洗澡的时候，我都非常小心，生怕把手臂上那句豪言壮语洗掉。从此，我也像变了一个人，学习更加努力积极，上课更加认真专心，一切的一切都是为考第一做准备。

结果，那年的期末考试，我考了全班第一。开家长会，同学的家长对我父亲说："老张，你儿子厉害啊，你这当父亲的放了一次卫星啊！"父亲听了以后非常开心。

老爸回家以后还沉浸在儿子考第一的兴奋中，就给我讲了一个穷小子练武的故事。

很久很久以前，有一个穷小子想练高超的武功，就去拜师学艺。他的师父让他天天拍水缸，这小子拍了整整7天快崩溃了。师父说："继续！"穷小子又拍了一个月，无法坚持了，师父说："继续！"穷小子拍了半年，心想：这个老王八蛋骗我，老子我不练了，拂袖而去。回家，一拍门，一掌，门就碎了。穷小子这才知道师父的良苦用心，大哭一场，回去在山中长跪向师父道歉。

讲完故事，爸爸神秘地告诉我："这次你考第一是一次偶然，但是可以把这件事变成必然。想知道怎么变吗？"我激动地说："当然想，亲爱的老爸，快告诉我！"老爸继续说："人和人在成事之前没有太大差别，你勤奋别人也勤奋，你聪明别人也不傻，**唯一拉开档次**

的就是看谁更加相信。谁更加相信，谁就会更加坚定；谁更加相信，谁就会采取行动；谁更加相信，谁就能抵制住万千诱惑，谁就会拥有强大的力量赢得一切！”这一次是我第一次接受关于“相信”的启蒙教育。

相信考研必胜

还有一次，那时我在哈尔滨上大四，准备考研，每天在图书馆里复习。有一天，我旁边坐了一个不认识的女生，蓬头垢面，她桌上放着厚厚一摞的英文报纸China Daily（《中国日报》），每天学累的时候她都会读读英文报纸作为休息。后来跟她一交谈，我得知这个女生是广西桂林工学院的学生，考我们学校的土木工程专业，去年考研失利，这是第二次考研。

我问她：“你去年考研失利的原因是什么，这次你准备怎么避免？”

她说：“我的专业课和英语都不是问题，但是去年我的情绪波动非常厉害，每天都担心自己考不上。尽管每天都非常非常努力，但是我一直不敢相信自己真的能考上这所大学。结果正如我所担心的那样——没考上。”

我继续问：“今年呢？”

她说：“今年不同了，除了每天照常认真学习之外，我还学会了重要的一点，就是相信自己。**相信自己的办法就是——每天想象美好。**为此，我每天想象考上研究生以后的美好生活，我已经规划好了：研一我要去香港和美国旅游，并发表5篇学术论文；研二谈一场风花雪月的恋爱，爱个死去活来；研三去我最仰慕的世界500强公司工作，两年内做到总监。每当想起这些，我都觉得生活特别美好，世界特别美好！简直Amazing（难以想象的美好）！”

听她说完这些，我可以判断，这个女孩今年必定能够考上。她对自己有了足够的相信，而且有这么美好的生活向往作为她前行的动力和支撑，她今年一定会金榜题名，毋庸置疑。

相信大于努力

英文中有两个单词：Belief（相信）与Effort（努力），我想问大家：你觉得哪一个单词对你的人生更加有用？有的人可能会说Effort（努力）更加有用，我的回答是：**Belief（相信）更加有用。因为信念一定要产生在努力之前，信念先于努力，只有先坚信自己能够做到，你才会全力以赴。从这个角度讲：相信大于一切！**

大家看过动画片《功夫熊猫》吧，电影里有这样一个情节，熊猫阿宝被选为神龙大侠的时候一直对自己学会武功不抱什么希望，觉得自己太笨了，不可能像“盖世五侠”那样武功高强。乌龟大师看到阿宝犹豫不决，淡淡地留给他一句话：“You, must believe.”（你，必须相信。）阿宝以此作为他战胜自己恐惧的武林秘诀，从他开始相信自己的那一刻开始，他已经开始变得强大了。

《功夫熊猫》是一部喜剧动作电影，主角熊猫阿宝是个爱吃面条的梦想家，整天活在白日梦里。然而，为了成为传奇的龙战士，他必须首先学会面对自己，相信自己，提升自己，由此开始讲述一个动人的励志故事。导演John Stevenson强调他们的创作是想带出“每个人都可以成为自己的英雄”的正面讯息，希望透过熊猫阿宝鼓励学生和年轻人，只要相信自己，坚持梦想，一定会成功。

故事的最后，阿宝历尽艰难打败对手雪豹太郎，拿到了武林秘笈。但是谁会想到江湖中争抢的武林秘笈居然只是一面普普通通的镜子，阿宝在这面镜子当中什么秘密都没有找到，只看到了自己笨笨的样子。在那一刹那，他领悟了：**江湖中根本不存在什么狗屁武林秘笈，这个世界上真正的武林秘笈就是——相信自己！从相信自己到信仰自己！这个世界上真正的武林高手不是别人，而是你自己！最牛的武林秘笈就是——相信自己，坚信不疑！**

相信的最高境界是信仰

还有一个对我影响颇大的事情。我很喜欢看一部抗战主题的电视连续剧《中天悬剑》，其中有这样一个情节：中共方面的一个地区特委书记与国民党中将师长肖弋谈判，谈判的双方身份、军衔极不对称（特委书记的官衔远低于中将师长），但是令我诧异的是：中共特委书记不卑不亢，眼神中有一种极其吸引观众的东西，就是——坚定。

如果情况换一下，国民党的一个营长去见日军的一个师长，营长将会是一种什么表情？可能会有一种低人一等的感觉。而如果中共领导的一位八路军营长去见一位日军师长谈判，营长会是什么表情？从容不迫，不卑不亢。共产党和国民党中处于同样职位的人，待人接物的态度为什么有如此巨大的差别？

《中天悬剑》又名《中天剑》，是一部抗战题材的精彩电视剧。也是本书作者最喜欢的电视剧之一。

话题回到《中天悬剑》，究竟是什么力量让一个特委书记在一位将军面前有那么大的自信和气魄？是什么力量让一个人在任何人面前都从容淡定，不卑不亢？是信念，是信仰，是一种最最坚定的相信！

抗战时期，监狱里被关押的共产党员，赴刑场前明知前方是死亡，但是眼神中没有丝毫的杂质，只有一种纯洁。他们的神情非常统一，即使是女共产党员也有着与男人一样的镇定，除此之外，还有一种淡定，一种从容，一种波澜不惊，一种大气磅礴。是什么让这样一群人产生这样巨大的力量？是信念，是信仰，是坚定的信念和信仰！

人生有五颜六色的价值观，但一种价值一旦被认可，你就可能一辈子追求这个价值而无悔无怨；世界有千紫万红的思想，但只要接受其中一种，你就能够终生信奉它而至死不渝。

人类为信念而活。

做到相信只需要两步

那么，怎样做到相信呢？

第一， 相信，就是对梦想的重复，千万次地重复。

人类的创造，都是通过重复。通过视觉、嗅觉、听觉、思考，不断重复，只要量到了，质也就变了，就会把一个想法变成事实。

举一个发生在你身边的小例子——

相 信

这两个字念什么？你确定吗？为什么如此确定？

每一个识字的中国人都知道“相信”这两个字念“Xiāng　Xìn”，而且坚信不疑，为什么呢？

我问几个问题，你就会彻底醒悟。

我问大家：“相信”这两个字从小到大你**看**过多少遍？

你的回答一定是：千千万万遍！

我再问大家：“相信”这两个字从小到大你**读**过多少遍？

你的回答一定还是：千千万万遍！

我再问大家："相信"这两个字从小到大你**写**过多少遍？

你的回答一定依然是：千千万万遍！

我最后问大家："相信"这两个字从小到大你**听**过多少遍？

你的回答肯定还是：千千万万遍！

大家明白了吧？"相信"这两个字，你之所以相信它读"Xiāng Xìn"，是因为你看过千千万万遍，读过千千万万遍，写过千千万万遍，听过千千万万遍。最后，现在的你们才确定了"相信"念"Xiāng Xìn"！

如果你把看过千千万万遍，读过千千万万遍，写过千千万万遍，听过千千万万遍的内容换成"年收入100万"，结果将会怎样？

如果你把看过千千万万遍、读过千千万万遍、写过千千万万遍、听过千千万万遍的内容换成"我要幸福"，结果将会怎样？

如果你把看过千千万万遍、读过千千万万遍、写过千千万万遍、听过千千万万遍的内容换成"我爱他人，他人爱我"，结果将会怎样？

最后的结果就是，你会彻底相信：你将年收入100万，获得财富自由；你将相信：你会获得幸福；你将相信：自己会更加爱别人并且能获得别人的爱。

第二，相信，就是心存美好。

一位上过9次手术台的女人比一般的人更能体验痛苦和折磨的滋味，但她没有像普通人那样哀怨、忧愁、绝望，甚至放弃。她知道自己无法改变身体状况，但是完全可以选择与众不同的心理状态。只要心存美好，美丽的世界就会为她一个人而存在。第九次从手术室被推出的时候，她说：**"我不是天使，但我拥有天堂；我不是海豚，但我遨游海洋；我没有翅膀，但我俯视阳光；我没有神灯，但我手捧希望。"**

我、练武的穷小子、考研女生、熊猫阿宝以及共产党员的故事共同说明了一个道理——

当你看到别人做到了而去相信某件事的存在，这不叫"相信"，**在你还没有看见未来的时候，仍旧坚持做，这才是真正的"相信"**！相信先于一切，相信的力量穿越一切，相信的人赢得一切！

非常喜欢关于“相信”的两句英文：第一句：If you think you can win， you can win. Belief is necessary for victory.（如果你认为你能赢，你就能赢。相信是胜利所必须的。）第二句： Even if you are strong, belief will make you stronger.（即使你很强大，相信能让你更强大！）

记住：**失败者，就是总担心自己失败的人；成功者，就是总坚信自己成功的人。**要想成就伟业，“怀疑”二字和你的关系，应该像水与火的关系一样，绝不相容！人的大脑就像一块阵地，不被“相信”占领，就被“怀疑”占领，你要做的就是让“相信”牢牢地守住这个制高点。

只要心怀“相信”，你可以站在任何帝王将相面前。请你相信：你是最棒的！你是上帝唯一的杰作！你是人类千万年进化的终端产物！请相信自己一次，并一而再、再而三地相信自己，挑战所有的极限，不要停止前进的脚步，一如既往，勇往直前！

奋斗贴士——

1. 请写下你相信的一件事。

____

2. 请写下你将相信这件事多久。

____

3. 请写下你准备激励多少人相信这件事。

____

4. 对上面填写的三个问题，你真的相信吗？（只回答YES！或者NO！）

____

第8个秘密

人与人最大的差别是神马？

现在是一个商业社会，如果一个地方盛产企业家，那一定令所有的家乡人骄傲自豪。温州就是一个盛产商人、盛产企业家的地方，温州商帮在中国乃至世界都是一个实力强大、影响力巨大的商人群体。让我奇怪的是，为什么北方很少出现这种群体呢？

后来我发现，南方人和北方人的脑中有两套完全不同的经商思维程序，南方人的思维程序是一切都以顾客、市场、盈利为核心思考问题，而北方人就缺少这种程序。

我们公司有一个司机，开车技术一流，我们公司很多主管、经理开车都是他教会的。有一次我跟他开玩笑："现在很多人都在学车，但是驾校的教练车数量有限，而且几个人分一辆车，什么时候能学会啊？你技术一流，表达能力又强，完全可以在工作之余给一些中产阶级和富人做私人练车教练，生意一定火爆！"他说："是啊，但是每天我上班工作太忙了，实在抽不出时间。"这就是典型的北方人思维，上班是第一位的，看到做生意的机遇也不动心。

我相信：对于这件事，换做一个南方司机就会有完全不同的思考程序。他可能会利用晚上和周末的时间做一些有钱人的私人练车教练，然后跟他们保持良好的关系，让他们帮他传播口碑，让更多的人来找他学车。这些学车的人中间不乏有公司老板和金领，这样这个司机就可以和其中的一些人合作，别人出钱，自己出技术，开一个小一点的驾校，慢慢做大，一开始自己教车，后来把自己的教车方法写成教案，让其他司机按照自己的教案来教别人学车。再后来，把驾校做大，开始招收学员，教他们学会开车以后，再推荐给运输公司做专职司机。如果还有经济头脑，他可以融资开始做与汽车有关的所有生意，卖车啊、维修啊、车内装饰啊等等。这样就从一个普通的司机转变成一个成功的商人。

同样是玩车，司机有司机的玩法，汽车商人有汽车商人的玩法，关键就在于脑中思维程序的差别。

温州人和你想的不一样

温州人是中国的犹太人，个个精明过人，全民皆商；经济学家钟朋荣曾讲"温州人精神"概括为四句话：白手起家、艰苦奋斗的创业精神；不等不靠、依靠自己的自主精神；闯荡天下、四海为家的开拓精神；敢于创新、善于创新的创造精神。这是温州人富起来的精神程序。

再问大家一个问题："女人生孩子的时候，你们觉得丈夫应该陪在身边呢，还是不在身边呢？"

我相信这个问题99.999%的女人会选择让老公在身边陪着自己生孩子，如果不在身边，就觉得自己的丈夫不够爱自己，一辈子都不会原谅丈夫的。这就是北方女人的思维方式。

南方女人，尤其是温州女人和广东女人则截然相反。她们不会让丈夫陪在自己身边，她们认为自己生孩子的时候老公在身边，那是一种莫大的耻辱。原因很简单，温州和广东的男人做生意需要在全国甚至世界各地行走。如果在家陪着老婆生孩子，这是一种无能的表现，只有外面的生意不需要这个男人料理的情况下，他才会有时间回家陪老婆孩子，温州女人和广东女人认为：这就是无能。

你看，同样一件事情，南、北方人的思维方式截然相反，因此南方人与北方人在商业上的表现就会有天壤之别。

再举一个例子，从过节家人团聚这件事你也可以看出北方人和南方人在经商方面的表现差别有多大。北方人重情，所以逢节必过，正月十五团聚一下、八月十五团聚一下、过年团聚一下、五一团聚一下、十一再团聚旅游一下。团聚一次就会花掉三四天的时间。再看看南方人，他们觉得当大家都在团聚的时候，他们应该在商场上继续打拼，过节不过节都一样，生意不能耽误。每年他们光在过节上就可以比别人省出几十天的时间用来经商。有些温州商人在世界各地做生意18年不回国、不回家，还有28年不回家的。你就知道什么叫做真正的商人。同样是商人，差距就是这样拉开的。

大家不要误解，我并不是说，温州人的做法就对了，北方人重情重义的做法就不对了。我只是说，在商场上，同样一件事情，因为南北方人脑中思维程序的差别，他们的作为也有很大不同，最后的人生结果也会有所不同。这就是大脑思考程序对人产生的巨大影响。

人和人最大的差别，就是“大脑程序”的差别。

程序，就是人们思考问题的角度以及反应，可以分为学习程序、职场程序、情绪程序、管理程序、信念程序、情感程序等很多种。这样说吧，人们做的每一件事请，脑中都会有一套固有的程序与之对应。你们的行为只是内在程序的外在表现而已。

芸芸众生，最后的生活、事业、情感方面有着如此巨大的差别，都是“大脑程序”作用的结果。**我可以断定：人和人之间最大的差别，就是“大脑内在程序”的差别。**

讲一个身边发生的真实的事情。

有一次，某教育科技集团选择高级管理人员，十几个候选人去温州做市场调查。有的人去了之后准备了很久才开始正式的调研，有的人在去温州之前就与当地培训机构负责人取得联系，然后一下车就有专车接送去调研。同样一件事情，起点就不同了。在调研竞争机构的时候，可以分为两种调研者：一种是暗访者，一种是明访者。竞争机构的工作人员也知道暗访者是做什么的，也自然不会以坦诚的方式对待他们，所以暗访者只能了解皮毛。而明访者坦诚地说自己是某某公司的，并送上自己的名片。他们真诚地说：“我们都在做培训机构，有一些问题是共同的，希望通过交谈来解决共有的问题。”工作人员看到来访者非常透明，也以诚相待，双方交流了很多问题，双方都受益颇多。同样是做一件事情，做事者思维程序的差别导致了行为程序的差别，最后同样一件事情的结果就完全不一样了。

职场思维程序、情绪程序、管理程序与信念程序

同一所大学毕业的三个人，十年以后，有的人成为世界500强公司的总裁，有的人只做一个普通员工，还有的人失业了。我向你保证：不是因为环境的问题，不是因为机遇的大小，也不是因为努力程

度的差别，就是因为这三个人脑中的职场思维程序有着巨大的差别。以加班为例，日后做总裁的员工会觉得加班是学本领的时候，是超越对手的很好时机，乐于加班；日后依然做员工的人会觉得非常不情愿，勉强加班；最后失业的员工会想，老子坚决不加班，爱咋咋地。**三个人职场程序的差别，最终决定了三个人十年后在事业上的最终成就。**

在机场，飞机晚点了，航空限制这都是经常发生的事。但是同样一件事情，人与人的反应差别很大。有的人非常恼火，有的人就不生气。生气的人觉得飞机晚点不正常，耽误了自己的时间；不生气的人觉得飞机晚点正常，天气变幻莫测。**这都是内心的情绪程序决定了你的表现。**

同样都是管理者，为什么管理水平会有所差别？一般的管理者觉得要用好人，不用坏人；要用君子，不用小人。我想问大家的是：这个世界上有绝对的好人与坏人吗？一个君子从来不做小人之事吗？一个小人一生就没做过一件好事吗？所以有这样思维的人就是一个管理思想没有入门的人。我觉得，**作为一个管理者，最重要的就是建立机制，建立规矩，建立制度，然后定好奖罚系统。有了好的机制，坏人也会变好；如果机制不对，好人最终也会被带坏。**没有合适的游戏规则，多好玩的游戏都进行不下去！所以，**管理者管理程序的差别决定了他所带团队的业绩差别。**

大家看电视剧也会发现一个好玩的现象。同样是打抗日战争，共产党的排长和国民党的排长在冲锋的时候表现差别很大。冲锋号响起的时候，国民党排长会喊："兄弟们，给我上！"共产党排长会喊："同志们，跟我上！"国民党军官的思考程序是：让别人当替死鬼，我在后面拿赏钱。共产党排长的思维程序是：为死去的同志和老乡们报仇，将日寇赶出中国！**这也是信念程序的差别，决定了战场上的表现，从而决定了最终的战局。**

人和人之间在大脑物质构成方面的差距不大，但是脑中内在运行程序有巨大的差别。世界上智商最高的人也只有220左右，大概是正常人的2倍，但是为什么人与人之间的成就会差别千倍万倍呢？不是大脑细胞构成的差别，而是内在思考模式运行的巨大差别。

我告诉大家一个秘密，江湖中所有的猛人都有一套与众不同的心智程序，这些程序清晰、高效、实用、直抵核心。正是因为这样的思想程序，他们在各种困难、压力、挫折面前有着异于常人的心态和精神，对同样的事情也会得出完全不同的结论。

松下幸之助的思维程序

有一句话叫做：优秀是一种习惯。其实，我认为：**优秀是一套独特的心智程序。**

我们不能改变事实，但是我们可以改变自己对于这些事实的看法，我们可以树立完全不同的精神！

我想问大家，一个人具备三个条件：第一贫穷，第二体弱多病，第三小学没毕业，如果他去创业，会成功吗？

你可能会说："这个人将死得很惨！"

我告诉大家另一个人跟你的回答完全相反，反映出你们的心智程序也截然不同哦。

他说："这三个条件是上天给予我创业的恩惠，让我受益无穷。

第一、我家里很穷，托贫穷的福，我从小就尝到了擦皮鞋、卖报纸辛苦劳动的滋味，并以此得到了宝贵的童年创业经验；

第二、我一出生，就体弱多病，托病弱的福，我得到了锻炼身体的机会，这使得我到老年也可以保持健康的身体；

第三、我连小学都没有毕业，托学历低的福，我没有以书本为师，而是以世人、红尘、生活为师，这让我比一些纯粹的书呆子更有智慧。"

贫穷、体弱多病、学历低，这些创业中的死穴，被这个人的心智程序构建成受益无穷的恩惠。这个人的名字叫做松下幸之助，日本经营之神。

现在很多大学生毕业即失业，他们的思维程序是"工作太TM难找了"，请大家看看当年松下幸之助的求职思维程序和求职行动程序——

松下幸之助家境贫寒，为了养家糊口，年轻的他到一家大电器公

松下幸之助　日本著名跨国公司"松下电器"的创始人，被人称为"经营之神"。少年时代的松下幸之助只受过4年小学教育，1918年，在大坂建立了"松下电气器具制作所"。尽管条件艰苦，但他带领员工一同努力、创新，推出了一个又一个成功的产品，7年之后，他成为日本收入最高的人。1989年逝世时，留下了15亿美元的遗产。

司求职。矮小瘦弱，穿得又破又脏的他被公司的人事部门主管谢绝了："我们现在暂时不缺人，你一个月以后再来看看吧。"

本是推托之辞，可一个月后他真的来了，那位负责人又推托说有事，过几天再说。隔了几天他又来了，如此反复了多次，主管只好直接说出了真话："你这么脏是进不了我们公司的。"于是他立即回去借钱买了一身整齐的衣服穿上再来。负责人看他如此实在，只好告诉他："关于电器方面的知识，你知道得太少了，我们不能要你。"

不料两个月后，他再次出现在人事主管面前："我已经学会了不少有关电器方面的知识，您看我哪方面还有差距，我一项项弥补。"这位人事主管盯着态度诚恳的他看了半天，才说："我干这一行几十年了，还从未遇到过像你这样来找工作的。我真佩服你的耐心和韧性。"

结果，他的毅力终于打动了这位人事主管的心。他终于如愿以偿的进入那家公司工作。

各位，你现在的所有行为都是源于之前你对这个世界的假设。这种假设不一定就是现实，这种假设会为你内心的程序设限。如果你的思维程序是"失败后放弃"，你就是下一个"松下幸不助"；如果你的思维程序是"失败后再战"，你就是下一个"松下幸之助"。

给自己安装一套独一无二的行为程序

如果你想有所成就，就需要格式化自己原来陈旧的思维与行为程序，安装一套全新的成功行为程序。如果你的行为程序与普通人在下面八个方面截然相反，想不成功都难。

第一、别人谓为困难，你却视为挑战。

第二、别人借口连篇，你却主动执行。

第三、别人事不关已，你却乐于负责。

第四、别人三分干劲，你却十分卖力。

第五、别人不紧不慢，你却快马加鞭。

第六、别人注重分歧，你却精诚合作。

第七、别人诉说苦劳，你却呈献功劳。

第八、别人一蹶不振，你却永不言败。

同样一件事，你要用不同的思维与行为程序对待。如果你继续做到下面十点，几年后，如果不成为跨国公司的总裁、董事长、CEO、董事会主席，你就来找我算账。

同样一件事，别人跪着，你就站起来；

同样一件事，别人花前月下谈恋爱，你就挥汗如雨地工作；

同样一件事，别人在海滩度假，你就起身到街上拜访客户；

同样一件事，别人天马行空地幻想，你就脚踏实地地行动；

同样一件事，别人向现实妥协，你就坚持理想、寸步不让；

同样一件事，别人小腹膨胀，你就开始练双节棍，保持健康、健壮、健硕；

同样一件事，别人无理争辩，你就真诚认错；

同样一件事，别人去寺庙里求签，你就抓住机会、激流勇进；

同样一件事，别人跌倒趴下了，你就跌倒了再爬起来；

同样一件事，别人顾虑再三，你就破釜沉舟，当一回英雄！

看到了吧？这就是人们之间思维和行为程序之间的巨大差别！**如果做到了这些，那么当别人还在做梦的时候，你就可以成为一个领域的王者，剑锋所指，所向披靡！**

人与人之间最大的差别是——内在程序的不同

各位，人与人之间最大的差别是神马？

是内在运行程序的不同！（内在运行程序包括：思维程序、情绪程序、管理程序、信念程序、行为程序等等）

朋友们，我们需要更多地在这个真实的世界中行走，去体验不同的生活，去获得丰富的人生经历，最重要的是去总结我们对这个世界重新的认识和认定，最终建立更加有利于我们心灵成长的心智模式。如果你想成为一个偶像级的人物，就要学会在自己体内建立那位偶像的思考程序、心智程序以及行为程序，只要完成这个过程，你就是那位偶像的灵魂附体！此时、此刻、此地，你就是那个人，那个人就是你！请大家慢慢醒来，重建你内心的程序，成为你内心世界的救世主吧！

奋斗贴士——

一位朋友从汽车推销员开始做起，做到销售总监，现在自己开了一家4S店，专门做汽车的生意。很多年轻人创业都以失败告终，他也经历过失败，甚至在最困难的时候请顾客吃饭没钱了，就把自己的手表押在饭店，有钱了再赎回来。现在他的生意开始风生水起，为什么？因为他的思维程序有了改善，他的思考能力更加成熟。

在汽车领域，销售二手车的利润也就是每辆车挣2万块，但是我这位朋友一辆车可以挣到3万块。为什么？他的思维程序与别人截然不同，那些销售二手车很多年的人也会自愧不如。他说：“**只要你集中精力往一个方向去思考，坚持不懈，总会有所收获。人和人的最大差别就是思维程序的差别！**一开始一辆二手车我也是只挣到2万，我就开始思考怎么才能挣到更多。第一，我发现很多买二手车的顾客都有过1～2辆车，就向他们收购这些车，加价出售。第二，我可以帮顾客办银行贷款，这又可以增加一笔收入。第三，顾客从我这里买的是裸车，他需要汽车装具，就从我这里购买，又是一笔收入……一个企业要生存和发展，最重要的是——盈利能力（模式）。”

很多人创业，可能从企业文化、品牌建设、团队组成、销售能力等方面去考虑，去创造各种条件，但是对于一个公司来讲，最核心的就是盈利能力。公司不挣钱，说什么都是白扯。一位成功的公司老板就是要考虑怎样让一位顾客在我这里多次重复消费，为公司挣取更多的利润。而失败的公司老板可能想了太多的东西，也想明白了，唯独没有思考**“盈利能力（模式）”**四个字，所以创业失败了。

再难为一下大家，怎样通过买车的方式在两年内用10万挣到100万？

普通人的思维程序中说：“不可能！”

我这位朋友的思维程序是这样的：

先用这10万办贷款买一辆奥迪A6，自己每月需要还款5000元。

提车以后立刻在10家婚庆公司登记，婚庆时使用这辆车的价格是每两小时600元，这样每个周六周日婚庆用车的收入大约为1200元～3600元，单单周末的收入用于银行还款就绰绰有余了。

然后找到一家想租车的公司（有些公司在某地有短期项目，只需要几个月或者一两年就完成，不愿意在当地买车，就会租车），每月租金1.5万，还可以给这家公司配一位司机（工资1500元）。两年下来，租金收入可达36万。两年后，将A6卖掉，还可以收入至少20万。

这样一辆奥迪A6两年内给你带来的收入就是56万（36万＋20万），如此操作两辆车就可以在两年内挣到100多万了。

还有一个例子。

如果你是一个商人，要承包一片沙漠，怎么创富赚钱？

普通人的思维程序是这样的：先从政府那里争取一笔沙漠治理资金，然后雇佣农民来种树。这样做的结果是：只能一次性挣一笔钱，农民是雇佣思维，不一定有特别高的积极性来种树。

但是善于创新的商人的思维程序是这样的：先从政府那里争取一笔沙漠治理资金，然后让农民自己出钱种沙棘果（在沙漠中生长的有果实的植物），最后商人来收购这些沙棘果制成果汁出售，又挣一笔钱，而且不需要支付农民种沙棘果的花费。这样商人从政府沙漠治理资金和出售果汁这两项中获得两次收入。

国内“农夫山泉”的瓶子上会有这样一句话：“一瓶水，一分钱，帮助1000个水源地的贫困孩子。”这句话对于矿泉水的消费拉动我不得而知，但是国外类似的矿泉水公司是另一种做法：它们做成不同颜色的矿泉水瓶，不同颜色代表不同的公益组织，你想给哪个公益组织捐款就选哪种颜色的矿泉水，这样极大拉动了矿泉水的销售数量。一种是让消费者为买水顺带捐款，一种是让消费者为捐款而买水，两种有细微差别的思维程序，会带来两种完全不同的结果。

从跟朋友的谈话中，我更加确定了，人与人之间最大的差别就是思维模式的差别。如果你想从本质上超越别人，首先要将你的大脑“格式化”，安装新的“成功软件”，升级自己的思维程序和心智程序。**我告诉大家一个秘密，各个行业中的成功者脑中都有现成的“成功软件”，任何事情千万不要自己苦苦思考，直接向在这方面有结果的人请教，直接将他的软件植入你的大脑。**把这样的“成功程序软件”安装几套在大脑中，你思考问题、做事情就会越来越靠谱。

第9个秘密

忘记过去，就是清理自己

清理大脑，与清理口腔同样重要。

清理心灵，与清理面庞同样重要。

很多学生总是向我抱怨："老师，为什么我老是记不住英语单词？是不是我的记忆力有问题？是不是我的脑子太笨？"

这时候我会诡秘地一笑，说："恭喜你！你还是一个健康的人！背单词的最高境界就是遗忘。"

一个经常忘记的人，一定是一个健康的人。试想，如果一个女生失恋了，痛不欲生，她总也忘不掉过去恋爱时的风花雪月，每天都活在痛苦的回忆中，她怎么面对将来的生活？人类的大脑不被快乐情绪占领，就会被悲伤的情绪占领。要赶走悲伤，她唯一要做的就是"忘记"。每天都忘掉一些过去的事情，将往事留在身后，才能让自己走出灰暗的心情。**忘记的方法是"焦点转移"，把关注的重点转移到今天和明天，转移到美好的、快乐的事情上来。**这样，昨天的事情、负面的事情、让你不开心的事情就会逐渐被你忘记。**忘记了昨天的悲伤，才能面对今天的美好和明天的辉煌。**

人生没有如果，只有后果和结果。过去的不再回来，回来的不再完美。对待过去，要么放下，要么忘记。

忘记过去，就是清理自己。每天清晨醒来，你第一件事情做什么？刷牙洗脸，这是清除身体上的灰尘和污垢，但是如果你的心灵上落满了灰尘和污垢，你有没有清理过呢？**忘记，就是对自己的心灵进行清洗。**

学会清理

如果手机里有各种各样的短信，每过一段时间，你都要删除一部分垃圾短信；

如果钱包里积存了各种票据和零钱，每过一段时间，你都要整理钱包，取出没用的票据和零钱；

如果你的电脑桌面上放了太多的文件和快捷方式，每过一段时间，你都要对文件进行归类，减轻C盘的运行负担；

如果你的身体内积存了脂肪，每过一段时间，你都要加强运动、燃耗脂肪，保持健康、匀称的体态。

既然一切多余的东西都需要删除、清理，那么，当你脑中的负面思维、悲观情绪越积越多的时候，又该怎样呢？Right! 同样需要及时删除，定期清理。我们需要对自己陈旧过时的思想和行为及时作出调整、改革甚至革命，要及时格式化陈旧的思维程序，重新安装科学、全新的心智软件。

现在是一个6C时代（Change变化、Challenge挑战、Chance机会、Choice选择、Co-operation合作、Communication传播），要迎战“6C”，你就必须将眼光放在将来，放在前方无限的可能。**如果抱住过去的经历死死不放，你就只能继续做过去的你，你将一直是过去的你。**英文中有一个单词deliration（精神病人），在精神病学上对这个词的解释是：**一再重复与过去相同的事情，却妄想得到完全不同的结果，这就是精神病人。**

按照这个解释，我们中很多喜欢回忆过去的人是不是多少都带有精神病人的特征呢？你有没有发现？他们每天都重复昨天的行为，上班、下班，朝九晚五，用与过去同样的思维方式、同样的行为方式、同样的态度去面对每一天的事情，却希望得到不一样的结果，而且抱怨目前获得的不是他们想要的结果，这种人不是deliration（精神病人）是什么？

请记住：重复旧的行为只能得到旧的结果！

开始新的尝试才能得到新的成果！

现在的你需要学会另外一个英文短语：Forget it，意思是“忘记它！”如果我们把第一个单词Forget拆分一下就变成了：For get it，这个新短语的意思是“得到它！”**Forget it=For get it，意思是“忘记它，是为了得到它！”**有意思吧？正如我们常说的一个词“舍得”，只有先“舍”了，才能“得”。

此时此刻，请你写下自己最需要忘掉、最需要删除、最需要清理的三件事，然后在每件事上面画上一个大大的“×”，并且大喊一声：“Forget it!”

第一件事________________________________

第二件事________________________________

第三件事________________________________

大家都有这样的生活经验，如果长时间不打扫屋子，家俱上就会蒙上厚厚的灰尘，掩盖了家俱原有的颜色和光泽。同样道理，如果我们长时间不清理心灵和思想中的多余内容，我们的精神和心灵上也会蒙上厚厚的灰尘，从而掩盖原有的灵性和纯净。

五个“删除”

相信大家一定有这样的经历：**小时候哭着哭着就笑了，长大了笑着笑着就哭了，没错吧？**每一个人仔细想想，都会觉得自己是“受过伤”的人。受过考研的伤，受过留学的伤，受过爱人的伤，受过同事同学的伤，受过朋友的伤，受过事业的伤。越是觉得自己受伤的人，越要及时清理自己，越要学会两个字——**“删除”**。

第一、删除多余的语言文字。不管是讲话还是写作，我们说话或者写作必须使别人产生行动，过多的废话会掩盖我们的初衷。无事可做的大娘大婶会站在街上一聊一下午，全是张家长李家短鸡毛蒜皮的小事。高人只说必须说的话，而智者无言。大家发现高手说话去除了废话，一两句就直指核心，一针见血，让人醍醐灌顶。

第二、删除多余的衣服和书籍。女孩子最喜欢做的事情是凭着感觉买东西，这属于冲动性消费。逛街逛得一时性起，买了一堆鞋子、衣服回家，摆在鞋柜和衣柜里。有的只穿过一次就不穿了，有的从来没有穿过，只是摆设在那里。这么多东西，平时没事，搬家的时候就后悔了：当时我怎么买了这么多没用的东西，死沉死沉的搬不动！

另外，如果你喜欢读书，就一定要慎重选择你读的书。你看什么样的书，就会产生什么样的思维。人生有问题，因为总是用过时的思维套当下和未来发生的事情。删除没用的，有用的就会显现。以前我喜欢买书，一买就几百块钱、几千块钱的书。现在我明白了“删除”，就尽量处理掉对我现在和将来的成长没用的书籍。比如，我的书柜里有很多英语书籍，在我23～28岁做英语讲师的时候起到过巨大作用，但是对现在的我帮助不大了（目前研究的方向是职场和企业运营），我就把所有的英语书整理起来，放到我办公室的书橱里，供新入职的英语教师借阅。另外，我还把书送给做英语老师的朋友们。我这种做法也是一种利他利己的“删除”。

第三、删除疲惫，进入休息状态。

我写作的时候常常忘记时间，写到夜里一两点钟。这样非常容易产生疲劳感，累了就像电压不足，无法保持饱满的写作状态。而且，这样做是跟大自然的频率作对。到了十二点钟，大自然万物寂静，人类也应该休息，如果你还是兴奋地活动，就是在跟自然频率对抗，时间长了就会对健康产生极大的危害。现在我已经改了这种习惯，晚上早睡，早上早起写作、读书、思考问题。大家有没有发现自己生活中的一种不自觉的行为——发呆。你有多久没有发呆了？你可以试着早晚发呆一段时间，在什么地方都行，不想问题，不说话，不做事，只是保持静坐的状态去发呆。**发呆，是为了和自己相见**，这也是一种简

你要像变形金刚一样能屈能伸

单实用的休息方式。

第四、删除浮躁，进入静心。

社会是浮躁的，人心是浮躁的，只要你能够静下心来，回归本源安静的心理状态，就会看清很多纷繁的事物，就会在洞察力上逐渐超越别人。**人一浮躁，就会偏离。**如果你周围的环境不安静，你要让自己的心静下来，把社会中的人和事看清楚、看明白。有一次，我在青岛海景别墅群的大广告牌上看到这样一句话，与朋友们共享：**用宁静消除所有的激烈。**我猜想这句广告语的设计者一定是一位宁静用心的人。**我断定：21世纪，每个人都很浮躁，谁的心最静，谁就会赢！**

越王勾践　公元前496—前465年在位。曾与吴兵发生激战，越兵大败。为了保存力量，勾践退兵，向吴称臣乞和。归国后，卧薪尝胆，不忘灭吴雪耻。任用范蠡、文种等人，改革内政，休养生息。勾践二十四年，吴都被围三年后城破，夫差自杀，吴亡。勾践进军北方，多国归附，成为霸主。“卧薪尝胆”一词指越王勾践励精图治以图复国的事迹，后演变成成语，形容人刻苦自励，发奋图强。

第五、删除混沌，进入纯洁。

我们经常提到一个词“纯洁”，但是请问：什么是“纯洁”？

举个例子，一个小伙子经过了几次情变之后，就说“女人都是不可靠的”，看啥都没意思了，他就“不纯洁”了。他丧失了原本对于爱情的纯洁向往和美好憧憬。如果历经情感失败之后，他依然勇敢地追求心爱的女孩，这种男孩就是“心地纯洁”的人，以后必将获得幸福。

在事业方面，在创业之前和创业之初，你一定会对事业保持着极大的热情和奋斗意志，不受外界的任何干扰，这就是一种精神上的纯洁。**当你经历过无数创业磨难，依然看不到光明的前景时，你会怎样？还会保持曾经的热烈兴奋吗？如果可以，恭喜你！你已经做到了“纯洁”！**成大业者都是心地纯洁的，他们历经失败，每次都可以回归本原，越挫越奋，最后成就大业。**各位年轻的创业勇士们，如果你失败五次，依然热情如初地去创业，激情不减，这就是“纯洁”。我保证：你必成大业！**

再补充一句，**纯洁，还要做到变通。不要活在一种狭小的定义中，生活和现实需要你怎样，你就应该灵活地呈现出怎样的状态，要像变形金刚“大黄蜂”一样能屈能伸。需要你奋斗时你就奋斗，需要你修正时你就修正，需要你隐忍时你就隐忍，需要你振作时你就振**

作。伟人毛泽东、总设计师邓小平、南非第一任黑人总统曼德拉、春秋战国时卧薪尝胆的越王勾践、著名的“东山再起型”企业家史玉柱都是这方面的高手，值得我们学习。

忘记过去，让未来到来

请大家记住：放下不等于放弃，执著不等于坚持。我们执著什么，往往就会被什么所骗；我们执著谁，常常就会被谁所伤害。一个人总是活在过去的回忆中，身上承载的负面能量就会越积越多，到了一定程度，就会压得你喘不过气来，此生怎能轻盈地飞翔？你明明知道Yesterday is a history（昨天已成历史），又何必计较逝去的爱恨情仇？又何必放不下过去的功名利禄呢？**背负太多，你就无力远行。手中有一盏空杯，你方能盛得下将来的丰富**。因此，不必执著于过去，不必执著于虚无，**学会“放下”，学会“删除”，学会“清理”**。凡事看淡一些，不牵挂，不计较，是是非非无所谓。无论失去什么，都不要失去清新的心情。把握住自己的心，让心境清净，洁白，安静。

大家有没有发现？**一个快乐的人，一定是一个忘性大的人**。用老百姓的话说，什么事儿他都不往心里去。每一天早上醒来的时候，把前一天所有的“负面”统统删掉，做到——心无挂碍。随着太阳升起，清新地醒来。不要再想你要增加什么，拥有什么，只管尽情地存在和尽情地释放。不再想念过去的伤害和悔恨，只付诸于将来的拼搏和突破，这样做的结果只有一个，就是一生从容！

有着厚重过往的朋友们，请你们跟我默念一句话：**忘记过去，就是清理自己；让过去的过去，让未来的到来！**

第10个秘密

假如今天是你生命中的最后一天

问大家一个问题：

世界上，什么东西最长又最短？最快又最慢？最能分割又最广大？最不受重视又最受惋惜?

想必你已经想到答案，世界上最长的东西莫过于时间，因为它永无穷尽，最短的东西也莫过于时间，因为人们所有的计划都来不及完成；

在等待着的人看来，时间是最慢的，在作乐的人看来，时间是最快的；

时间可以扩展到无穷大，也可以分割到无穷小；

当时谁都不加重视，过后谁都表示惋惜；

没有时间，什么事情都做不成；

不值得后世纪念的，时间会把它冲走，而凡属伟大的，时间则把它们凝固起来，永垂不朽。

时间无限，生命有限。在有限的生命里懂得把时间拉长的人就拥有了更多做事情的本钱。得到了时间，就是得到了生命。

再问大家一个问题：如果每天都有86400元打入你的银行账户，而你必须当天用完，你会如何运用这笔钱？

有的人会问：天下真有这样的好事吗？真有！你真的有这样一个账户，就是“时间账户”。每天每个人都有新的86400秒进账，面对这样一笔财富，你打算怎样利用它呢？

大家有没有发现，现在人们说得最多的是哪个字？

是“忙”！

一天忙忙碌碌，一年匆匆忙忙，没有停下来休息调整的空暇和心情。“忙得没有时间欢喜和忧伤，忙得没有时间痛哭一场……”我提醒大家：这样非常危险！

看看中国的造字法你就明白了，“忙＝心＋亡”。忙，就说明你的心灵濒于灭亡。忙，就说明你现在的生命被很多毫无价值的事情填充，无法逃离。

春华难得，夏叶难得，秋实难得，冬雪难得，生命中的每一天都很难得，但是如果你忙得看不见春夏秋冬，看不见生命的过往，看不见爱之珍贵，你的“忙”又有何价值？又有何意义呢？

我认为：**任何违背你心灵意愿的忙碌，都是在浪费生命。**

《死神的账单》

五年前我读过一则故事，读完以后出了一身冷汗。以后每次浪费时间的时候就会想起这则故事，我就会及时停止做那些可有可无的无聊事，然后争分夺秒地去做正经事。这个神奇的故事叫做《死神的账单》。

深夜，一位重危病人迎来了他生命中的最后一分钟，死神如期来到他的身边。在此之前死神的形象在他脑中曾几次闪过。

病人乞求道：“再给我一分钟好吗？”

死神回答：“你要一分钟干什么？”

病人说：“我想利用这一分钟看看天，看看地，想想我的朋友和亲人。如果运气好的话，我还能看到一朵花由封闭到开放。”

死神说：“你的想法不错，但是我不能答应你。这一切都留了时间让你欣赏，你却没有像现在这样去珍惜，你看一下这份账单：

在你60多年的生命中，你有1/3的时间在睡觉。

在剩下的30多年里，你经常拖延时间，曾经叹息时间太慢的次数是10000次，平均每天一次。这包括少年时代在课堂上，青年时期在和朋友约会时以及在和朋友打电话时。明细账单罗列如下——你做事拖延时间，从青年到老年共耗去3650小时，折合1520天。做事有头无尾，马马虎虎；经常埋怨责怪别人，找借口、找理由推卸责任；利用工作时间和同事侃大山；工作时间呼呼大睡；你还和无聊的人煲电话粥；你还参加了无数次无所用心、懒散、昏睡的会；你又主持了类似的会，这使许多人的睡眠也和你一样超标；还有……”

没等死神念完账单，这个病人就后悔得死了。如果他活着的时候能节约一分钟，就能听完死神给他念的账单。

上面这则故事，足以让每个人后悔不已。如果你在不知不觉中浪费了时间，这不正是你对生命的巨大浪费吗？这难道不是生命不能承受之轻吗？

李嘉诚、孙中山、成龙的时间观

李嘉诚年轻的时候为别人打工，床头放着两个闹钟，以便准时在早上六点大声叫醒他。而他的手表永远比别人快十分钟，他这样做是“为了能准时出席下一个约会”。同事每天工作8小时，他一天工作16小时，天天如此。也是从那时起，他把闹钟拨快十分钟响，这样他可以早点起床，争取时间，赶快开工。正是这种珍惜时间的态度，使他的销售业绩远远超过其他同事，18岁就被公司提拔为总经理。

十年前，看李连杰和甄子丹主演的《黄飞鸿2——男儿当自强》，片中有一个情节给我留下深刻的印象：张铁林饰演的孙中山与同盟会的同志在某次起义前核对时间，别人发现孙中山的怀表快了，孙中山手执怀表告诫同盟会的同志们：“我的怀表总是拨快十五分钟，我们要走在时间的前面，时间就是生命！”一句话掷地有声，似乎有一股响亮的话外音在激励当时的国人“沉醉当奋起”。

有一次，成龙在南斯拉夫拍戏受重伤，脑袋要开刀。当时的南斯拉夫有战乱，而且医疗水平也不高，成龙真的以为自己这次会死掉。后来手术成功，成龙活了下来。随后，他的整个人生观也改变了。他知道了生命是多么脆弱，**不能浪费每一天的生命。今天的事情今天做，起码每天都要过得对得起自己。**

李嘉诚　长江实业集团有限公司董事局主席。1928年出生于广东潮州，1940年为躲避日本侵略者的压迫，全家逃难到香港。1958年，开始投资地产市场。1979年，“长江”购入老牌英资商行——“和记黄埔”，因而成为首位收购英资商行的华人。2011年3月10日，以260亿美元排在最新《福布斯》排行榜上第11位，蝉联华人首富。

成龙　1954年4月7日生于香港，国际功夫电影巨星。与周星驰、周润发并称“双周一成”，意为香港电影的票房保证。以功夫片多次打破香港电影票房纪录，其主演的电影全球总票房已超过100亿元，为华人演员之首。成名作是功夫喜剧《醉拳》，1994年由他主演的《红番区》在美国公映后反响强烈，使其成功打入美国好莱坞，而接下的《尖峰时刻》系列电影亦获得极高的票房，并奠定其国际电影巨星的地位。

了却生死，生命倒计时

杨小凯，是一位两次被诺贝尔奖提名的经济学家。他在19岁写下《中国向何处去》，被批判，1968年被判刑十年。他在狱中向教授狱友们学习英文和微积分。1980年代在普林斯顿大学读书时，遇到语法问题立刻向旁边的美国人请教。有人问他：你不认识人家，怎么上来就问？杨小凯说：**你要是也坐过十年牢，会和我一样没什么值得在乎的事**。当你的生命被浪费了十年，以后的任何目标你都会如狼似虎地扑上去，**因为你心中已经明了：余生你将没有权利浪费生命，唯一可以做的就是"弥补和追赶"**。

其实，我们根本无法浪费时间，因为你浪不浪费，时间都在那里，不增不减，**我们浪费的其实只是我们自己。**

世界上有两个国家采用"倒计时"的方式计算时间，一个孩子生下来以后，如果按照80岁计算，出生的第二年就是79岁，第三年就是78岁，这是一种"给生命做减法"的计时方式。生活在这样的国家里，你发现每天早晨醒来，生命就减少了一天，你就会与时间赛跑，每天都会尽全力为自己的梦想而奋斗，不会活在别人的眼光里，也不会活在别人给你设置好的框架里，因为每个人都知道自己还"剩下"多久的生命，在"剩下的日子里"自己最需要做哪些事情。

我们来做一道计算题：

暂以30000天（82.4岁）记，你已用去了多少天，还剩下多少天？把计算结果填入下表：

今天是______年______月_____日

我_________（填写你的名字）的生命已用去_______天，我的生命还剩下_______天。

填完上表，请把最直接的第一感受，用简单的语言写下来：我已经取得了___________________________（填写前半生的成就），我还能做________________________（填写后半生的事业）。

我发现很多人不珍惜时间，因为他们觉得以后的日子还长，什么事情留到将来再做。我们来记住四个字，叫做**"了却生死"**。

如果今天就让你写下死去的时间是——2069年10月18日，写下你死去的地点是——家里的卧室。此时此刻，你会有什么感觉？离开这个世界的时间和地点被确定以后，你就不会觉得今后的日子还长，你就会争分夺秒地做自己想做的事情，一刻也不能耽搁！

再比如，如果设想某个土堆里埋的是你，你会有什么感受？

你会顿悟：这个世界的一切都跟你没有关系了，后半生你究竟要干什么，尽早定下来吧！尽早去做吧！你还会得出一个结论：到了那个时候，世界上的一切都与你无关了，“神马都是浮云了”，你现在唯一要的就是让自己每一天都快乐，让身边每一个人都幸福。

脑白金、征途网络的创始人史玉柱有天上午发了一条微博，内容如下：“刘永好（四川新希望集团董事长）、马云（阿里巴巴集团董事会主席）、冯仑（万通地产董事长）、茅永红（百步亭集团有限公司总裁）、郑跃文（科瑞集团有限公司董事局主席）、张征宇（恒基伟业掌门人）和我，在重庆集体研究决定：**举办一个集体追悼会，每人给自己致悼词。结束过去，开始未来。每活一天就净赚24小时，珍惜每一天，充实每一天，快乐每一天。**”

给自己开追悼会，是让自己更清晰地认识生命的意义。死亡是人生的朋友，也是人生的导师。站在终点，回望通向终点的道路，会有很多的感悟。如果能将死亡视为我们人生旅途中的同伴或导师，它会提醒我们，不要将现在该做的事情拖延到明天，它会帮助我们每天做得更好，更加充实。

游戏“侍魂”是SNK公司于1993年推出的一款冷兵器格斗游戏，也是SNK公司的招牌游戏之一，后陆续推出了系列作品。

Future is now

在哈尔滨上大学的时候，我们寝室8个兄弟都特别喜欢玩一个游戏“侍魂”，这个游戏的开机界面会出现一句英文，令我深受启发，每次我都会看着电脑屏幕沉思良久。这句话叫做：**Future is now，译成中文意思是：“将来就是现在！”**现在你知道了，“等待明天”是一个多么愚蠢滑稽的行为，为什么现在可以做的事情总是拖到将来呢？

现场演讲时，有听众问我：“过去存在吗？”

我的回答是："不存在。"

他又问："将来存在吗？"

我的回答是："不存在。"

他又问："那么只有现在存在吗？"

我的回答是："对，只有现在存在！"

生命，不是由昨天和明天组成的，而是由一个个今天组成的。

我想问大家：此时此刻的你，能够提前体验明天的生活吗？

不能！

我再问大家：此时此刻的你，能够重新体验昨天的生活吗？

不能！

所以，"昨天"和"明天"仅仅是语言上的一个概念，在现实生活中根本不存在，你唯一能够体验和把握的只有——今天。确切地讲，你唯一能够体验并好好把握的只有——现在、当下、此时此刻！**不思过去，不思将来，我生只在一呼一吸须臾之间。我觉得，对未来的真正慷慨，就是把一切献给现在。**

正在阅读本书的你，面对一些重要事情的时候，有没有总是想今天不做明天再做？

有没有总是想这个月不做下个月再做？

有没有总是想今年不做明年再做？

如果你这样想过，我问你：你已经知道了Future is now. 将来就是现在！为什么要拖到明天？为什么要拖到下个月？为什么要拖到明年？现在为何不做？！

我们以前经常说："从明天开始，我一定会努力学习、好好工作。"你完全可以在"今天"这样做！

我们以前经常说："从下个星期开始，我一定会好好对待我的妻子。"你完全可以在"这个星期"这样做！

我们以前经常说："从下个周末开始，我会带着儿子和女儿去游乐场玩。"你完全可以在"这个周末"这样做！

我们以前经常说："下个月开始，我一定每天写一篇3000字的文章，圆了我的作家梦。"你完全可以在"本月的第一天"开始写！

我们以前经常说："从明年一月份开始，我给父母银行里每月存2000元。"你完全可以在"今年一月一日"开始存！

上学时，妈妈说：等你们毕业，妈就享福了；

毕业时，妈妈说：等你们找到工作，妈就享福了；

工作时，妈说：等你们结婚，妈就享福了；

结婚时，妈说：等你们有了小孩，妈就享福了；

有了小孩，妈说：等你们小孩长大了，妈就享福了……

将来、将来、将来……

下一次、下一次，下一次……

如果你真的孝顺，为什么现在不让妈妈享福？！

如果你真的孝顺，为什么当下不让妈妈享福？！

如果你真的孝顺，为什么此时此刻不让妈妈享福？！

如果你真的孝顺，为什么现在不让妈妈享福？！

为什么现在不做？！为什么当下不做？！为什么此时此刻不做？！

我们就是在一个个"将来"、一个个"下一次"的自我安慰中浪费了大部分生命。人生哪有什么"将来"？人生哪有什么"下一次"？等待，就是你生命的最大杀手！为什么要等待将来？为什么要等待下一次？

想做什么事，现在就做！想做什么事，当下就做！想做什么事，此时此刻就做！

愚蠢的人一年做十件事情，卓越的人十年做一件事情。如果你决定用十年的时间做一件事情，就要学会节约每一秒钟。**你节约的不是时间，你节约的是你的生命！**

我曾经在书桌对面的墙上挂了四个大字——"时不我待"，时刻提醒自己要珍惜时间，后来觉得这四个字提醒的力度还不够，就又加了四个字，变成了八个字——**"时不我待，稍纵即逝"**！我还创造出一个词汇**"秒争"**，就是提醒自己无论做任何事情都要"争分夺秒"！无论男女老幼，我们每个人的生命都是一个定量，**珍惜生命的唯一做法就是：把今天当作生命中的最后一天，立刻去做！**

第11个秘密

当下英雄为无上英雄!

这几年，有一种疯狂的现象正在蔓延。

我把这种现象叫做“复古风”。社会上，人们越来越崇拜孔子、庄子、老子。每年都在曲阜举办孔子祭祖大典，在黄帝故里举办拜祖大典；电视里演的是各种各样、五花八门的古装剧；书店里摆放着《历史是个什么玩意儿》《明朝那些事儿》《清朝那些事儿》《民国那些事儿》等等历史题材的书籍……

我对这种现象非常担忧，复古之风正在把人们的注意力转移到过去的年代。问题在于：过去了就是过去了，不管是辉煌还是低迷，不管是强盛还是羸弱，都已经是历史，无力扭转。对现在的影响是，人们过于关注历史上的人物及其价值观，就会减少对当下的关注，就会缺乏对未来的预测。这种复古风说得好听是“重温历史”，说得不好听是“无视现在”。如果我们的文化不关注、不重视当下最有结果、最有贡献、最有爱心的人，而是认可上个世纪甚至1000年前的古人，这样的文化氛围怎么能让后起的80后、90后继往开来，创造新的历史呢？

学习古代英雄or当下英雄？

有一次，我去四川一家中小学课外辅导机构给员工和中高层演讲，教室的走廊里挂着很多古代名人的画像，有司马迁的、毕昇的、蔡伦的、郑和的……

我就指着郑和的画像，问走过来的一个学生：“同学，你知道这个人是谁吗？”

同学点点头说：“知道，郑和。”

我又问：“你看郑和的画像，有什么感觉吗？”

那位学生说：“看几百年前的人，有什么感觉？没感觉！”

当时我对那家学校的校长说：“在教室走廊的墙上挂了几十个学生不关心的古人画像，有什么用处呢？学生看了有什么感觉？只有四个字——视而不见。”

那位校长问道：“您建议挂谁的画像？”

我说：“要挂就挂学校里教学业务最牛的老师和学习成绩最拽的学生的照片。左边墙上挂20位王牌教师的照片，右边墙上挂20位优秀学生的照片，每月都定期换上当月最优秀的老师和学生的照片！你再看看大家对墙上的照片有没有感觉。你的老师和学生就会拼了命地提高教学和学习成绩，就为了每月月底能够‘上墙’！如果一个家长还没有为孩子在你的学校报课程，但是一看到这两面墙上的照片，他就产生了一种立刻把孩子送过来的冲动！”

以西亚斯国际学院为例，把过去十年在这里毕业的前十名优秀学生、社会各界最成功的人士全部做成雕塑，竖立在校园里，大家想一想，当事人会有什么感觉？他们一定感谢母校啊！在校的学生看到这些雕塑什么感觉？他们也想成为雕塑，拼命学习、拼命参加学校活动啊！

经营一个企业也是同样的道理，如果你把爱因斯坦、牛顿、瓦特这些科学家的雕塑放在办公楼大厅里，员工、中层、高层没有什么感觉，这些科学家离他们太远了。但是如果把为本公司做出最大贡献的50个人做成雕塑放在企业园区里，会发生什么？你会发现整个企业的精神面貌有了巨大改变，员工们争先恐后地工作，想成为那50个人！要知道，每个人都渴望被组织认可，那些被做成雕塑的当下英雄们为他们树立了榜样，激发了他们心中拼搏的雄心壮志！

中国过去的文化是帝王文化，充分塑造皇权的威望，不允许他人有更高的成就和建树，这种皇权文化会抹杀掉无数的创造力。大家会发现：**中国人拍的大片都是古装片，我们太喜欢回顾过去的辉煌，而美国人拍的大片都是未来片，他们喜欢引导人们去创造未来的辉煌！**

在这一点上，我们确实应该向美国人学习。在这个最伟大、最辉煌的时代，就要允许当下各类有创造、有高度、有贡献的人喷涌而出，在社会上充分地施展，淋漓尽致地绽放！这才是先进的强势文化！

我们可以做到的是，把目前对企业、学校甚至家族贡献最大的各类人才转化成一张照片，挂在墙上，带动整个企业、学校和家族的向上风气。中国人最注重家族祖先，每个家族除了有家族的祖先，还有当下的“祖先”。当下的“祖先”，就是当下对家族最有贡献的人，我们要把这些人作为凝聚家族的合力。比如，一个家族由9个家庭组成，每个家庭里有一个对家族贡献最大的人，就把他的照片挂起来，让所有家族成员看到，这绝对会让整个家族积极向上，更加团结有力，更加和谐幸福。这就告别了以前家族之间的纷争，会建立一种全新的、上进的家族文化。

当下英雄为无上英雄

有一次，我跟法国一家奢侈品公司的老总聊天，他公司的产品属于世界一线品牌。我就直接请教：“请问你们成为世界一线品牌的核心点是什么？”他所讲的跟目前好莱坞做到的、美国西部文化做到的一模一样。我知道这是先进、强势文化所具备的共同点。他说：**“我们的文化不是崇拜过去，那些再辉煌都已经过去了，结束了。只有把现在最优秀的员工和管理者树立起来，成为英雄，才会推动更多的人渴望成为英雄！当下英雄只要出现，立刻树立他，不要等他过去之后、去世之后再树立！”**

这就是最先进的文化，这就是最有力量的做法。凡是在一个组织里，如果不把当下英雄树立为无上英雄的话，就会阻碍团队精神的发展，就会阻碍团队文化的发展，最终阻碍每个人的发展。

即使在幼儿园也是一样，一个小朋友爱帮助其他小朋友，就要给他贴小红花，就要把他的照片贴到宣传栏里，让所有小朋友看到，让所有家长看到。所有的小朋友都会说，我也要成为那样的人，对人们有帮助。所有的家长也会教育孩子，你要努力成为宣传栏里挂照片的小朋友，对人们有帮助。此时、此刻、此地，帮助他人的小朋友就成为了当下小英雄，他的出现给周围的小伙伴带来巨大的正面能量，让身边的人，包括家长在内，在一瞬间成长起来！

因此，我说：**“当下英雄为无上英雄！”**将这个思路推广到社会之中，就是让所有人形成一种习惯，**我们要以各个行业里面超过我们的人为师，不管他的年龄，不管他的学历，不管他的背景，不管他的形象，只要他在某一点上能够给我们激发力量，带动了我们，我们就要向他学习。**

美国人学习当下英雄

再来看看美国是怎么做到的？在沃尔玛，对公司和社会做出巨大贡献的第一名的员工和第一名的主管会被请到台上，接受其他员工的崇拜和学习。在麦当劳，会把企业里第一名的优秀员工列成一个名师榜。比如最快乐的员工就是企业的快乐老师，就要把他的照片贴到墙上，让所有的员工去学习和模仿，这一个人就可以带动所有人，让整个组织快乐起来。

美国是世界第一强国，**整个美国文化就是尊重、树立、学习“当下英雄”的强势文化，他们在每一个领域找到大师，培养成“当下英雄”，传播“当下英雄”的成功之道。**在高尔夫球领域，他们树立起老虎·伍兹，铺天盖地宣传他的成功之道；在NBA领域，他们会培养出迈克尔·乔丹、科比·布莱恩特、奥尼尔等篮球英雄；……让社会上的所有青年以他们为榜样，爆发出生生不息的追赶力量。这样整个社会就会呈现出向上的、竞争的、有激情、有活力的生态环境。

向“当下英雄”学习，就是“当下师道”，就是把当下最优秀的人变成最高，让当下的人向老师看齐，向英雄看齐，产生斗志，产生行动状态。每个人都这样的话，整个社会就会一日千里地往前发展。

中国人要拜当下师

在一个大学，一个企业，一个国家当中，如果我们总是尊敬、崇拜过去的先师，就会导致现在的人失去了当下的力量、当下的斗志、当下的创造力，整个学校、整个企业、整个国家就会失去那种波澜壮阔的活力。

因此，对于我们中国人来说，更为重要的是——学习当下英雄！

姚明在NBA打出了成绩，为中国后起的运动员树立了榜样，将来会有更多的中国年轻运动员去美国打球，为中国人树立正面形象，那么姚明就是中国人民的当下英雄。

张艺谋、成龙、巩俐或导演或主演了具有国际影响力的中国电影，为传播东方文化、中国文化做出了贡献，他们也是影视方面的当下英雄，年轻的演员就要以他们为师，努力奋斗。

美国总统奥巴马凭借出色的口才赢得总统宝座，那么他的每一篇演讲都应该是口才练习者临摹练习的教材，他的每一个眼神、每一个动作、每一个语气停顿都要认真观察，反复学习，奥巴马是英语演讲爱好者的当下英雄。学习奥巴马2009年的《就职演说》比你学习148年前林肯总统的《葛底斯堡演讲》更有现实意义。

张瑞敏、柳传志、任正非、马云、史玉柱、牛根生等人都是当今中国企业家的代表，他们带领着各自的团队缔造了一个个传奇的商界故事，从草根到创业英雄，这一跌宕起伏的人生经历值得在温室中长大的年轻人们学习，他们就是我们创业、人生、励志方面的当下英雄！

此外，当下英雄，并不一定是大人物，身边的小人物，也可以成为我们立刻学习、立刻进步的对象。让我们把学习视角拉得再近一点。

在你的学校里，有的同学能够每个学期都拿奖学金，又是系里的学生会主席，被老师当做重点培养对象，在学习能力、组织能力、人脉维护方面他就是你学习的当下英雄。你必须与他成为朋友，贴身学习他的优点；

如果你苦于找不到一个称心如意的伴侣，周围有一个哥们与女朋友相处得非常融洽，而且双方父母都非常认可，这对情侣就是你在情感方面应该借鉴的当下英雄。你要处处观察他们相处的方式，很快你就可以在情感方面有很大进步；

如果你的身边有这样一个人，进入公司比你晚，资历比你浅，专

姚明　1980年9月12日生于上海，是中国篮球史上一个里程碑式的人物，中国篮球的标志和骄傲。曾效力于上海大鲨鱼篮球俱乐部、中国国家篮球队、NBA休斯顿火箭队。2011年7月25日，国家体育总局授予其“体育运动荣誉奖章”。

奥巴马　美国第44任总统，出生于美国夏威夷州火奴鲁鲁，祖籍肯尼亚。是首位拥有黑人血统，并且童年在亚洲成长的美国总统。总统竞选期间，以华丽而雄辩的演讲著称，征服了千万美国人的心。

业技术不如你，行业权威度也不如你，但是在老板那里八面玲珑，春风得意，就请你收回你那老资格的架子，虚心观察这匹“职场黑马”的一切行为，并且不耻下问，这个人就是在“管理老板”方面的当下英雄。

学习当下英雄，不是学习他们成为现在的那个结果，而是学习他们怎样成为现在的过程；不是学习先辈的结论，而是学习先辈“无中生有”的智慧，学习他们当初的创造之道。即使学习孔子、老子这样的诸子百家先师，也不是学习他们的结论，而是学习孔子怎样成为了孔子，老子怎样成为了老子。一句话概括：**我们要学的不是大师的结论，我们要学的是大师怎样成为大师的智慧。**

马云　浙江省杭州市人，著名企业家，阿里巴巴集团主席和首席执行官。他是《福布斯》杂志创办50多年来成为封面人物的首位大陆企业家，曾获选未来全球领袖。

让我们屹立在当下

总而言之，孔子、庄子、老子是我们的祖先，是几千年来我们民族学习的师，同时，当下的优秀人物对我们来讲更具有时空价值，他们是更伟大的当下师！**我们要像尊敬、崇拜、学习孔子、老子、庄子一样去尊敬、崇拜、学习杨利伟、张瑞敏、柳传志、马云、姚明、张艺谋、成龙以及我们身边的每一位值得学习的当下英雄。**

要想实现中华民族的伟大复兴，我们就要形成这样一种先进的强势文化，就是让当下英雄屹立起来，以当下英雄为无上英雄！我们必须在不忘历史的前提下，树立一种更高境界的文化——**当下师为无上师，当下法为无上法，当下英雄为无上英雄！**

张艺谋　电影导演，北京奥运会开幕式总导演，以执导充满浓浓中国乡土情味的电影著称，艺术特点是细节的逼真和主题的浪漫互相映照，是中国大陆“第五代导演”的代表人物之一。2005年荣获香港城市大学颁授荣誉文学博士，2010年5月24日获颁美国耶鲁大学荣誉博士学位。

奋斗贴士——

请重新记住下面的两个汉字和一个英文单词：

当下！

NOW！

第12个秘密

曾荫权与鲍笑薇的“裸婚时代”

电视连续剧《裸婚时代》

电视连续剧《裸婚时代》火爆一时，剧中刘易阳和童佳倩的“裸婚故事”成为很多年轻人以及他们的父母热议的话题。在我们公司，有些四五十岁的阿姨也会在办公室里探讨她们当年的裸婚经历，讨论将来应不应该让自己的女儿跟男朋友裸婚。

“结婚，裸还是不裸？”在这个话题被人们争吵得不可开交的时候，我想让全国的婚姻适龄青年读一下小Z和小B的爱情故事。他们的独特经历也许会对正在迷茫的你有所启发。

小Z与小B的裸婚故事

1944年，小Z（男主人公）出生于一个普通家庭。因家境贫困，他放弃了上大学的机会，来到一家公司做药品推销员。

1964年的一天，小Z到一家医院推销药品，遇见了正在医院做义工的小B（女主人公）。那天，小B端着一大盆洗好的病床床单准备晾晒，娇喘吁吁的她，走几步就停了下来。这时，正好碰上迎面走来的小Z，他帮她把盆子拿到顶楼，然后一起把床单一一晾好。两人一边干活，一边自我介绍起来。

这件事情过后，小B很快淡忘了这个叫小Z的小推销员。可是，第二个周末，小Z忽然来到大学校园找小B，问她这个周末是否还到别的医院做义工，如果去，他希望自己也跟她们一起去。于是，小B约了十几个同学跟小Z一起到医院做义工。那天，小Z前后左右地围着小B，和她搭话，给她讲自己推销过程中遇到的奇闻轶事，把小B逗得直乐。从此，小Z经常到大学里找小B，给她送花，请她吃饭，展开了正式的追求。

一天，小B的同学问小Z："你追她？你知道她是谁吗？她是'元记饼家'的千金小姐。"小Z听后吓了一跳，"元记饼家"在港、澳、台地区乃至东南亚，都是赫赫有名的大家族，这样的千金大小姐能看上我么？我追她，岂不又是一个穷小子追求富家女的悲剧？

他越想越不开心，心情郁闷到极点。那天，他给小B打电话，取消晚上一起吃饭的约会。小B很纳闷，问他为什么，他在电话里沮丧地说："我今天才知道你的身世，我怕人家会骂我癞蛤蟆想吃天鹅肉。"

本来，小B并没有把跟小Z的约会放在心上，但当约会取消时，她突然感到一阵失落。她大声说道："那么，今晚我请你吃饭好吗？"小B的话让小Z又燃起了一线希望。晚上吃饭时，小B了解到，小Z原本已被一所大学的建筑专业录取，但因为他家里有五个兄弟姐妹，父亲只是一个普通的警察，家里没有钱供他上大学，所以放弃了上大学的机会，出来打工挣钱，他决心让弟妹们不再因为缺钱而弃学……

小Z的这段话，让小B的一颗芳心忽然狂跳起来，几乎就在一瞬间，她做出了一生中最大的决定：自己面前的这个男生就是自己要嫁的人——有责任感又能吃苦的小Z。

此时的小Z完全沉浸在"门不当，户不对"的沮丧之中，低头一口一口地猛喝啤酒。小B伸手轻轻帮他把酒倒满，羞红着脸，大胆地说："我做你的女朋友，好吗？"小Z以为她在开玩笑，摇了摇头，一口喝掉杯中的酒，说："别拿我开心了。"小B忽然抓住他的手，说："是真的！"

他们的恋情还是遭到了小B父亲的强烈反对，父亲甚至威胁她，如果嫁给那个小推销员，就与她断绝父女关系。父亲问女儿："难道，全世界就只有他好？"从来都是乖乖女的小B，这一次坚定地说："对，世上只有他最好，我非他不嫁。"最后，父母见女儿铁了心，拗不过她，只好答应了这门亲事。

1969年，经过五年的恋爱，这对有情人终于结成了百年之好。当地报纸以《豪门女下嫁柴门郎》为题，对此进行了报道，一时成为大家街谈巷议的话题。小B有很多堂姐堂妹，她们家的女婿个个都是出类拔萃的行业翘楚，小B嫁的人却是个连大学学历都没有的小推销员，总是受到家里亲戚们的冷遇。

有一天，小Z再也忍不住内心的沮丧，生起闷气来，小B就上前安慰他。他无比凄楚地对小B说："亲爱的，真对不起。恐怕我这个小推销员，永远也无法得到你家真正的认可了。"小B鼓励他说："我的选择，不会错。你能行的，你一定能行。"这温婉的话语，如霹雳一般在小Z的耳际炸响，激起了他的雄心壮志。

一个小小的推销员，如何才能出人头地呢？

做买卖吧，没有资金；进大公司吧，没有学历。有一天，小B拿着一张政府招聘公务员的报纸给小Z看，她为他指出了一条捷径："考公务员吧。你认真负责，为人正直无私，当公务员，最适合你，一定会有大发展。"

望着小B信任而期待的眼神，小Z果断地点了点头。他毅然辞掉了干了两年多、轻车熟路的推销员工作，专心备考公务员。第一次，他名落孙山。他通过了第二次，被录用为二级行政官员，开始了他的仕途生涯。

尽管没有大学文凭，小Z却凭借勤劳刻苦和强烈的责任心，在公务员队伍中脱颖而出，快速升迁。1970年，小Z又战胜了众多竞争者，考取了政务官。小Z在公务员工作中表现出来的出色才华，令小B又感动又钦佩，在她心目中，当年那个个子不高、背着药样到处推销药品的小推销员，已然成为形象高大的英雄豪杰了。

1974年，小Z调任财务科后，小B决定放弃自己热爱的工作，当专职太太，以照顾好小Z和两个孩子的生活，让小Z更好地工作。小Z坚决反对，他不忍心让心爱的妻子为自己做出这么大的牺牲。小Z紧紧搂住丈夫，说："我辞职后，全心全意做好家务，一定能当你最满意的妻子；你全心全意做好工作，一定能当最出色的官员。"小Z开玩笑地说："我现在不是已经很出色了么？"小Z轻轻吻了丈夫一下，说："我了解我的丈夫。**我的丈夫要么不做，要做就做'一哥'！**"

"一哥"是对行业总管的戏称。在公务员行业，"一哥"意味着司长。娇妻依偎在胸前，温言软语，柔情万千，怎能不激起小Z的奋进激情？从那以后，**“要做就做一哥”**的鼓励，成为他前进的无尽动力。17年后，小Z荣任贸易署署长，首次实现了妻子要他做“一哥”的愿望。

任贸易署署长后，小Z和妻子参加岳父的寿诞。小Z丝毫没有“富贵还乡”的意思，他在岳父面前，仍然是那么谦卑。贺寿时，他跪在岳父面前，恭恭敬敬地给老人家磕头。岳父喜极而泣，紧紧地扶起贤婿，连声说：“当年是我看走眼了啊。”这么多年了，终于得到了岳父的赞赏，小Z不由热泪盈眶，动情地说：**“不论我是推销员还是署长，我都是您的儿子……”**眼前的一幕，不禁让小B也感动得流下了泪水。**（感动！年轻的男人，你们可以被人瞧不起，但绝不可以让人一直瞧不起！要用自己辉煌的奋斗化解别人对你的漠视！）**

在公众视线里，小B永远躲在小Z的光芒后面。但有时，这位幕后的贤内助，也会冲上前台，为丈夫呐喊助威。不过，她的助阵十分特别，并不是扯直了嗓子慷慨激昂地发言，而是在默默中完成的。每次的财政预算案能否在立法会通过，对于小Z来说，是非常关键的。所以，每当小Z在立法会宣读、讨论财政预算案时，小B都会穿上与预算案封面相同颜色的衣服，默默地坐在公众席上为丈夫打气。当预案通过后，她总是激动得第一个站起来鼓掌。从1996年到2001年，财政预算案的封面颜色先后是墨绿色、黄色、枣红色、蓝绿色、蓝色和乳白色，而坐在公众席上的小B的衣服，都跟这些颜色一样。有议员开玩笑地说：“他们这是新夫唱妇随，我的赞成票，连我自己都弄不清是投给预算案，还是投给Z夫人。”

在贤妻的支持下，31年后，小Z超额完成了妻子交给他的光荣任务。2005年6月，小Z就任香港特别行政区最高行政长官，成为全香港的“一哥”，引起全港乃至全国的极大关注。小Z的名字叫曾荫权。小B就是曾荫权的妻子鲍笑薇女士。

曾荫权不无诙谐地说：**“我之所以能够有机会当特首，为全港人民做事，首先要感谢我的太太鲍笑薇。为了支持我的工作，她年轻时就辞职当起专职太太。她要我争做‘一哥’，我只有照办不误。”**

夫妻俩有一个爱好，就是手牵着手，在大街上散步，然后到菜市场买菜。他们亲热牵手的情景，不断被记者摄入镜头，刊登在报纸的头条。刚开始，有很多市民不以为然，有人甚至讥讽曾荫权夫妻作秀："二十几年的夫妻，还手拉手？"但后来，随着曾荫权夫妇的家庭生活被进一步曝光，人们才真正明白了他们的恩爱。

曾荫权出身贫困，小时候经常连饭都吃不饱，更不必说穿衣打扮了，刚当公务员时，他总是一副不修边幅的样子。有一次，曾荫权和妻子一起参加一个酒会。酒到酣处，曾荫权嫌热，竟然当众把领带松开。回到家里，鲍笑薇告诫他："你这样会影响你在公众心目中的形象。"曾荫权不以为然，他说："外表打扮得再鲜亮，没有实干业绩，也是不行的。"

聪明的鲍笑薇从来不跟丈夫"正面交锋"，她使用的是"迂回战术"。过了两天，鲍笑薇邀请丈夫参加一个香港各界名人恳谈会。曾荫权坐在会场里，小声问妻子："这个会与我没有关系呀？"鲍笑薇笑着说："你可以学习一下啊，你看，这个会场里，哪一个不是打扮得光鲜整洁？我是想提醒你，虽然衣着整洁不代表一定能成功，但是，成功者一定要注意仪表。"曾荫权大受启发，在回家的路上，就拉着妻子一起去商店打扮起来。

曾荫权　2005年起出任香港特别行政区行政长官。因常在公开场合戴上蝶形领结，所以他常被坊间称为"煲呔曾"（领结曾）。和政务司司长许仕仁、金融管理局总裁任志刚被誉为"财经三剑客"。2007年3月25日，曾荫权第二次当选特首，任期将延至2012年届满。

可是，多年养成的习惯，一时是很难改掉的。于是，鲍笑薇就亲自动手"打理"丈夫：丈夫个子不高，领带打长了不协调，她就亲自给丈夫系领带，哪件衣服搭配哪条领带，什么颜色的衣服，领带要相应打多长，鲍笑薇一概要亲自研究决定。

有一次，鲍笑薇意外发现，曾荫权系领结时，显得很精神，个子也似乎高了一些。她像发现新大陆一样兴奋，跑到街上，一口气买了20只领结，把丈夫所有西装都挂在衣架上，一件件地配上领结研究。经过仔细筛选，最后决定下来七种最佳搭配。从那以后，每次丈夫参加重大活动之前，鲍笑薇都拿出最佳方案，给丈夫穿西服打领结。从此，香港人亲切地给曾荫权起了个绰号"领结曾"。

鲍笑薇很少接触记者，虽然不善于和媒体打交道，但她却用自己的温情和爱心，感动着媒体、记者，默默地替丈夫提高社会分值。每次在重大政事决策前，曾荫权家门口都会提前聚集一大批记者等着曾荫权回家。这时，鲍笑薇总是笑容满面地跟记者打招呼，叫家人搬椅子出来请记者坐在树荫下。到了快吃饭的时候，她会亲自端着茶盘，给大家送来曲奇饼、汽水等。这些小事，让很多记者都为之感动。

然而，随着曾荫权的官职越升越高，名气越来越大，一些关于曾荫权的猜测和谣言不可避免地产生了。在曾荫权担任贸易署署长时，有一次去新加坡公干，人还没有回香港，香港的报纸就登出了一条“特大绯闻”：《贸易署长星岛幽会佳人》，还附了一张曾荫权和一位女子在新加坡海滨酒店观景阳台上的照片。虽然照的是背影，但也足以说明问题了。

面对媒体的捕风捉影，鲍笑薇笑称：“我相信我的丈夫，我对他一向十分信任。”没过几天，有报纸又刊登了另一张照片，标题为《曾署长新加坡与姑妈共进晚餐》，这张照片照的是两人的正面，照片上的女士正是曾荫权的远房姑妈。于是，那张记者从背后偷拍的“艳照”，立即现了原形。而曾荫权与鲍笑薇也成了香港人家庭和睦的楷模。

曾荫权、鲍笑薇夫妇

2005年6月26日，曾荫权就任香港特别行政区行政长官后，在行政长官官邸接受记者采访时，紧紧牵着爱妻的手，激动地说：**“我的妻子，这些年来为我付出得太多太多。我的每一个进步，都是她在背后推动的。是我的妻子，用她温情的手，打理了曾荫权。”**

那些看重房子、车子、票子的中老年父母们，那些绝不裸婚的青年男女们，我想问你们：

谁才是香港特别行政区的最高长官？

谁才是香港特别行政区真正的一哥？

是鲍笑薇！

她以自己的青春年华为赌注，投资给自己的丈夫！她，才是香港最天才的投资者！她，才是香港真正的一哥！

楠哥的爱情观

我认识一位大姐四十多岁了，是一家图书公司的总裁，十几年来上下班都是由丈夫接送，现在依然如此，两人的感情好的不得了，像初恋一样幸福。很多女性朋友都问她，结婚多年了，丈夫为什么对你这么好，她自信地说：**“丈夫对我好，因为我本人足够好。”**后来才知道，她的事业十分成功，对孩子的教育也很成功，对老公十分理解，而且最擅长处理婆媳关系。你说这样的女人怎么能不幸福呢？

伟大的男性有两种成就的渠道，第一、由伟大的母亲孕育出来；第二、由伟大的妻子培养出来。这段美丽的爱情故事，这个美满的幸福家庭，曾荫权和鲍笑薇在向世人诠释：什么才是成功的“裸婚”，什么才是真正的爱情。**我们的反思是：没有优秀的女人，男人就像无根之草，左右摇摆。优秀的女人是大地，让男人有了根基。只有一个优秀的女人能让一个普通的男人变得伟大。**

我心目中最动人的“裸婚”故事应该是这样的情节：丈夫是穷小子，妻子是灰姑娘，年轻时两人一无所有、白手起家。在未来的几十年中，两人相濡与沫，荣辱与共，用伟大的爱和神勇的奋斗精神开创出幸福而辉煌的未来。

一个小男孩对小女孩说：“我是你的BF。”

女孩问：“什么是BF？”

男孩说：“是Best Friend（最好的朋友）的意思。”

后来，他们结婚生子，到了风烛残年的年纪，老公公对老婆婆说：“我是你的BF。”

老婆婆问：“什么是BF？”老公公微笑回答道：“Be Forever！（永远的爱人！）”

女人对男人最大的贡献是——成就他的事业，男人对女人最大的贡献是——给她永恒的爱。真正的爱情是——相互成就，相互牵挂，永不改变。

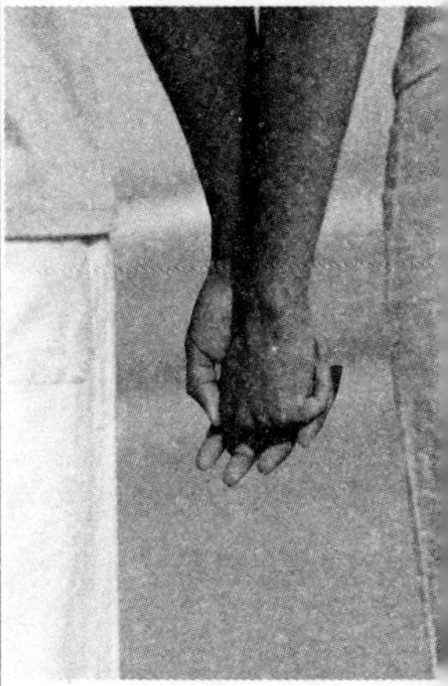
Be Forever

第13个秘密

你的口头禅是什么？

我有一个学生，本科时在一个小城市的小学校学习艺术专业，大学四年从来没有学过英语，也没有考过四六级，考研期间非常拼命，最后考到了中央戏剧学院，英语居然考了73分的变态高分，连她自己都没有想到。她究竟是怎样做到的？

在发高分学员奖金的时候，我问她："在考研最难坚持的时候，你是怎么挺过来的？"她说："老师，您在课上讲过很多英语考试技巧，非常实用，但是我基础特别差，过了一段时间都忘记了。但是您不经意说的一句话我记得非常清楚，在考研最困难的时期，我就对自己说这句话，并且把这句话天天挂在嘴边，成了我的座右铭。连跟我形影不离的同学都知道我的这句口头禅。"

我笑了笑，说："课上我说过很多励志的话，你记住了哪一句？"

她脱口而出：**"老子天下第一！"**

我哈哈大笑，说："你是一个女生，不要老说老子老子的，你应该说老娘天下第一！"

她说："顾不了这么多了，当时的我很拼命，我要像男生一样嚣张地去奋斗！我就每天对自己说'老子天下第一！'"

我赞许地点点头。

两个星期前，这位同学突然生病了，在被推进手术室的时候，她还在想：考研都挺过来了，这次不管遇到什么情况，**老娘要跟它死磕到底**！麻醉前她居然对手术室里的医生说："加油！Fighting！"弄得所有的医生非常奇怪：不知道到底是她病了还是自己病了，到底是谁需要别人的鼓励。

如果一个人拥有了一句强悍无比的口头禅，他在说出这句话的时候，心态就会从脆弱变得强大。有了这样硬朗的价值观，不管是考研还是求职，不管是追逐爱情还是建立友情，不管是克服心魔还是克服病魔，都会被一种连自己都意想不到的强大气场所笼罩，你将不是一个弱小的个体，而是一个强大的宇宙，所向披靡！这种精神不但让自己受益，周围的人也会被你影响，被你感染，甚至被你感动，所有人心中都将产生巨大的力量。

“老子天下第一！”这句话是我在演讲时经常用来鼓励学生的。我告诉他们：在你奋斗的时候，往往是孤身一人，周围的人不支持你，不理解你，甚至还会风言风语、指指点点。**当周围的人成为阻力，只剩下你自己是动力的时候，继续向前需要足够的精神力量。因此，你要学会左手温暖右手，自己鼓励自己！**在遇到任何困难的时候，一定要手指天空，呐喊出来：“老子天下第一！”女生喊：“老娘天下第一！”（好的，正在阅读本书的你，开始喊吧！）

就这样，这句话成为了学生中间传播率最高的语录，很多年过去了，我讲过的考试技巧学生们已经忘记，只有这句话成为他们克服困难的法宝。

六位老师的口头禅

类似的例子还很多，有些老师讲过的英语知识已经被学生遗忘，但是他们讲过的经典的话被学生广为传播，对他们的生活和学习产生了无比深远的影响。比如：

有一位具有冷幽默气质的老师经常说：我不是一个随便的人。

一位非常彪悍的女老师演讲时说：我作为一条东北悍妇……

有一位叫罗永浩的老师说过：**彪悍的人生不需要解释！**

一位叫李笑来的老师说过：**男人要凶悍，女人要彪悍！**

还有一位叫古典的老师说过：**Impossible=I'm possible！**

新东方创始人俞敏洪说过：**从绝望中寻找希望，人生终将辉煌！**

一句口头禅所激发的勇气，不可小看。这一句句短小精悍的励志语录成为了很多学员的口头禅，他们时时刻刻念叨着，尤其是在困难的时候，这些语言不但激励着学生们去征服眼前的考试，而且也帮助他们建立了一种强硬甚至彪悍的奋斗观。他们知道：站在台上讲课的这些名师也曾经面临困难，甚至遭受过苦难，但是他们没有害怕，没有退缩，反而具备了凶猛、强悍、嚣张、坚强的性格，只有这种人才可能走向成功，自己也必须成为这种人。

毛泽东的口头禅

我们再来看看我的偶像毛泽东的口头禅。

毛泽东领导的红军、新四军、八路军、解放军在绝大多数时间里处于劣势，他和自己的部队经常面临被日军和国民党军队围剿、消灭的危险。每当此时，毛泽东不会有半点的恐惧，一边转移一边看着天上轰炸的飞机，吐一口烟圈，说：**“老子不信邪！”**此话一出，他的眼神中立刻充满了一股消灭敌人的霸气。他周围的人看到领袖如此临危不惧，也会激发出磅礴的士气，顽强地与敌人战斗。

我有一位同事，他刚刚接手一家业绩不太理想的公司，公司里确实有不少的问题等待解决。他付出了很多的努力，但是成效不大，问题总是千头万绪的，解决方法总是有限的。换做另外一个人，可能会垂头丧气，丧失力挽狂澜的信心。

但是这位同事是好样的，他依然是一副积极战斗的架势，不达目的决不罢休。有一件事情比较奇怪，任何人给他发短信、发邮件，他在回复的时候，总会在短信和邮件的最下方写上一句醒目的话：**There are more solutions than problems!（方法总比问题多！）**他不但用这句话激励自己，激励周围的同事，而且身体力行，积极地想尽办法来提升业绩。一年后，这家公司起死回生。口头禅，就是他内心的自我鼓励。

用口头禅粉碎恐惧

我们在困难来临的时候，无法抗拒的就是恐惧情绪，最后不是困难本身击倒了我们，而是内心的恐惧让我们缴械投降。

恐惧的第一个层次，**是你害怕这个困难本身**；

第二个层次，**是你害怕困难给你带来的危害和伤害**；

第三个层次，**是你害怕无力应对这种危害和伤害。**

拿“创业”这个话题来讲，很多上班族害怕创业这件事本身，这是第一个层次。第二个层次是他们害怕的不是创业本身，而是创业失败给自己带来的债务和心灵伤害。第三个层次，是他们害怕自己对于这些债务和伤害，无力应对。这才是他们内心深处的真正的恐惧。

记得野生动物保护者的口头禅吗？没有买卖，就没有杀害。

那么，怎样面对这种真正的恐惧？

最有效的办法，**就是找到自己恐惧的底线，然后去面对它！**

恶狠狠地说出一句鼓舞人心、热血沸腾的口头禅就是比较有效的方式之一。

我有一个朋友是歌唱演员出身，本身的专业功底非常扎实，但是却害怕上台演出。有一次，他报名参加央视举办的青歌赛，心里却非常发虚，觉得自己在强手如云的比赛当中显得非常弱小。他找到我，说：“一楠，你面对几千人演讲，有时面对很多厉害的企业家演讲都非常自如，心里不害怕吗？怎么做到的？”

根据文章一开头提出的恐惧分析：

恐惧的第一个层次，这位朋友害怕上台表演这件事情；

第二个层次，此人害怕的不是上台表演，而是不被评委们认可；

第三个层次，他害怕的不是不被评委们认可，而是他无法接受比赛失败这个结局，不知道如何面对。

我就测试他的恐惧底线：“如果你发挥失常，今年的比赛失利，或者你被评委们骂得狗血喷头，你会怎么办？”

他想想说：“大不了练习一年，明年再报名参加。评委们的评价我倒不在意，反而是一次指导我成长的机会。”

我继续问：“别这么理性，这不是你的心里话，你心里那句话是什么？”

他想想说：“我TM想说：**老子我一定全力以赴，就这样了，爱咋咋地！**我就是这个水平，你们评委不爱听，有的是老百姓喜欢，老子就一辈子为老百姓唱歌！”

“够狠！这才是你心底的话！”我说，“你现在就找个僻静地方，面对夜空大喊十声，只要嗓子哑不了就喊‘老子我这次全力以赴，无论结果如何，爱咋咋地！’比赛前大喊三次，再上台就不害怕了！”

完全放开的表演，完全没有掩饰的真情流露，完全没有恐惧的最高歌唱水平的呈现，故事的结局，你可以猜到。

口头禅是你的个人LOGO（标志）

记得相声演员冯巩的口头禅吗？每年的春晚只要他一上舞台，头一句一定是：“观众朋友们，我想死你们了！”这句话已经成了冯巩表演的LOGO。二人转演员“小沈阳”给观众留下印象最深的是哪句话？“这是为什么呢”，这句话使他凸显出个人的表演风格，让无数观众记住了这个演员。一句带有鲜明特色的口头禅，可以让别人立刻记住你！

一个人有口头禅，一本书也有口头禅。本书的口头禅是：

“为了梦想，嚣张地奋斗！”

这就是我想给大家留下的对本书的印象，这句话就是《嚣张奋斗》的LOGO，请大家在每次翻开本书阅读之前，先大声地喊出这句话！

有些人手上拎的是GUCCI，身上穿的是PRADA，就觉得鸡犬升天，不可一世，这是真正的低级趣味。真正的牛人，身上的衣服哪怕只值50元，没有任何LOGO，这件衣服终究要因为牛人的王者气势而熠熠生辉！

不要再用什么狗屁名牌装点你虚荣的人生，换一种方式，用口头禅吧！一句强悍的口头禅，代表你对人生的态度，代表你的价值观，这就是你的个人LOGO！语言可以简练，但是说出的是你气势磅礴的人生观，喊出的是你锐不可当的奋斗意志，这种气概将激发人们对你的无限崇拜，这才是你要的！朋友们，**设计一句彪悍、嚣张、勇猛、刚强的口头禅装点人生吧！强大内心，自己为自己打气呐喊！**

奋斗贴士——

设计一句自己的口头禅吧，作为你个人的LOGO！

____！

读者的声音——

有的学生读完此篇，就在微博和人人网上给我留言——

一位叫王琛的女生回复：

琛姐天下第一，琛姐就是不输给男人！（*^_^*）嘻嘻……谢谢一楠老师！

我的一位员工留言：

一楠老师，您的这篇《你的口头禅是什么？》改变了我！正如您说的，人的高度不是一飞就到的，而是在同伴们熟睡的时候辛苦地向上攀爬，这句话深深影响了我！我每天都会来这里聆听大师的智慧！

第14个秘密

从厕所清洁工到麦当劳总裁，他们做了什么？

查理·贝尔在43岁时成为全球快餐巨头麦当劳的CEO。他是第一位非美国人的麦当劳公司掌门人，而且也是当时麦当劳最年轻的首席执行官。

让我们没有想到的是，拥有如此显赫头衔的他，却是从澳大利亚一家麦当劳打扫厕所的临时工，一步一步成长为世界快餐巨无霸的掌门人。如果说这个成功榜样离我们还远的话，那么我们的同胞林明也一样从刷厕所做到了麦当劳中国东北区的CEO。他们两人给我们的启示就是——只要勤奋付出，一切皆有可能！

今天就给大家讲述一下查理·贝尔和林明的奋斗故事。

查理·贝尔　出生于澳大利亚京斯福特，于2002年12月担任麦当劳公司首席运营官，2004年4月开始担任麦当劳公司总裁兼首席执行官。第一位非美国人的麦当劳公司掌门人。

扫厕所出身的CEO（国际版）

代表人物：麦当劳最年轻的首席执行官查理·贝尔

个人经历：

15岁在澳大利亚的一家麦当劳打扫厕所；

19岁那年，被提升为澳大利亚最年轻的麦当劳店面经理；

27岁成为麦当劳澳大利亚公司副总裁；

43岁成为第一位非美国人的麦当劳公司掌门人，也是麦当劳最年轻的首席执行官。

麦当劳的“少年掌门”

麦当劳公司董事会主席和首席执行官吉姆·坎塔卢波突然辞世后，麦当劳公司董事会随后推选时年43岁的现任总裁兼首席运营官查理·贝尔为麦当劳公司新任总裁兼首席执行官，他因此成为第一位非美国人的麦当劳公司掌门人，而且也是麦当劳最年轻的首席执行官。

查理·贝尔和麦当劳的渊源可以追溯到28年前。当时，年仅15岁的贝尔由于家境不富裕，在澳大利亚的一家麦当劳打工。作为学生，他从没想过在那里发展，只想挣点零用钱。

贝尔在麦当劳的第一份工作是打扫厕所。虽说扫厕所的活儿又脏又累，贝尔却干得踏踏实实。他常常是扫完厕所，接着就擦地板；地板干净了，又去帮着翻翻烘烤中的汉堡包。**（成功人士的首要特质就是——没事找事做。不是自己职责内的事情也揽过来，认真做到最好。）**而这一切都被这家麦当劳的老板———麦当劳在澳大利亚的奠基人彼得·里奇看在眼里**（将份外事做得同样好，最容易引起领导的注意）**。没多久，里奇就说服贝尔签署了员工培训协议，把贝尔引向正规职业培训。培训结束后，里奇又把贝尔放在店内各个岗位进行锻炼**（商业领袖必须熟悉整个商业系统，而不是某一种技能或者某一个流程）**。虽然只是钟点工，但悟性出众的贝尔不负里奇一片苦心。经过几年锻炼，他全面掌握了麦当劳的生产、服务、管理等一系列工作。19岁那年，贝尔被提升为澳大利亚最年轻的麦当劳店面经理。

亲自站柜台的董事长

然而，不断进取的贝尔并不满足于他所取得的成绩，27岁成为麦当劳澳大利亚公司副总裁，29岁成为麦当劳澳大利亚公司董事会成员。他在任期间，麦当劳在澳大利亚的连锁店从388家增加到683家。

贝尔后来被调到麦当劳美国总部，并先后担任亚太、中东和非洲、欧洲地区总裁及麦当劳芝加哥总部负责人。2002年底，他被提升为首席运营官。在担任总裁兼首席运营官期间，贝尔负责麦当劳公司在118个国家的超过3万家麦当劳餐厅的经营和管理，并从2003年1月1日起开始进入董事会。

这番经历使贝尔成为麦当劳公司所崇尚的从最低层一步步晋升至

公司高层的典范。贝尔在北京参加麦当劳续约奥运会全球合作伙伴的新闻发布会时说：“我从15岁起就在澳大利亚的餐厅兼职打工，19岁就成为澳大利亚最年轻的餐厅经理。我能做到，你们也能做到，明天的总裁就在今天这些明星员工中间。”无论处在哪个职位，贝尔都用心研究业务和顾客消费规律。他深知中午和傍晚马路上车辆最多的时候便是顾客最需要麦当劳的时候。每到这时，他总和员工们一道亲自站台服务，接待顾客。有人说，贝尔是近年来餐饮业中唯一亲自站柜台的董事长。**（只有始终保持与消费者零距离的总裁才是称职的总裁。）**

扫厕所出身的CEO（国内版）

代表人物：中国东北麦当劳CEO林明

人物扫描：

23岁刚参加工作时，他做麦当劳保洁员；

34岁时，他成为东北麦当劳负责人，年薪70多万元。

在麦当劳刷厕所

麦当劳缔造者——雷·克罗克

1988年，刚从中国南方一所大学毕业的林明来到澳大利亚。1989年，林明23岁时，从报纸上看到麦当劳一家餐厅招聘从半夜12点到早晨7点的清洁工，就去应聘了。从那天开始，他就埋头在麦当劳刷卫生间、擦座椅。

林明说，并不是生活逼迫他去刷厕所，而是他对麦当劳有一种特殊的感情。1988年1月26日，他刚到澳大利亚时，正赶上澳大利亚建国200周年，叔叔领他到麦当劳大吃了一顿。小时候，他就听叔叔讲过麦当劳创始人雷·克罗克的故事。雷·克罗克从麦当劳兄弟手里买下麦当劳餐厅后，遇到许多挫折，雷·克罗克凭借坚忍不拔的毅力，把难题一个一个地解决。比如原来麦当劳餐厅每星期发一次工资，后来公司资金周转不开，员工就和雷·克罗克一条心，两个星期领一次工资，公司渡过了财务难关。

林明永远记住雷·克罗克的名言：**世上没有东西可以取代坚毅，才干不能，有才能而失败者比比皆是；天才不能，才华横溢又毫无进取者不胜枚举；教育不能，受过教育但潦倒终生者充斥世间；唯有坚毅与果断者能够无所不能，得到成功。**

被派到北京开餐厅

1991年底，澳大利亚麦当劳发了一个文件，征集优秀的、会讲中文的员工到北京王府井开办中国第一家麦当劳餐厅。澳大利亚麦当劳只挑选了两名员工，林明是其中的一个。1992年3月到6月，林明和同事一直在北京做开业筹备工作。

林明说：“**看一个地方是否卫生，就是看卫生间是否清洁。清洁的卫生间，不是有香水的味道，它应该是没有任何味道的。**这是我在澳大利亚学到的知识。”在国外，**工作就是工作，就是能养活你的职业，它没有高低贵贱之分。**

用影子提高营业额

1992年7月，林明升迁为澳大利亚新南威尔士州一家麦当劳的经理，当时总部每周安排一名神秘客人，对餐厅产品的品质、服务等进行打分。林明管理的餐厅获得了新南威尔士州第一名。

1992年11月，澳大利亚有20多年历史的第17号店遇到一个难题，当时餐厅的营业额怎么也上不去。林明接手之后，从品质、服务和清洁着手，尽量做到百分之百为顾客提供满意服务，林明更是以身作则，**他相信领导者的影子是最能带动员工的。**经过一段时间的努力，第17号店的营业额比上一年提高了百分之十几。林明觉得**管理者和被管理者的唯一区别就是管理者能发现问题和解决问题。**

整个东北全归我管

1995年4月1日，林明回到北京麦当劳工作，1999年9月，他成为东北麦当劳负责人、高级经理，年薪70多万元。当时东北只有7家麦当劳餐厅，从2000年1月到2003年3月，林明带领员工在辽宁、吉林、黑龙江三省总共开了30多家麦当劳餐厅。

林明说，当时在中国，吃麦当劳的人并不多，大家都觉得贵。即使作为东北麦当劳的高级经理，他也没有降价的权力，但他可以搞促销，可以做买一送一活动：本来花10元钱只能买一个巨无霸，现在可以赠送一杯可乐。他把麦当劳的营业额和顾客数量都提高了50%以上。

2002年初，林明被评为2001年度麦当劳全球总裁奖。每年全球一百多万名员工中仅有一百名能获此殊荣。林明解释获奖的原因说，可能是因为老板认为**他解决问题的能力很强，工作努力，不太计较工作时间长短吧。（不计较钱的员工，是老板最喜欢的，最后这些员工都不会缺钱。）**2003年3月，林明退居二线，任东北麦当劳营运训练副总监。有时间的时候，他还会到麦当劳的卫生间去看看，是否清洁过了。如果不干净，他还是会顺手擦一擦。

奋斗总结——

看完“从厕所清洁工到麦当劳总裁”的传奇，我想这两个职场奋斗故事对大家触动会非常大。一个处于职场最底层的人，如果具备了总裁应有的思维程序、态度、意志力以及行动力，假以时日，这个普通人就会成长为公司的总裁。

那么，一位普通员工究竟具备什么样的特质才能成长为总裁呢？

第一、态度，态度，还是态度！

只有无与伦比的热情，才能成就无与伦比的职场辉煌。在公司最底层的时候，你一定要对工作、对顾客、对同事、对上级充满无比的热情。每个人都喜欢热情开朗的人，一旦你让所有人都喜欢你、认可你、推荐你，你就具备了获得大家支持的特殊魅力，这就是一个从员工到总裁所应该具备的特殊气质。

第二、极致意识＋最全面的工作能力。

在基层时，你要具备“极致意识”，即：将一件工作做到公司内最好，整个江湖为之震动，这会成为你晋升时的最大亮点，让别人只要一提起你就想到你所代表的那件事。比如一提到宋江，就想到“及时雨”，他的最大亮点就是急人所急，雪中送炭。比如一提到乔·吉拉德，就想到他是“销售之王”，保持着雪佛兰汽车的世界销售纪录。**这个亮点要成为公司非提拔你不可、无法抗拒的理由。**

在将一件事做到极致以后，你就要全面发展自己。总裁的工作范围，不是某一项单一技能，而是一个完整的能力系统，是所有能力的综合。因此，在基层时，你要具备Global thinking（全局思维）的眼光，你将是这个公司的主人，这个公司的方方面面自然都属于你操心的范围。卫生、采购、服务、销售、物流、后勤、公关……**在最底层的时候，不要只做自己的那摊事，要学会“揽事做”。**做事，就是长能耐，就是学本事，每多做一件份外事，你就多了一种成为总裁的经验。**管他分内分外，只要多揽事做，让所有人都依赖于你，最后你就是公认的总裁，没跑。**

第三、超强的公关能力

我有一个朋友在一家上市公司工作，从职员做到西北大区经理，又做到集团市场总监兼副总裁，董事会把他调回了北京总部工作。他是怎么做到的？在兰州工作时，他想与政府合作展开工作，但是政府大院的门卫对他总是百般阻拦。他索性自己掏钱，花十万买了一辆二手奥迪，再挂上一个比较牛的牌照，再出入政府大院时就没人敢阻拦了。后来他跟当地的共青团委搞好了关系，在当地策划了一系列兰州高校的大型活动，每次活动参与者都超过万人，这次活动大获成功，奠定了他在兰州市场的牢固地位。董事会也因为他卓越的公关能力将他调到北京总部发展。

第四、“一定要赢”的强悍意志

古今中外成大事者，都不允许自己平庸一生，绝不允许自己像个普通人一样活着，那样没意思！很没意思！**如果你觉得自己当基层员工被领导呼来唤去很不爽，那你就争口气，成为领导对别人呼来唤去！**这个世界上只有一种精神可以拯救你，就是“一定要赢！”的精神意志。请大家对自己说：**没有人能让我输，除非我不想赢！**

从员工到总裁不是什么神话，只要大家细心观察总裁的行为和思维方式，偷偷打听一下你们公司总裁的创业或者晋升故事，从中找出晋升的职场规律，暗自模仿，耐心等待，下一个总裁就是你！

第15个秘密

毕业五年后，将校友甩出视线的8条思路

我在招聘员工的时候，会遇到这样的应聘者，他只在乎现在的工资，很少问公司是否能给他带来成长和学习。我觉得如果你是职场菜鸟，就先不要跟别人争利益、争价值回报，争也争不到，因为你是新人，一无所有，跟别人争，靠什么呢？

刚刚进入企业的人，前五年千万不要说你能不能多给我一点儿工资，我告诉大家，你在前五年最应该关注的是你在企业里将学到什么，你所属的团队是不是公司里的虎狼之师，你的直接领导是不是有三年内做总裁的潜质，你有没有跟对人，其他的一概不必考虑，否则就是分散精力，徒增烦恼，你还不具备改变环境的力量。

人，从平坦中获得的教益少，从磨难中获得的教益多；从平坦中获得的教益浅，从磨难中获得的教益深。如果一个人在年轻时经历磨难，且能正确视之，最后冲出黑暗，那就是一个值得敬慕的人。最要紧的是先练好内功，毕业后这五年就是练内功的最佳时期，练好内功，你才有可能在未来攀得更高。

第1条思路：出路在哪里？出路在于思路！

我在多个场合讲过：人和人最大的差别就是思路，就差别在思维程序。穷人比富人穷就穷在思路，员工比老板逊就逊在思路，菜鸟比牛人弱就弱在思路！

你没有钱、没有经验、没有阅历、没有社会关系，这些都不可怕。没有钱，可以通过辛勤劳动去赚；没有经验，可以通过实践操作

去总结；没有阅历，可以一步一步去积累；没有社会关系，可以一点一点去编织。但是，**没有梦想、没有思路才是最可怕的，会让人感到恐惧，很想逃避！**

人必须有一个正确的方向。无论你多么意气风发，无论你多么足智多谋，无论你花费了多大的心血，如果没有一个明确的方向，就会过得很茫然，渐渐就丧失了斗志，忘却了最初的梦想，就会走上弯路甚至不归路，枉费了自己的聪明才智，误了自己的青春年华。

出路在于——思维和向上攀爬的渴望。

请大家记住这样一句至理名言：**"没有比漫无目的的徘徊更令人无法忍受的了。"毕业后5年的迷茫，会造成10年后的恐慌，20年后的挣扎，甚至一辈子的平庸。如果不能在毕业后这5年里尽快冲出困惑、走出迷雾，我们实在是无颜面对10年后、20年后的自己。毕业这5年里，我们既有很多的不确定，也有很多的可能性。**

毕业这5年里，我们既有很多的待定，也有很多的决定。

迷茫与困惑谁都会经历，恐惧与逃避谁都曾经有过，但不要把迷茫与困惑当作可以自我放弃、甘于平庸的借口，更不要成为自怨自艾、祭奠失意的苦酒。生命需要自己去承担，命运更需要自己去把握。在毕业这5年里，越早找到方向，越早走出困惑，就越容易在人生道路上取得成就、创造精彩。无头苍蝇找不到方向，才会四处碰壁；一个人找不到出路，才会迷茫、恐惧。

生活中，面对困境，我们常常会有走投无路的感觉。不要气馁，坚持下去，要相信年轻的人生没有绝路，困境在前方，希望在拐角。只要我们有了正确的思路，就一定能少走弯路，找到出路！

第2条思路：成功的人不是赢在起点，而是赢在转折点。

不少刚刚毕业的年轻人，总是奢望马上就能找到自己理想中的工作。然而，很多好工作是无法等来的，你必须选择一份工作作为历练。职业旅程中的第一份工作，无疑是踏入社会这所大学的起点。也许你找了一份差强人意的工作，那么从这里出发，好好地沉淀自己，从这份工作中汲取到有价值的营养，厚积薄发。千里之行，始于足下，只要出发，就有希望到达终点。

起点可以相同，但是选择了不同的拐点，终点就会大大不同！

毕业这几年，我们的生活、感情、职业等都存在很多不确定的因素，未来也充满了各种可能。这个时候，必须学会选择，懂得放弃，给自己一个明确的定位，使自己稳定下来。**如果你不主动定位，就会被别人和社会"定型"！**

可以这么说：一个人在毕业这5年培养起来的行为习惯，将决定他一生的高度。**你能否成功，在某种程度上取决于自己对自己的评价，这就是定位。你给自己定位是什么，你就是什么。**定位能决定人生，定位能改变命运。**丑小鸭变成白天鹅，只要一双翅膀；灰姑娘变成美丽的公主，只要一双水晶鞋。**

第3条思路：有梦就会红，爱拼才会赢。

记得上中学时，总有人在电视台点播一首闽南歌，这首歌后来风靡全国，名字叫《爱拼才会赢》，歌中唱到：**"人的命，三分天注定，七分靠打拼，爱拼才会赢。"**只要不把自己束缚在心灵的牢笼里，谁也束缚不了你去展翅高飞。

现实情况远非你们所想的那样。于是，当优越感逐渐转为失落感甚至挫败感时，当由坚信自己是一块"金子"到怀疑自己是一粒"沙子"时，愤怒、迷茫、自卑就开始与日俱增。**很多人的失败，就源于他的"自我认知"。失败的经历会让他觉得自己不行，而牛人就是即使经历失败，他还是觉得自己行，继续再战，由"不行"硬生生战到"行"！**

每一颗珍珠，都曾是一粒沙子。

仔细掂量一下自己，你是否真是金子？是真金，手中要有绝活，要有过人之处。一句话：**真金是要靠实力来证明的，只有先把自己的本领修炼好了，才有资格考虑伯乐的事情。**

每颗珍珠原本都是一粒沙子，但并不是每一粒沙子都能成为一颗珍珠。

想要卓尔不群，就要有鹤立鸡群的资本。忍受不了打击和挫折，承受不住忽视和平淡，就很难达到辉煌。年轻人要想让自己得到重用，取得成功，就必须把自己从一粒沙子变成一颗价值连城的珍珠。

天有下雨与日出，人生高峰与低谷。

莫为浮云遮望眼，风物长宜放眼量。

只要拂去阴霾，就能亮出朗朗晴空。如果你在工作上有些不如意，要相信自己不会一直处于人生的低谷期，总有一天能冲破重重云层。告诉自己：**我并没有失败，只是暂时没有成功！**只要在内心点亮一盏希望之灯，一定能驱散黑暗中的阴霾，迎来光明。

的确，论资历，你们是不折不扣的职场菜鸟，业务涉及不深，人脉一穷二白，在工作中经常碰壁。你们的压力并不一定都像千钧大石，而是像大雨来临前的天色，灰色低沉，明明有空间，却被灰色填满每个缝隙，只能等待大雨倾盆之后的晴空。

“起得比鸡早，睡得比狗晚，干得比驴多，吃得比猪差。”这是很多刚刚毕业的人用来调侃自己生活状态的话。虽然有点儿夸张，但是，他们中的很多人的确一直都被灰色心情所笼罩——心里永远是多云转阴。记得有位哲人曾说：**“我们的痛苦不是问题本身带来的，而是我们对这些问题的看法产生的。”**换个角度看人生吧，只看正面不看负面，只看光明无视黑暗，只看前方忘记身后，多说“给力”不说“崩溃”……每一次小小的颠覆，都是一种突破、一种解脱、一种超越、一种高层次的淡泊与宁静，最终获得终极的自由。

人生就是一连串的抉择，每个人的前途与命运，完全把握在自己手中，只要努力，终会有成。就业也好，择业也罢，创业亦如此，只要奋发努力，都会成功。**你是不是准备把生命的承诺全部交给别人呢？**

毕业后这5年，是改变自己命运的黄金时期。在最能决定自己命运时，如果还不把握，那你还要等到什么时候呢？无论在人生的哪一个阶段，请记住：**我的人生我做主，我命由我不由人！**

第4条思路：万事靠自己，你就是自己最大的背景！

在大学里演讲时，我经常这样告诉大学生们：**“你的爸爸是李刚又能怎样？何况不是！求求你们，不要动不动就依赖家中的背景！记**

住：**你的奋斗，比你的血统更可能成为别人口中的传奇！**”

有一次，几个女同事跟我讨论女明星嫁豪门的话题。我说：“现在很多女孩都想嫁给豪门，但是我们看到电视剧和真实生活里，发生最多的是豪门幸福，还是豪门恩怨？”我继续说：“平时我觉得范冰冰挺拽的，我不太喜欢这样的女孩。但是我很欣赏‘范爷’说过的一句狠话，她说：**我不嫁豪门，因为我自己就是豪门！**”这话说得确实像爷们儿！够范儿！欣赏！力挺！

我认识一个女孩子，今年22岁，是山东省颇有名气的模特，而且今年开始在大学里攻读MBA学位，开着很贵的车。这个女孩给外人的感觉就是一个富二代，肯定有一个有钱的爹，或者她给哪位大款做小三，否则怎么会年纪轻轻就开着昂贵的车去学昂贵的MBA课程呢？

她的真实情况是：几年前父亲去世，为了赚钱养家，她在十六岁就到车展上做车模，这个年龄的女孩应该还在父母的怀抱里撒娇，而她却要养活自己。在最最困难的时候，她这样告诉自己：**“女孩也可以做男人！爷们儿，你给我挺着，你没有背景，你就是自己最大的背景！”**对她来讲，身后没有父母的呵护，前方是狂风暴雨，但是后退也依然是无依无靠。正因为如此，她做事从不后退，她说：**“我唯一的方向就是——前进，身后无路！因此，我已经无所畏惧！”**就这样，从16岁到22岁，她在竞争激烈的模特行业中杀出一条血路，一往无前。

杰克·凯鲁亚克　美国作家，他的主要作品有自传体小说《在路上》《达摩流浪者》《荒凉天使》《孤独旅者》等。

朋友，以后别说你没有背景，你就是自己最大的背景。美国作家杰克·凯鲁亚克说过：**“我还年轻，我渴望上路。”**在人生的旅途中，我们永远都是年轻人，每天都应该满怀渴望。每个人的潜能都是无限的，关键是要发现自己的潜能和正确认识自己的才能，并找到一个能充分发挥潜能的舞台，而不能只为舞台的不合适感到不快。要客观公正地看待自己的能力，结合自己的实际情况和爱好冷静选择，尽可能到最需要自己、最适合自己的地方。

在人力资源管理界，特别流行一个说法，即“骑马，牵牛，赶猪，打狗”，即：人品很好，能力又很强的，是千里马，我们要骑着他；人品很好但能力普通的，是老黄牛，我们要牵着他；人品、能力皆普通的，就是“猪”，我们要赶着他；人品很差能力很强的，那是

"狗"，我们要打击他。

我想，刚刚毕业几年的你，一样胸怀大志，一样想成为一匹被人赏识、驰骋沙场的千里马吧？那么，就好好沉淀下来。**低就一层不等于低人一等，今日的俯低是为了明天的高就。所谓生命的价值，就是我们的存在对别人有价值。能被人利用是一件好事，无人问津才是真正的悲哀！**

第5条思路：肯干远远大于能干！吃大亏就是吃大补！

能干是合格员工最基本的标准，肯干则是优秀员工的一种态度。一个职位有很多人都能胜任，都有干好这份工作的基本能力，然而，能否把工作做得更好一些，就要看是否具有踏实肯干、苦于钻研的工作态度了。

你要做到：在能干的基础上踏实肯干，你会变得越来越能干！

工作中，活干得比别人多，你觉得吃亏；钱拿得比别人少，你觉得吃亏；经常加班加点，你觉得吃亏……你要明白：并不是多做事或多帮别人干点儿活就是吃亏。如果领导让你加加班、赶赶任务，别以为自己吃了大亏，反而应该感到庆幸，因为领导只叫了你，而没叫其他人，说明他信任你、赏识你。吃亏是一种贡献，你贡献得越多，得到的回报也就越多。乐于加班，就是这样的一种吃亏。小时候我姥姥总是说："吃亏是福。"当时我百思不通，现在我做了管理者，彻底明白了：**吃亏确实是福，职场上的吃亏就是吃补，吃大亏就是吃大补。因为做得多，明白的就越多，能力也就越强，同事也就越依赖于你，你成为总裁的可能性就越大。**

第6条思路：舍得舍得，有舍才有得。

学会在适当时吃些亏的人绝对不是弱智，而是大智。

给别人留余地就是给自己留余地，予人方便就是予己方便，善待别人就是善待自己。

傻人有傻福，因为傻人没有心计。和这样的人在一起，身心放松，没有太多警惕，就能相互靠近。**"傻"在很多时候意味着执著和忠贞，也意味着宽厚和诚实，让人不知不觉站到他一边。**傻人无意中

沃伦·巴菲特　全球著名的投资商，生于美国内布拉斯加州的奥马哈市。在2008年的《福布斯》排行榜上财富超过比尔盖茨，成为世界首富。在第十一届慈善募捐中，巴菲特的午餐拍卖达到创记录的263万美元。

得到的，比聪明人费尽心机得到的还多。毕业这几年，你的天空中只飘着几片雪花，这样你就满足了吗？**成功需要积累式的持续**，与其专注于搜集雪花，不如省下力气去滚雪球。巴菲特说："人生就像滚雪球，最重要的是发现很湿的雪和很长的坡。"让自己沉淀下来，学着发现"很湿的雪"，努力寻找"很长的坡"。记住：散落的雪花会很快融化，化为乌有，只有雪球才更实在，才能长久。也就是说**你要选择有累积性的事情，做这种事情的时间越多，取得的成就越大，不要做那种花了时间但是不留痕迹的事情**。在毕业这几年里，你要是能做到比别人多付出一份努力，就意味着比别人多积累一份资本，就比别人多一次成功的机会。

什么是职业化呢？职业化就是工作状态的标准化、规范化、制度化，即在合适的时间、合适的地点用合适的方式说合适的话、做合适的事，使知识、技能、观念、思维、态度、心理等符合职业规范和标准。在每个行业里，都有很多出色的人才，他们之所以能存在，是因为比别人更努力、更智慧、更成熟。但是，最重要的是，他们比一般人更加职业化！这就是为什么我现在能当你老板的原因。一个人仅仅专业化是不够的，只有职业化的人才能飞在别人前面，让人难以超越！

不要以为我们现在已经生存得很安稳了。对于毕业5年的人来讲，一定要认清即将面临的五大挑战：

一、赡养父母。

二、结婚生子。

三、升职加薪。

四、工作压力。

五、生活质量。

有的人为生存而雀跃，目光总是停在身后，三天打鱼两天晒网，有始无终。

有的人为发展而奋斗，目光总是盯在正前方，每天进步一点点，坚持不懈。

毕业这几年，不能没有追求和探索，不能没有理想和目标。人生如逆水行舟，不进则退。甘于现状的生活就是不再前行的船，再也无法追上时代前进的步伐。一定要抓紧每一秒钟的时间来学习，你要明白学习不是学生的专利。**小聪明的人最得意的是：自己做过什么？大智慧的人最渴望的是：自己还要做什么？小聪明是战术，大智慧是战略；小聪明看到的是芝麻，大智慧看到的是西瓜。**

舍得，从另外一种角度来看，叫做宽容。

经历了这几年社会生活，你应该明白：这个世界上有富也有贫，有阴也有亮，有丑也有美，到底看到什么，取决于自己是积极还是消极。在年轻时学会勤勉地工作，用一种光明的思维对待生活，那么，只要张开手掌，你就会发现，里面有一片灿烂的人生。

把感恩刻在石头上，深深地感谢别人帮助过你，永远铭记，这是人生应有的一种境界；把仇恨写在沙滩上，淡淡忘掉别人伤害过你，学会宽容，让所有的怨恨随着潮水一去不复返，这也是一种人生境界。

第7条思路：在竞争激烈的人生战场上，打盹的都是输家！

在这个世界上，既有大人物，也有小角色，大人物有大人物的活法，小人物有小人物的潇洒，每个人都有自己的生活方式，谁也勉强不了谁。但是，**小聪明只能有小成绩和小视野，大智慧才能有大成就和大境界。小企业看老板，中企业看制度，大企业看文化。**

小公司与大企业都有生存之道，没有好坏之分，但对一个人不同阶段的影响会不同。

小公司肯定想要发展为大企业，这是一种目标，年轻人也要给自己的职业生涯制定目标。毕业几年的你，是否经常会怯场或者是感到没有底气？居安思危绝对不是危言耸听！**此刻打盹，你将做梦；此刻学习，你将圆梦。在竞争激烈的人生战场上，打盹的都是输家！**

每个人在年轻的时候似乎都豪情万丈，什么都不怕，可是随着年龄的增长，每天想着房子、工作、养家糊口这些俗事儿，再也没有年轻时那种敢于“上天探星、下海捞月”的勇气了。是我们改变了生活，还是生活改变了我们？我们的思想越来越复杂，因为有了越来越多的舍不得、越来越多的顾虑，我们总是在徘徊、总是在犹豫。毕业开始一两年，生活的重担会压得我们喘不过气来，挫折和障碍堵住四面八方的通口，我们往往在压迫自己发挥出潜能后，才能杀出重围，找到出路。可是两三年后，身上的重担开始减轻，工作开始一帆风顺，我们就松懈了下来，渐渐忘记了潜在的危险。直到有一天危机突然降临，我们在手足无措中被击败……毕业这几年，仍然处于危险期，一定要有居安思危的意识，好好打拼，这样才能有一个真正的安全人生！

生于忧患，死于安乐。如果你想跨越自己目前的成就，就不能画地自限，而是要勇于接受挑战。**对畏畏缩缩的人来说，真正的危险正在于不敢冒险！**

年轻人在社会的重压下，适应能力已变得越来越强，只是他们不自觉地习惯被环境推着走。他们不敢冒险，怕给自己带来终身的遗憾，于是告慰自己："我对得起自己、对得起家人，因为我已竭尽全力。"其实，人只有不断挑战和突破才能逐渐成长。长期固守于已有的安全感中，就会像温水里的青蛙一样，最终失去跳跃的本能。

第8条思路：学会倒出水，才能装下更多的水。

空杯思维

从毕业那天开始，学会把每天都当成一个新的起点，每一次工作都从零开始。如果你懂得把"归零"当成一种生活的常态，当成一种优秀的延续，当成一种时刻要做的事情，那么，经过短短几年，你就可以完成自己职业生涯的正确规划并全面超越。

在职业起步的道路上，想要得到更好、更快、更有益的成长，就必须以归零思维来面对这个世界。不要以大学里的清高来标榜自己，不要觉得自己特别优秀，而是要把自己的姿态放下，把自己的身架放低，让自己沉淀下来，抱着学习的态度去适应环境、接受挑战。**放下"身段"才能提高身价，暂时的俯低终会促成未来的高就。**

年轻人从校园或者从一个熟悉环境进入一个新环境，就要勇于将原来环境里熟悉、习惯、喜欢的东西放下，然后从零开始。我们想在职场上获得成功，首先就要培养适应力。从自然人转化为单位人是融入职场的基本条件。一个人起点低并不可怕，怕的是境界低。**越计较自我，便越没有发展前景；相反，越是主动付出，那么他就越会快速**

发展。很多今天取得一定成就的人，在职业生涯的初期都是从零开始，把自己沉淀再沉淀、倒空再倒空、归零再归零，正因为这样，他们的人生才一路高歌，一路飞扬。

在毕业这几年里，我们要让过去归零，才不会成为职场上那只背着重壳爬行的蜗牛，才能像天空中的鸟儿那样轻盈地飞翔。请好好品味一下杰克·韦尔奇说过的一句话："纠正自己的行为，认清自己，从零开始，你将重新走上职场坦途。"**吐故才能纳新，心静才能身凉，有舍才能有得，杯空才能水满，放下才能超越。**

归零思维五大表现：心中无我，眼中无钱，念中无他，朝中无人，学无止境。

年轻人难免带着几分傲气，认为自己无所不能、所向披靡，其实不然，初入职场的新人还是个"婴儿"，正处在从爬到走的成长阶段。在毕业这几年里，一定要让自己逐步培养起**学徒思维、海绵思维、空杯思维**，具有这样思维的人心灵总是敞开的，能随时接受启示和一切能激发灵感的东西，你时刻都能感受到成功女神的召唤。

第16个秘密

50年后，哪种男人会成为雕塑？

有时候，我在演讲现场问年轻的学生："你们最崇拜的人是谁？"

他们回答：刘德华、梁朝伟、周杰伦、韩庚、阮经天、S.H.E、张靓颖……

正在他们讨论得七嘴八舌的时候，我把手一挥，大家安静下来，我继续说："我要告诉大家的是，一定、一定要慎重地选择你心中的偶像。**因为你崇拜谁，你骨子里就是谁！**"

刚才热闹的现场一下子就安静下来，大家陷入了集体沉思。

我又说："大家知道我崇拜谁吗？我16岁就把他的头像纹在右臂上，我的卧室里除了我和爸妈的照片，就是他的照片和雕塑。"大家都在纷纷猜测，我接着说："这个人的大幅照片现在还挂在天安门广场上，想必大家已经猜到了。对，就是毛泽东。"

经常会跟大学生提到偶像这个话题，我想真心地告诉大家：如果你选对了所崇拜的人，他可以给你带来巨大的精神力量。两个人，崇拜的偶像不同，他们的格局和眼界也会产生巨大差别。试想，如果我崇拜的是毛泽东，你崇拜的是某个娱乐圈的所谓明星，你自己觉得咱俩思考问题的境界和角度有没有差别呢？

偶像的妙用

偶像，可以拉大我们的思考格局，可以增强我们做事的气魄。职场人士都会有这样的经验：一家集团公司的总裁去地方分公司视察，作为当地中层管理者的你要对他进行述职报告，这是让所有人比较紧张的事情。我26岁做了中层管理者，因为年轻遇到上述情况也难免会忐忑不安，怕哪句说错了会影响自己在领导心中的印象。为了克服紧张，我就把自己的偶像搬出来。我会这样想：此时此地，我就是毛泽东转世，我就是毛泽东，毛泽东就是我。一位伟大的国家主席，对一位老百姓（总裁也是老百姓的一员）述职，怎么会紧张呢？

“青年毛泽东”雕塑

有时，我要面对现场几千人演讲，多少也会有些紧张。我就想，此时此刻，我就是毛泽东，一个国家领袖面对自己深爱的人民演讲，应该饱含深情和关爱，紧张从何而来？还会想到1949年10月1日，毛泽东带领新中国的领袖团队站在天安门城楼上，向全世界宣布：“中华人民共和国成立了，中华民族从此站起来了！”每次想到这里，我的演讲气魄就会无限激增，气场也会非常大，心中的小宇宙彻底爆发，讲得激情澎湃，荡气回肠！

我想说的是，**你崇拜的人决定了你的志向大小。**一个人能够成就事业无非两个因素，第一志向，第二能力。这两个因素都很重要，我想问大家的是：志向和能力，究竟哪个因素更重要？

大家不用沉思了，是志向！

刚才我说“你崇拜谁，你骨子里就是谁。”意思是：**你崇拜谁，你的格局就会与谁在一个水准上，你做事和思考问题的境界也就在那个水准上，天长日久，你就成为了那个水准上的人。**

志不达者智不达

志向，决定了一个人的格局，格局决定了一个人处理问题的角度和起点。格局大，就会总做大事，做大事的能力随着大志向飞速提升。格局小，就会斤斤计较，总关注一些鸡毛蒜皮的小事，时间长了能力自然与街头闲聊的李大婶、王大妈们不分高低。

记住：你的成功，不会超出你的思想格局。志向，就是你一贯的思想格局，决定了你对所有事情的思考方法与做事风格。**志向在哪**

儿，人就往哪儿琢磨。志向在成仙得道，你就会在装神弄鬼上花心思；志向在挣钱，你就会想着做什么生意，怎么做；志向在为人民服务，你就会学雷锋，全心全意做好事。

有四个人到微软公司应聘，比尔·盖茨问第一个人：“你为什么想来微软工作？”那人回答：“我喜欢这里舒适的环境。”对不起，不录取！

再问第二个人：“你为什么想来微软工作？”第二个人回答：“我想成为百万富翁！”对不起，依然不录取！

再问第三个人：“你为什么想来微软工作？”第三个人回答：“我想成为亿万富翁！”对不起，还是不录取！

你会问了，怎么回答都不行，微软到底要录取什么样的天才？

这时候，第四个人说话了：“比尔·盖茨先生，我来到这里是为了梦想。我的梦想与您一样，就是让世界上每个人的桌上都放着一台电脑，让人类的工作更加高效，生活更加美好！”

第四个人被录取了！因为他有伟大的理想。有了这个理想，比尔·盖茨就不用管理他，不用监督他，不用培训他，不用约束他，因为他为了实现自己的理想，会自动自发地想办法管理自己，会梦萦魂牵地思考问题，会千方百计地自我成长！

大家明白了吗？什么能力、经验、学历、形象都不重要，重要的是你有没有让你真正心动的梦想和志向。有了宏伟的“志向”作为人生的发动机，所有的能力、经验、技术，你都会想尽办法去主动获得！

为什么伟人总是乐观的？

小时候，我读伟人的故事，惊奇地发现所有伟人都是乐观的，为什么？

因为每一位伟人都无一例外地拥有一个伟大的志向。**志向，是一个波澜壮阔的梦，可以帮梦想者转化为一种乐观情绪和生生不息的精神力量**。阿拉法特的梦想是带领巴勒斯坦回到自己的家园，建立一个独立的民主国家。他大学毕业以后做巴勒斯坦学生自治联合会主席，后来创建法塔赫并且坚持了45年。在梦想的感召下，他一生都在为此奋斗，从而成就了一个奇迹，他成为了没有国家的元首，没有护照的世界公民。最后全世界人民都认为他是元首、但他没有国家。大家不知道，阿拉法特天天睡觉换地方，折腾了45年，依然积极乐观地奋斗到离开人世的那一天。哪里来的力量？源于年轻时的那个令他激情澎湃的梦想。

越南国家主席胡志明和南非第一任黑人总统曼德拉都在监狱里待了很久，依然乐观，为什么？因为一个伟大的志向可以让人忍受常人不能忍受的痛苦，这时候**痛苦就是那些领袖人物的营养，一有烂事儿来了，他处理并包容了烂事，他就又伟大了一点。**

胡志明　越南民主共和国主席，1890年5月19日生于义安省，他早年当过教师、海员和杂役，1920年在法国加入共产党，1941年发起建立越南独立同盟，领导反对法国殖民者和日本帝国主义的斗争。1946年3月当选为越南民主共和国主席、总理。上世纪60年代又进行了抗美救国战争。1969年9月在河内逝世。

志向是一把刻刀

志向，可以帮你滤掉人生的很多是非，帮助你选择到底是给予还是获取。如果你的公司挣了1000万，到底是跟兄弟们分了还是继续投资发展？如果你只是想着小打小闹做个小财主，你就会选择分钱；如果你立志将公司做上市，百年不倒，你要造就100个千万富翁，你就会把1000万继续投资，做公司。志向，会帮你做出重大的人生抉择！

志向，是一把刻刀，会把一个有抱负的男人一刀一刀雕刻得与众不同。50年后，没有志向的男人被大家遗忘了，有志向的男人成为了一座巍峨的雕塑，让人肃然起敬。

为了志向，我们必须自律。在目标的约束下，很多事情就不能做了，你只有资格做与志向有关的事情。看一会儿电视娱乐节目是你做的事情吗？看一会儿八卦杂志谈论那几个明星的私生活是你做的事情吗？抱怨一下社会不平等、骂一下领导无能是你做的事情吗？**同样的时间，你做了这些，就会错过那些与理想有关的事！**

我非常认同一句话：**大道理留给自己，小道理留给别人。**想把志向变成现实，你就得做符合大道理的事情，舒舒服服的能伟大起来吗？胸怀坦荡、坚忍不拔、兢兢业业、自强不息，没有一个是让你的感觉器官舒坦的事儿；花天酒地、吃喝嫖赌、纸醉金迷，罪恶的事儿都是让感官快乐的事儿。**自律，就是管住你的感觉器官。**

行为与志向高度一致

专注于志向，最重要的一点，就是让每天的行为与志向高度一致。

有一次，我在一家医院演讲。现场，我找了一位骨科医生，让他走上讲台，我问他："请问你一天中，占用你时间最多的三件事情是什么？"他想了想回答："睡觉、打麻将、看电视。"我又问："请问你人生的理想是什么？"医生回答："我要成为全国顶尖的骨科专家！"接着我严肃地问："你每天的行为是睡觉、打麻将和看电视，请问哪一项行为与你的目标（全国顶尖的骨科医生）是高度一致的？"那位医生不说话了。很多人想成为什么，但一生都没有成为什么，原因就是他每天的行为与最终的人生目标高度不一致！你想成为骨科专家，看电视、打麻将就不是你做的事情了，必须断绝掉！你每天做的所有事情必须与"成为全国一流的骨科专家"这个目标高度一致。即使是睡觉，都要做梦自己已经克服了重大技术难题，为数百万病人解决病痛，在人民大会堂接受国家领导人的嘉奖。做这样的梦你都会从梦中笑醒！这才叫"行为与目标高度一致"！

如果一个人爱自己的事业，就应该豁出去了，伟大的人就要牺牲掉正常人的生活状态，牺牲到你自己都感动的份上，那时候，不成功都得成功！

《中国达人秀》，是中国东方卫视制作的一款真人秀节目，自2010年7月25日开始，每周日晚在东方卫视播出，该节目旨在实现身怀绝技的普通人的梦想。

我曾经是一个书生气很浓的人，现在看起来表面斯文，但是内心已经无所畏惧，一往无前。为什么？因为我有自己伟大的志向，我的梦想是：让从7岁到25岁考了18年试的中国人远离各种考试，学会更伟大地工作，只有用工作才能改变你的命运。我的志向就是为13亿中国人提供伟大的"工作教育"。任何烂事儿在我的这个志向面前都不值一提，我有什么迷茫的呢？我有什么纠结的呢？

有一次看东方卫视的《中国达人秀》，听到评委伊能静鼓励用脚趾弹钢琴的刘伟时，说了一句让人听了热血沸腾的话，她说：**梦想，是人类最好的才华！**我的一位学生听了我在课堂上激情四射的励志演讲，立刻说出了这样一句话：**梦想，是人类最好的才华！为了梦想，嚣张地奋斗！给自己一个十年，磨一剑，锋芒毕露！**

用梦想叫醒自己

问大家：每天早晨叫醒你的应该是什么？

最完美的回答是：每天早晨叫醒我的不是床头的闹钟，而是我的梦想！我的志向！

再问大家：50年后，哪种男人会成为巍峨的雕塑？

最完美的回答是：有梦想的男人、有志向的男人会成为巍峨的雕塑！50年再加50年，屹立不倒！

——插画选自小黑孩绘本《未知的旅行》

第17个秘密

人脉——团队——兄弟——自己

有这样一个小故事：

一位银行家的女儿问父亲："爸爸，银行里的钱都是储户的，那您是怎样赚来房子、奔驰和游艇的呢？"银行家说："女儿，冰箱里有一块肥肉，你把它拿来。"女儿拿来了。"再放回去吧。"女儿问："什么意思？"银行家说："你看你的手指上是不是有油啊？"

这个故事告诉大家：**财富多寡，源自所处的交际圈子！你跟富人、成功人士交往多了，交往久了，自然会从中受益，就像你拿着肥肉，手上就会沾上油一样。**

财富=人脉

现在是经济时代，很多人都在追逐财富，但是他们却不知道财富的积累来自于人脉的积累。

我发现：当我与父母在一起时，就会谈论他们退休人士关注的养生、饮食之类的话题；与老师在一起时，就会聊备课、段子、讲座之类的话题；跟企业家朋友们在一起，就会聊投资、招聘人才、挽留人才、企业经营之类的话题。所以，你每天经常接触的人对你的思维和行为产生巨大影响，**你要慎重地选择每天与你交谈、交往的人群。**

我在演讲时经常告诉观众：**人与人的差别在脖子以上。你要富口袋就要先富脑袋，你要富脑袋就要先富你的"人脉库"。**每天你跟什么人在一起，你就会逐渐拥有什么样的思维模式和行为模式。我觉得，一个人的成功，85%取决于人际沟通，只有15%取决于专业知识。成就与学历无关，但是与人际交往的能力有关。大家都明白**"知**

道＋做到＝得到”，因此，想要亮你就要站在灯光下，想要红你就要站在舞台上，想要成功你就要多接触成功的人。

怎样结交优质人脉

让我们看一下怎样才能结交到优质的人脉。

康奈尔在中国是一家大型的医药公司，公司老总是一位女性，她非常有雄心，决心带领自己的公司走向世界。有一次，她与美国一家“巨无霸”的大型医药公司谈合作事宜，但是这家美国公司的规模与实力太大了，根本瞧不上康奈尔。于是，这位富有智慧的女老总想出了结交美国生意伙伴的方法。不但赢得了美国人的支持，而且还让他们上赶着与自己的公司合作。

我们来看看她是怎样做到的。

在谈判桌上，她跟美国人说，贵公司的年产值是679亿美金，我们公司的产值只是你们的一个零头，实力远远不如你们。但是贵公司要在全球开展医药业务，亚洲和中国应该是你们最具有战略意义的市场，而我的公司在中国又占有举足轻重的地位。如果你们要在亚洲做市场，就必须做中国市场；要做中国市场就必须与我康奈尔合作。**第一步，她成功地塑造了自己公司的独特价值。**

光这样还不行。人心都是肉长的，美国人也是人，要想与他们合作，还要与他们成为朋友。这位女强人明白：与美国人成为朋友以后，再加上自己在中国得天独厚的优势，就会赢得这次谈判。在共进晚餐时，她想着怎样把对面坐着的谈判对手变成自己人，变成一伙人。很快，她策划好了一个场合，尽快进行第二轮谈判。她知道美国人喜欢喝酒，于是决定带着这几个老外去酒窖喝最最地道的葡萄酒。他们一行三人找到当地最好的酒窖，推杯换盏，喝得非常痛快。从酒窖回家的路上，她提出不坐车，肩并肩走回去。于是她跟两个美国人在雪地里手牵手唱着中国的民歌往回走，走了一个多小时，唱了一个多小时，谈判的双方成了无话不谈的好朋友，康奈尔的这位女总裁成了美国人尊敬的“大姐”。**精彩！实在是精彩！这就叫做情感攻势。**

不久，双方顺利地展开了合作。

从塑造自我价值到晚宴畅谈，再到酒窖品酒，再到雪地里手挽手唱歌而行。女总裁把两个美国人（自己的谈判对手）变成了一伙人，变成了朋友，进而开始了顺利的合作，这就是结交人脉的巨大威力。

这件事让我们明白了：第一、要结交朋友和事业伙伴，就必须想尽办法找一件与你们每个人都密切相关的事情，并让事情持续发生，不断推进。第二、与朋友加强关系的方法就是不断“设场”（比如：设酒窖“场”，设雪地唱歌而行的“场”）。与女朋友约会为什么在电影院不在办公室？因为不同的“场”使“场中人”产生不同的思维、情绪，电影院会让人产生浪漫的情绪。如果双方实力差异悬殊，在谈判桌上的严肃交谈不会产生对我们有利的结果，所以要策划用不同的场合来推进事情的发展。**第三、交友，还要学会让看起来不可能发生的事情发生**，这是一种用智慧和魄力玩的游戏。学会这种游戏，你的人生将会发生魔力般的变化。

做领袖就是做团队

在外界，你要拥有众多的人脉；在内部，你就要拥有亲密的团队。

一位弟子问释加牟尼：“假如我有一滴水，我怎样做才不至于干涸，并让它发挥价值？”释加牟尼回答：“你只有把它放入大海、融入大海，它的生命才会变得浩瀚、博大、宽广。”一滴水只有回归大海才不会干涸，而一个人只有置身于团队，并坚定地承担起自己的责任，才能最大地发挥自己的价值。

不要小看蚂蚁的团队精神

大家知道：一只蚂蚁过河肯定会被水冲走，蚂蚁怎么过河呢？一群蚂蚁密密麻麻地缠绕在一起，像球一样滚过河去。当然，最外围的蚂蚁肯定被冲走了，但是整个蚂蚁群就过了那条河。在每次给员工开会的时候，我会说：“在我们奋斗的过程中，我们强调坚强的个人意志，但更强调众志成城的团队精神！”

万通集团董事长冯仑说自己有一个病根——“学先进、傍大款、走正道”，这种方式值得我们学习。“学先进、傍大款”指的是，**随时随地发现牲口级的一等一高手，与他们结交、拜把子，抓住每一个机会跟伟大的人合作，从而使自己以及团队变得更加完善，逐渐接近伟大。**一定要在自己周围的圈子里发现达人、猛人、牛人、犇人，发现奇才、鬼才、将才、帅才，想尽一切办法与他们“发生关系”，

“拉拢他们”一起做事情。如果自己圈子里的这些人已经被你挖掘殆尽，就要学会“换圈子”，然后继续挖掘。当围绕在你周围的合作伙伴都是身怀绝技、武艺超群的好汉时，成就一番事业只不过是顺理成章、水到渠成的事情了。

我提出过一个理论：**“塑造自我品牌的通道是——成就他人。”**你会觉得很奇怪，塑造自己的价值为什么要成就他人？道理很简单，你关注你自己，别人也关注他自己，你周围的人怎么会越来越多呢？只有你心甘情愿成就他人，你周围的团队成员才会对你充分地信赖，并将自己的身家性命交付给你。在一家工厂里，如果你拿别人当回事，有三五个人在你身边，你就是班长；有三五十个人在你身边围着你转，你就是车间主任；如果有三五百人围着你转，你就是老板。当你身边的人才越聚越多时，大业何愁不成？

看一看历史上截然相反的两个例子。

当年的蒋介石是怎么失去了天下的？四个字：**与众不同**。老百姓吃糠咽菜，蒋介石锦衣玉食，大不同啊。你再看看当年的毛泽东和共产党何以取得天下，四个字：**与众大同**。老百姓衣不遮体，毛泽东穿的衣服也是缝缝补补N次的；老百姓吃不饱，共产党八路军也是食不果腹，与老百姓患难与共。

从当年的国共两党对待百姓的不同，我们可以得出结论：**与他人交往，就要进入他人的通道。**“唯我”强调的是“自我”，强调自己的与众不同，与别人有区别，与别人不在同一个频道上。李嘉诚先生讲“无我”，就是“没有自我，忘掉自我”，与他人融合，进入他人的通道，与他人同频共振。君子之所以是君子，成为不了圣人，在于君子清高自赏，不屑于与众人为伍，而圣人可以与众人合而为一，以众人苦为苦，以众人乐为乐。

团队的内核是兄弟

有了团队，大事可成。但是团队之中还要有一个内核团队，这个团队的成员之间互称“兄弟”。

看到过这样一条微博：什么是兄弟？兄弟就是50年后你老了躺在床上，我问你喝水不？你摇头。吃水果不？你还是摇头。我再问你想上厕所？你依然摇头。我再问：给你找个妞？你睁大眼睛，眼里闪着泪花：兄弟，扶我起来试试……

这是一个笑话，但也从表面说明了兄弟之间的默契和理解。兄弟，是对你最知根知底的人，知道你哪条腿上有6岁时偷瓜被狗咬的伤疤，知道你15岁的时候给全校多少女生写过情书，还知道你小金库银行卡的密码（这是连你老婆都不知道的秘密）。兄弟，最了解你的优点和缺点，从不明目张胆地夸赞你的优点，却可以默默地包容你最让别人接受不了的臭毛病，还美其名曰“臭味相投，一丘之貉”。

曾有人说：

读万卷书不如行万里路；

行万里路不如阅人无数；

阅人无数不如名师指路。

我再加一句：

读万卷书不如行万里路；

行万里路不如阅人无数；

阅人无数不如名师指路；

名师指路不如兄弟开路！

电影《英雄本色》 在当年香港票房排名第一名，此片获第6届香港电影金像奖最佳影片和最佳男主角奖，并被评为香港80年代十大名片之一。影片成功地将江湖兄弟情与亲生兄弟情的矛盾集结在一起，体现了他们各自不同的挫折、失败、忏悔和报复，该片通过独特的煽情手法使影片更具观赏性。该片掀起了一股“英雄片狂潮”，对香港电影的发展有重要影响。

一位美国上市公司的高管跟我交谈，说了这样一句英文：What is management? Achieve the goal through others.（**什么是管理？通过其他人实现目标。**）这句话让我们明白：**凡事自己亲自上，这不叫管理者，不是领袖；凡事他振臂一呼，兄弟们嗷嗷叫一起上，这才是管理者，才是领袖**。但是，我要提醒各位想做领袖的年轻人：**兄弟不仅仅是你达成目标的手段，更是你的目的**。即：要让兄弟们帮你达成目标后，他们的脑袋和钱袋都装满，同时你还要帮助兄弟们实现他们的梦想。**做管理前，你自己的成功就是全部的成功；做管理后，你自己的成功加上兄弟们的成功，这才是全部的成功。**

《桃园三结义》、《水浒传》、《英雄本色》……世间无数脍炙人口的奋斗故事都在歌颂着“兄弟情”。是的，虽然我强调“人脉”在创业中的巨大作用，但是在我的价值观里，“人脉”这两个字的重量远远不如“义气”，而“义气”这两个字的重量远远不如“兄弟情”。最近，我与多年不见的兄弟们聚会、喝酒、畅谈，好不痛快！席间，一位兄弟说了一句让在座所有朋友感慨万千的话，他说：**“各自牛B的日子不如一起傻B的岁月！”**是啊，兄弟相聚是世间无上的快乐，兄弟相聚还能一起做事则是世间最高的快乐。试想，如果能像水浒兄弟们一样一起保国安民，一起替天行道，那是何等的快活！

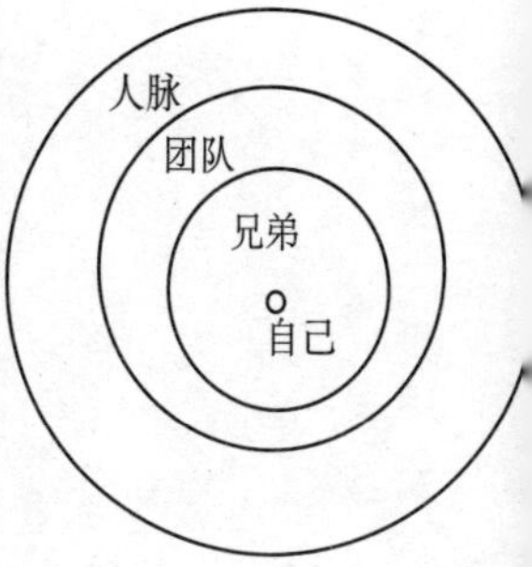

港片中总是出现几位这样的古惑仔，他们是威震一方的扛把子，在街头混是老大，到了监狱里还是老大，跑路到一个陌生的地方依然是老大，**一位称职的领袖就应该具备这种“到哪里都是老大”的影响力。**如果以你为中心画圆，中心的最外围是“人脉”，中间是“团队”，离你最近的内核部分就是“兄弟”。如果拥有了这样一个“人脉——团队——兄弟——自己”的同心圆，你就拥有了夺取天下的资本，这个世界所有的美好都将为你而存在！从此，你将不再是一个人在战斗！

奋斗贴士——

当你一个人嚣张地奋斗时，你并不孤单，你不是一个人在战斗！身边陪伴你的还有：

1. 恩人，给你机会；
2. 敌人，帮你清醒；
3. 友人，与你携手；
4. 亲人，伴你远行；
5. 贵人，强你力量；
6. 能人，逼你提升；
7. 小人，使你谨慎；
8. 爱人，送你爱心；
9. 贤人，解你迷津；
10. 众人，助你成功。

第18个秘密

要成功，先断绝！

有一个热爱音乐的女人，从不用手机，从不上网，从不接电话，从不宣传自己。出唱片，是给喜欢听她演奏的人送上一份礼物；六十多岁了，没有华丽的演出服；为了练琴，他给别人做家务，历尽艰辛。

但是，她的巴黎演奏会场场爆满；她演奏的巴赫，被惊为天人！

她，毕业于中央音乐学院附中，是一位“文革”前的音乐硕士。她的名字叫朱晓玫，一位真正的钢琴大师！

大家看到了，一个穷困潦倒的女人，不因为生活的残酷而屈服，不因为漫长的岁月消磨而丧失掉自己的灵魂，为了钢琴、为了音乐，奋斗终身。这样一位女人为什么最终征服了听众，获得荣誉无数？因为她具备大师的人生智慧，这种智慧叫做**“断绝”。要成功，先断绝与梦想无关的一切事情，两切事情，三切事情。**

我的老师，是一位不到40岁的青年才俊，生活上基本不能自理，难以想象的是：作为著名企业家、演讲家的他用手机只会打电话，连短信功能都不会用。可以这样说：在与讲课无关的事情上，他的智商还不如一个5岁的孩子。

但是在他的专业——演讲上，他又成了另外一个人，一个超人。他可以在没有任何讲义、PPT、教材的情况下连讲30天，不用备课。而且，他是中国民营企业家的导师，其课程的价格在培训行业中是最贵的。每个月无数企业家从四面八方不远万里赶去听他讲课。三天的课程中在场的人听得如痴如醉，后悔那么晚才来听老师的课程。

为什么一个生活上的“残疾人”却是事业上的超人？原因很简单，就是老师他在课堂上说的，他也做到了，即：**成大业，要做到“断绝”。从上大学到现在，他把所有的注意力全部放在了讲课上，与演讲无关的事情他一概不关心，一概不过问，一概不参与，这种情况持续了20年，最后成就了这位商业演讲超人。**

演讲时，断绝一切干扰。

每个人的时间、精力、资源都是有限的，生命的长度也是有限的。如果你将自己的生命投放在很多事情上，每件事情都做不到极致！因此，你必须将你的所有，注意，是“所有”，投放于一点，focus（聚焦）， focus（聚焦），再focus（聚焦），才能成功，这就是我强调的“断绝”，断绝一切与梦想无关的事情。

小A为什么赢了小B

举一个生活中的真实案例。

在一家公司里，有两个员工，小A与小B，他们共同负责一个项目。

小B做事很认真，小A做事很用心。一个认真，一个用心，他们的差别在哪里呢？

比如上厕所，男人都是站着放水。放水时，头都是平视前方，一般情况下前方有什么？有一面墙，对不对？有人说前方是天空，那你一定是在户外放水。小B放水时，看着墙上“亮角落传媒”框架上的笑话，看完微微一笑，出了厕所的门就忘了笑话是什么了。

再看小A做了什么。每次他的放水时间都是最长的。因为他喜欢一边放水一边思考项目中的技术难点。**他有一个习惯：不想到技术难点的完美解决方案，他坚决不停止放水。**所以，每次放水完毕，他都能想出令人拍案叫绝的工作灵感。

同样的一次上厕所，会产生不同的工作成果！

再看看吃午饭。小B在食堂点了一份米饭、一份鱼香茄子，边吃边跟同事们闲聊，话题无非就是这周上映了什么美国大片，哪个女明星被导演“潜规则”了，隔壁王老四结婚两年了为什么还没有孩子……我问大家：这些话题跟他的事业有没有关系？没有！这些话题跟他负责的项目有没有关系？没有！

再看小A做了什么。他也点了一份米饭和一份鱼香茄子。但是他吃饭有一个怪癖：手里拿着筷子夹菜，嘴里嚼着饭菜，但是根本不知道菜的味道，因为他脑子里依然在思考自己负责的项目。不思考出一个让大家信服的方案，他坚决不出食堂的门。即使与同事们聊天，也只谈与项目和工作相关的话题，**他从不谈论与目标无关的事情。**（这就是“断绝”九段高手的表现）

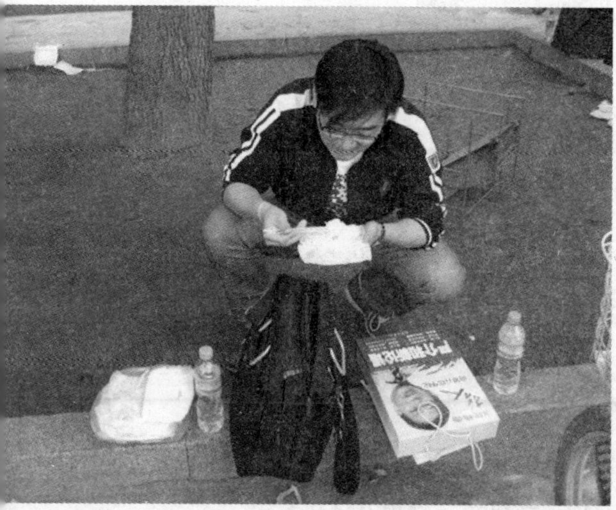

去听世界大师的演讲，中午蹲着吃盒饭

吃完同样一份米饭和鱼香茄子，两个人得到的结果大不相同：小B吃饱了肚子，清空了脑子，走人；小A吃饱了肚子，同时也“吃饱”了脑子，才走。同样一次吃饭，两个人的内功增长程度有着天壤之别。

每天，小B的工作时间是8小时，小A的工作时间也是8小时，但是小A工作时间之外依然痴迷于工作的时间达到了8个小时。也就是说，他每天比其他同事多工作了8个小时，10天里他就比别人多工作了80个小时，100天里他比别人多工作了800个小时。同样在3个月的时间里，其他人花在工作上的时间是3个月，而小A花在工作上的时间是6个月！整整多出一倍！

这样日复一日，年复一年，人与人的差别就此产生。10年以后，小B还是小B，而小A有了一个不同的身份——这家公司的董事长。所有同事都佩服他，在专业技术方面他是绝对的“独孤求败”。

小A为什么可以成功？因为他坚决斩断一切与目标无关的事情，成功者也是普通人，但是他能斩断一切干扰。我再重复一遍。**成功者，可以坚决斩断一切与目标无关的干扰**！我想告诉大家的是——要

成功，你就要学会断绝。断绝一切与你的目标无关的事情，只做与你的目标有关的事情。

怎样做到“断绝”

有的人就问了，如果我是一个有全职工作的人，必须在8小时的工作时间做公司里的事情，怎么办？答案是：24－8＝16！除去8小时的工作时间，你不是还有16个小时的自由时间吗？一天用16个小时来做与你的目标有关的事情，足矣！

又有人问了，这16个小时里我还要吃饭、嘘嘘、洗洗，不能做别的事情，怎么办？没关系！吃饭、嘘嘘还有洗洗的时候，你的大脑依然可以思考完成目标所需要的一切步骤、一切细节、一切要点等等。试想，一边沐浴，一边冥想自己痴迷喜爱的事情，将会产生多么大的快感！爽还来不及呢！

又有人问了，在这16个小时里，我还要睡觉，怎么办？没关系！你睡你的觉，但是做的梦必须与你的目标有关！睡觉的5～8个小时里，如果脑子里飘荡的全是你的目标，口中喃喃有词的全是你的目标，磨牙都是为了咬牙切齿地决心完成你的目标，甚至梦游都是不自觉地一步一步走近你的目标。恭喜你！你已经具备了成就大事的必备素质——梦盈魂牵！

如果你能持续地、不间断地、风雨无阻地、死皮赖脸地“梦盈魂牵”，我跟你打赌，你的梦想百分之一万会实现，我认定，确定，以及肯定！

还有人问，如果…… Shut up!哪来那么多“如果”？“如果”你有那么多的借口，我恳请你还是做回普通人好了，不要想与成功有关的事情！**要成功，你要先学会“断绝”！如果你对自己“普通人”的身份已经受够了，请从今天开始，练习“断绝”！断绝所有与目标无关的事情，只做与目标有关的事情！梦盈魂牵地去做吧！**

第19个秘密

一位年轻女董事长的47条忠告

反思：你每天看电视的时间是多少？

反思：你每天上网的时间是多少？

1. 记住，平均每天看电视超过三个小时以上的，一定都是那些月收入不超过两千元的。如果你想要月收入超过两千，请不要把时间浪费在电视上。同样的道理，那些平均每天玩网络游戏或聊天超过三个小时以上的，也大都是那些月收入不超过两千的。

2. 因为穷人很多，并且穷人没有钱，所以，他们才会在网络上聊天抱怨，消磨时间。你有见过哪个企业老总或主管、经理有事没事经常在QQ群里闲聊的吗？

3. 这个世界，有这么一小撮人，翻开报纸，是他们的消息，打开电视，是他们的消息，街头巷尾，议论的是他们的消息，仿佛世界是为他们准备的，他们能够呼风唤雨，无所不能。**你的目标，应该是努力成为这一小撮人。**

4. 如果，你真的爱你的爸妈，爱你的女朋友，就好好的去奋斗，去拼搏。这样，你才有能力，有经济条件，有自由时间，去陪他们，去好好爱他们。

5. 这个社会，是快鱼吃慢鱼，而不是慢鱼吃快鱼。

6. 这个社会，是赢家通吃，输者一无所有。**社会，永远都是只以成败论英雄。**

7. 如果你问周围朋友一件事情，十个人中间九个人说不知道，那么，这是一个机遇；十个人中间九个人都知道了，这就是一个行业。

8. 任何一个行业，一个市场，都是先来的有肉吃，后来的汤都没的喝。**（又是我在《凶猛成长》书中第十课讲的“天道酬早”）**

9. 这个世界上，一流的人才，可以把三流项目做成二流或更好，但是，三流人才，会把一流项目，做得还不如三流。

10. 趁着年轻，多出去走走看看。读万卷书，不如行万里路，行万里路，不如阅人无数。

11. 与人交往的时候，多听少说。这就是，上帝为什么给我们一个嘴巴两个耳朵的原因。

12. 记得，要做最后出牌的人，出让别人觉得出其不意的牌，在他们以为你要输掉的时候出牌，这样，你才能赢得牌局。

13. 不要装大，对于装大的人，最好的办法就是，捡块砖头，悄悄跟上去，一下子从背后放倒他。

14. 不要随便说脏话，这会让别人觉得你没涵养，不大愿意和你交往。即使交往，也是敷衍。因为他内心认定你素质很差。

15. 想要抽烟的时候，先问一下周围的人可不可以，要学会尊重别人。少在女生面前耍酷抽烟，你不知道，其实她们内心很反感。

16. 买衣服的时候，要自己去挑，不要让家人给你买，虽然你第一第二次买的都不怎么样，可是，你会慢慢有眼光的。（**任何事情，注意我的措辞，是“任何事情”，都可以通过“练习”变得更好。**详见《凶猛成长》书中第一课《从菜鸟到大师的距离》）

17. 要想进步，就只有吸取教训，成功的经验都是歪曲的，成功了，想怎么说都可以，失败者没有发言权，可是，你可以通过他的事例反思、总结。**教训，不仅要从自己身上吸取，还要从别人身上吸取。（这就是我在本书第27个秘密中提倡的“吸星大法”）**

18. 学习，学习，再学习，有事没事，去书店看看书，关于管理、金融、营销、人际交往、未来趋势等这些，你能获得很多。这个社会竞争太激烈了，你不学习，就会被淘汰。2008年年底，中国有一百多万大学生找不到工作。竞争这么激烈，所以，你一定要认识到，**大学毕业了，不是学习结束了，而是学习刚刚开始。**还有，我个人推荐一个很好的视频节目：《谁来一起午餐》。

19. 如果你不是歌手，不是画家，也不是玩行为艺术的，那么，请在平时注意你的衣着。现在这个社会，衣着能表现出你属于哪一个群体，哪一个圈子。

20. 一个年轻人，如果三年的时间里，没有任何想法，他这一生，就基本这个样子，没有多大改变了。

21. 成功者就是胆识加魄力。曾经在火车上听人谈起过温州人的成功，说了这么三个字，“胆子大”，这其实，就是胆识。而拿得起，放得下，就是魄力。

22. 无论你以后是不是从事销售部门，都要看一下关于营销的书籍。因为，生活中，你处处都是在向别人推销、展示你自己。

23. 平时，多和你的朋友沟通交流一下，不要等到需要朋友的帮助时，才想到和他们联系。到了社会中，你才会知道，能够认识一个真正的朋友有多难。

24. 如果你想知道自己将来的年收入如何。找你最经常来往的六个朋友，把他们的年收入加起来，除以六，就差不多是你的了。这个例子，可以充分地说明一点，物以类聚，人以群分。

25. 给自己定一个五年的目标，然后，把它分解成一年一年，半年半年的，三个月的，一个月的。这样，你才能找到自己的目标和方向。

26. 无论什么时候，记住尊严这两个字，做人是要有尊严的，有原则的，有底线的。否则，没有人会尊重你。

27. 如果我只能送你一句忠告，那就是，这个世界上没有免费的午餐，永远不要走捷径。

不想穷下去就看下面的忠告

无论你是男人还是女人，想成功，下面就是你必须要做到的：

1. 这是个现实的社会，感情不能当饭吃，贫穷夫妻百事哀。不要相信电影里的故事情节，那只是一个供许多陌生人喧嚣情感的场所，只有不理智和不现实的人才相信。

2. 给自己定目标，一年，两年，五年，也许你出生不如别人好，通过努力，往往可以改变70%的命运。破罐子破摔只能和懦弱做朋友。

3. 朋友请你吃饭，不要觉得理所当然，请礼尚往来，否则你的名声会越来越差。

4. 好朋友里面，一定要培养出一个知己，不要以为你有多么八面玲珑，到处是朋友，最后真心对你的，只有一个。

5. 不要相信算卦、星座、命理，那是哄小朋友的。**命运掌握在自己手中，坐在家里等什么房子、车子，还不如睡一觉做个好梦。**

6. 不喜欢的人少接触，但别在背后说坏话。说是非之人，必定是是非之人，谨记：祸从口出。

7. 少玩游戏，这不是韩国，你打不出房子、车子和资本。可以有爱好，但要把握尺度，少玩农场、牧场、斗地主等一些高度吸引人思想的晋级游戏。也许你的级别很高，但不代表你有多么成功，反而会影响和占据你成功的时间。

8. 是人都有惰性，这是与生俱来的，但是我们后天可以改变这种惰性，因为有很多人正在改变。对于某种事物或是生意不要等别人做到了，你才想到。不要等别人已经赚到钱了，你才想去做。**没有人相信的是机遇和市场，大家都相信的叫做幻觉和膨胀。**

9. 知道自己要干什么，夜深人静，问问自己将来的打算，并朝着那个方向去实现。而不是无所事事和做一些无谓的事。

10. **出路、出路，走出去了，总会有路。困难、苦难，困在家里就是难。**

走出去了，总会有路。

11. 作为女人，不要认为事业跟自己没关系，以为自己就是洗衣服、做饭、看孩子，那是大错特错的。**每一个女人都应该追求“财智丽”，即：财富、智慧和美丽。**

12. 做人，要做到：万事孝为先，教童品之道，夫妻和谐美，幸福万年长。但这些不是拿来用嘴说说就能办到的，要用心去做，并一直坚守。

13. 空闲时间不要经常上网做无聊的事，也不要玩一些没有意义的游戏，读点文学作品，学习一些经营流程、管理规范、国际时事、法律常识。这能保证你在任何聚会中都有谈资。

14. **宁可错杀一千次来自各方面的信息，也不放过任何一个有可**

能成功的机会。只有这样你才不会去买后悔药。

15. 要做一件事，成功之前，没有必要告诉其他人。成功之后不用你说，其他人都会知道的。这就是信息时代所带来的效应。

16. 头发，指甲，胡子，打理好。社会是个排斥性的接受体，这个星球所需要的艺术家极其有限，请不要冒这个险，就算你留长头发比较好看，也要尽量给人干净的感觉。

17. 不要以为你是个男人就不需要保养。至少饮食方面不能太随便，多吃番茄、海产品、韭菜、香蕉，这都是对男性健康有益处的食物。你要是看不到价值，我可以告诉你。至少你能把看病节约下来的钱给你的女人多买几种化妆品。

18. 力求上进的人，不要总想着靠谁谁，人都是自私的，自己才是最靠得住的人。

19. 面对失败，不要太计较，天将降大任于斯人也，必先苦其心志，劳其筋骨，饿其体肤……但要学会自责，找到原因，且改掉坏习惯。二十岁没钱，那很正常；三十岁没钱，可能是没有好的家境，需要更大的努力；四十岁没钱，只能自己找原因。**穷人变成富人是可能的，而且很可能**。有的穷人穷一辈子，也是必然的。存在就是理由，只是有所选择。

20. 每个人都有成功的机会！就看你给不给自己机会！

第20个秘密

让自己变大，让世界变小

一个周日，我去逛沃尔玛超市，看见一只被五花大绑的螃蟹从标价16.8元的冰柜里往标价28.9元的冰柜里爬。当时我感慨不已，对螃蟹说："蟹哥，你TM太有上进心了！懂得把自己卖得贵一些！"连一只螃蟹都立志于爬到价格高的冰柜里，懂得增加自我价值，那么我们人呢？

与这只螃蟹相比，太多的人忘却了自身的价值，忘记了自己在世界上独一无二的价值，太多的人们在残酷的现实面前跪倒在地，他们不是忘记了自己的梦想，而是不敢再提起自己的梦想。

所有的高手都是紧盯梦想

我曾经看过这样一个故事，叙述了功夫高手训练自己的方法。

一天，一位功夫高手独自走进一间房子，房子四周不同的地方贴着有字的纸，这时候突然有五六个人进攻过来，功夫高手需要一边抵御来自四周的进攻，一边把墙上的字读出来。这种方法就是练习专注力，就是重复地告诉练习者，你真正的目标不是来自各个方向的进攻，而是贴在墙上的字。

做一个生活的"功夫高手"

生活大师和功夫高手一样，他们每天都遭到残酷甚至残忍的现实不断进攻，却依然能够专注于梦想，专注于自己儿时的志向。尤其在今天的中国，你的进攻对手不是5个，而是50个，500个。

刚刚毕业，你深爱着女朋友，这时候她妈过来给你一个上钩拳，没房没车，No Way！

刚刚工作，你渴望取得成就，你的老板突然给你一个右摆拳，下班后继续干！一直到我走你才能走！

你当年最他妈看不上眼的同班同学也给你一个正踹，他通过老爸找到一份好到你恶心的工作……

当你每天要坐一个小时的BMW回家——先是Bus（公交车），然后转Mentro（地铁），然后再Walk（走路）一段。（如果你生活在北京、上海这种超大人口城市，恭喜你，你上下班的往返是FBMW，在公车和地铁上，你有一半时间是在双脚离地的Fly）。当你晚上回到租住的小屋，瘫倒在床上的时候，你是否还记得要抵御这些进攻？你是否还记得看看墙上面的字，专注于你的梦想和志向？

任何人做事情无非就是两种动机：第一远离动机，第二追求动机。你想变成富翁是怕穷，这是远离动机。这种动机就比如你在穿越丛林，突然碰上一只老虎，恐惧会驱使你没命地奔跑，一旦脱离了猛虎的追赶获得安全就丧失了继续奔跑的理由。而追求动机，则是为了前方的理想奔跑，你被你所做的事业和将来的前景所激励、所感动，在你成功之后会发现，赚的钱只是这个过程的副产品而已。

一种是为了逃避追赶而逃命奔跑，一种是为了追求光明而拼命奔跑，哪种更持久？后者跑得更加持久。因为你看到的是前方的光明，逃离的是身后的黑暗，看到的是实现人生志向的无限美好，逃离的是惶惶不可终日的卑微的日子。

如果我是那个功夫高手，我会先走入房间，然后大吼一声！等到他们攻击的时候，打倒一个离我最近的人，然后扭头就跑，把那些目瞪口呆的攻击者都抛在脑后，我跑动起来，奔向那些字，大声地把字念出来，让头发迎风飘扬。

记住，当你被现实痛苦地攻击时，请问自己：我此生究竟想要什么？请你盯紧你的梦想，而不是你的敌人！

柳传志为什么肯牺牲个人利益

柳传志，是联想集团有限公司董事局主席，中华全国工商业联合会副主席，中共十六大代表。被评为“全球25位最有影响力的商界领袖”、“亚洲最佳商业人士”、“中国经济十年商业领袖”、“中国改革风云人物”、“CCTV中国经济年度风云人物”，还被公认为“中国企业家在世界上的金字招牌”。

我想问大家：跟他一样在中关村起家的企业家有很多，跟他一样在信息传输、计算机服务和软件业取得巨大成就的人也很多，跟他一样在中科院研究所做研究员的人更多。为什么唯独他自己成为叱咤风云、万人敬仰的企业家？

有一件事情足以说明背后的奥秘。

柳传志在创办联想的过程中，曾经与一位合作者相处得不愉快。当时他可以选择与那个人斗争，结果两败俱伤，也可以选择退让。而柳传志选择的是牺牲。把最好的房子、最好的车都给他，自己什么都不要，但是得到了一个管理人的权力。为什么柳传志把人人都想要的好房好车拱手让给别人？他自己不需要吗？他也需要，但是他有更大的志向，好房好车与自己伟大的志向相比就算不了什么了。**所以，敢牺牲，因为有大理想。任何牺牲在大理想面前，都不值一提！**

柳传志牺牲个人利益的做法，在我看来，很好理解，因为他有更伟大的志向——将联想办成世界上最伟大的企业，自己的志向是引领联想走向世界而不是与人争名夺利。有了这种志向，任何让人眼红的东西在他的眼里都是小利益，他根本看不上了。

胸怀理想，把世界变小

有时候，有理想的人，所做的事情是没有理想的人所不能理解的。

其一、胸怀理想的人会没事找事。跟你的职位似乎没有关系的事情你要去管，在别人的眼里这是“闲事儿”，只有你自己知道这不是“闲事儿”，而是早已包括在你的目标体系当中的，所以你一定要管。

其二、胸怀理想的人会把别人的事当成自己的事，甚至把全天下人的事当成自己的事。原因很简单，你的志向是胸怀天下，天下人的事儿自然被包括在你的目标体系当中了。有一个人的志向超越了历史上所有的人，他做的事也超越了那些人，这个人就是毛泽东。历史上的帝王将相，英雄豪杰，在毛泽东眼里，都算不上最成功的：“昔秦皇汉武，略输文采；唐宗宋祖稍逊风骚；一代天骄成吉思汗，只识弯弓射大雕。俱往矣。数风流人物，还看今朝。”毛泽东青少年时代，便具有以天下为己任的远大抱负，他说：**“天下者，我们的天下；国家者，我们的国家；社会者，我们的社会。我们不说，谁说？我们不干，谁干？**我们青年人的责任真是重大，我们应该做的事情真多，要走的路真长……**我就决心要为全中国痛苦的人、全世界痛苦的人贡献自己的力量。**”

我想问大家的是：现在那些喜欢、崇拜、追捧歌星影星们的年轻人，你们有谁能够在人生最宝贵的年龄说出如此震撼心灵的话？有些年轻人听了爱国、爱人民、爱世界这种“大空话”，甚至会觉得人民与我何干？社会与我何干？国家与我何干？世界与我何干？如果你眼里只有一两个影星和歌星，其他的都与你无关，我向你保证：这辈子你的全部宿命就是——做别人的粉丝！做一名默默无闻的观众！只能眼睁睁地看着别人精彩地活！

中国的历史证明，帝王者，无论有多大本领，也只能建功立业于当代，死后难免江山易主；圣贤者，虽可以依靠精神主宰千秋万代，死后成为“万世师表”，但又极少成就功业。为此，既要建功立业于当代，又要传精神于万代千秋。在毛泽东看来，最成功者，应当是君师合一，德业俱全的人。他说过：“建功立业要与万世师表结合起来！”毛泽东有着超越无数历史风流人物的伟大理想。我想告诉各位的是：**社会和天下都是我的，这个国家里任何一个老百姓的事儿都是我的事，这就是一位领袖的梦想。**

一个朋友告诉我：“**自己选的路，爬着也要走完。**”这句话让我感受到一个人对于梦想的坚定，让我的心震撼不已。**各位，如果你的生活还不尽如人意，你要做的就是：对自己的生命发问，找到自己的梦想——在生活的四面进攻之下，眼光炯炯，紧盯梦想！**

梦想，就像一座巨大的城堡，请你走进这座城堡，长久地生活在“梦想之堡”里，你会逐渐变得强大，站在城堡的制高点俯视远方，整个世界在你的脚下就会逐渐变小。

活在梦想里

在上海东方卫视《中国达人秀》的舞台上，卖菜大妈蔡洪平将意大利歌唱家帕瓦罗蒂的名曲《今夜无人入眠》改编成“送你葱，送你葱”的卖菜歌，迅速在网络走红。她也成为中国版“苏珊大妈”，被网民亲切地称为“菜花甜妈”。2011年6月26日，她站在了北京人民大会堂的舞台上演唱，歌词全是她叫卖蔬菜的内容，最后依然是那句

“送你葱！”。这位普通的卖菜大妈说：“我一辈子从来没有实现过愿望，哪怕最小的愿望都没有实现过。”这次她实现了一生中最大的愿望——站在人民大会堂的舞台上为全中国甚至全世界的人民表演！说实话，当时在电视机前观看这段节目，我被感动得热泪盈眶。从卖菜大妈到“菜花甜妈”，从平凡的追梦人到如今炙手可热的平民歌后，55岁仍追梦不止的蔡洪平为我们呈现了一种与众不同的美丽：**人因梦想而美！**动人的天籁之音固然美丽，坚强、自信、自强的灵魂更加美丽！每一个人都要小心翼翼地爱护自己的梦想！

你的成功不会超出你的梦想，所有成功者的成功都是想出来的，成大业者的成功就是他想得超级具体。人因为梦想而伟大，人所有的力量就是来自于两个字——“梦想”。我直接说，对于没有梦想，没有目标的人，很多人三十岁就死了，只不过到七八十岁才埋。

各位朋友，如果你总是看到不足并气馁，你就总是不行并卑微！

让我们回到标题那个问题：**是什么让自己变大，让世界变小？**我想你自己也可以回答了。**是梦想！是梦想让我们自己变大，是梦想让整个世界变小！**

现在，请问问自己：**现在的我还记得儿时的梦想吗？现在的我还在为儿时的梦想奋斗吗？**梦想是人生的GPS，让梦想在前，让我们紧随其后。**当你离梦想最近的时候，就是离自己最近的时候。**

无论世界怎样缤纷变幻，请专注于自己儿时的梦想，不气馁、不妥协、不放弃，用独一无二的梦想成就独一无二的人生。**让我们轻轻地唱起：“也许有一天，我慢慢老去，请把我留在，那梦想里，那梦想里……”**

无论世界怎样缤纷变幻，请活在自己的梦想里，自己成为自己的英雄！

菜花甜妈，“中国达人秀”年度亚军，新神曲“送你葱”原唱者。她和苏珊大妈同台献技，并在对决中完胜，创造了新的神话。苏珊大妈更是用中文道出“送你葱”三个字来表达了对其的敬意。她来自安徽农村，没受过任何专业训练，26个英文字母也认不全，却能完美演绎中英文歌曲，她的音乐天赋极强，华丽的高音和爆发力更是惊为天人。她长相甜美，是菜市场之花，故被网友称为“菜花甜妈”、“平民天后”。

奋斗贴士——

请写下你此生唯一的梦想

我的梦想是：______________________________！

第21个秘密

成为领袖的第一条铁律——人低为王

我被同事和朋友们称作“workaholic”（工作狂），平时很少休闲娱乐，屈指可数的放松方式就是看电影，而且只看港片，港片中看得最多的就是周星驰的电影。除了周氏搞笑、夸张的表情、独一无二的无厘头，还有一个重要的原因——可以在他的电影里找到自信和幸福感。他成功塑造了社会底层的小人物，让我知道世界上还有很多人活得不如意，对比之下，我这种生活还算比较惬意的。他和他的电影让我明白了：**幸福，不是一种真实，而是一种比较。**

我们来看看周星驰塑造的最著名的6个角色：

《武状元苏乞儿》：他扮演命运悲惨，沦为乞丐的落魄武状元；

《食神》：他扮演被手下人算计、陷害的倒霉厨师；

《喜剧之王》：他扮演无论怎样努力，始终不得志的小演员，被称为“千年龙套”；

《功夫足球》：他扮演在街头捡废品的乞丐；

《功夫》：他扮演到处装腔作势、骗人钱财的小混混；

《长江七号》：他扮演一个穷困潦倒的建筑工人，带着儿子艰难地生活……

在电影中，我们会看到世界上有许多比我们生活更艰难的人，与他们相比，我们已经相当幸福了。其实，与周星驰“作践自己”的风格类似的还有小沈阳（故意不男不女）和赵本山（只扮演农村大爷）。他们师徒也是通过放低自己，博得观众一笑而成功的。郭德纲在成名之前笑称自己是“非著名相声演员”，也会让观众们感受到他

周星驰（1962年6月22日— ）生于香港，著名电影演员，兼导演、编剧、电影监制以及电影制作人。有香港“喜剧之王”之称，亦是“无厘头”电影始祖，在华人世界具有极大影响力和知名度。在至今为止的华语片香港票房的TOP50排行榜中，“双周一成”的影片占了39部，为78%，其中由周星驰主演的影片就有《功夫》、《少林足球》等18部，占了36%，且在TOP20中周星驰有10部影片入围，这可以说是香港电影的一个奇迹。

的谦逊和朴实。放低自己，扮演小角色讨好观众，这一招看似简单平常，其实，其中包含大智慧。

周星驰的智慧

一般人是如何获得自信的？是通过比较。你比较好，所以我就没有自信；我比较好，就变成你没有自信。而每一个人都希望得到认同、得到自信。

所以，周星驰在电影中10部片子有9部是演被人嘲笑、被人欺辱的小人物，他能让所有人都觉得："我比这家伙强多了。"但是影片的最后，周星驰一定会战胜强敌，反败为胜，扬眉吐气……

周星驰的每部电影，都是讲述小人物成长为大人物的故事。

《功夫》是一个典型的例子。你看到电影里的包租婆，丑得超出人类的想象，周围的居民也是可怜兮兮，惨不忍睹。周星驰为什么爱找很丑的演员？是因为周星驰为了让亿万个相貌平平的观众看到，连"长得如此随意"的人都能成功，那自已也可以从中找到成功的希望，找到成功的自信。

成大业者，很多人愿意帮助其成就大业，为什么？理由是因为周围的人喜欢你、认可你。别人为什么要帮助你？为什么喜欢你？因为你在他面前，能让他感到很舒服、很自在、很优越、很有成就、很有自信……周星驰深深了解这一点，所以——他成功了！

当你把自己当做一个人物的时候，没有人把你当做人物。现实很残酷，不是你觉得自己是人物你就是人物，而是你周围的人，包括你的亲戚、你的客户、你的朋友、你的同学都由衷地承认你确实是个人物的时候，你才真的是一个人物。**明智的人，是所有人不把你当回事儿的时候，你把自己当回事儿；当所有人把你当回事儿的时候，你不把自己当回事儿。**

我有一位企业家朋友，40多岁，身价十几个亿，后来出来给一些民营企业家讲课，非常受欢迎。我就问他："你经营企业是一等一高手，为什么讲课也如此成功？"他回答说："企业家们都很骄傲，谁都不放在眼里，我太了解他们了。所以给他们讲课，不能以权威、专家的身份出现，要以更低的姿态出现，比较容易被接受，所以，我在课上都是抬高他们，我就说‘**我不是来讲课的，今天我就是大家的玩具，大家随便拿去消遣**’。还说‘**我就是你们的药引子，你们成长了，我变成药渣了，就是我今天来的价值**’。”每当这样讲的时候，效果都很好，现场的企业家们会鼓掌欢迎他的演讲。

我在演讲时，会提到一个“Tee-up法则”——Tee是打高尔夫球用的小支球托，up就是把它垫高起来的意思。所有人打高尔夫球，在开杆的时候，都必须插下那个Tee，才有办法把球打飞起来。这就是Tee的作用——**把自己放低了（好像没有价值），再把对方垫高了（对方显得高大而有价值），结果自己就成了对方离不开的，最有价值的“Tee”。**

千万不要小看这个小球托

周星驰的票房之所以会高，不是因为他善于演喜剧片，而是因为他是一个“心理学专家”，他懂得真正的成功道理是——把别人垫高了，把自己放低，让别人有了“安全感”，让别人有了“快乐”，让别人有了“自信”，让别人有了“希望”，别人才会喜欢自己，自己才会顺顺利利地成功。这是一种引领大众的领袖思维，从这个角度来讲，**低调，是最牛B的炫耀。低手炫耀自己，高手照耀他人。**

面子是个什么东西

很多人觉得抬高别人、降低自己就没了“面子”，普通人最关注的就是“面子”，影响普通人最终命运的也是“面子”。中国人被“面子”、“脸皮”这个虚无的东西耽误了几千年，恰恰是这个东西扼杀了无数英豪，让一些有资质、有抱负、本来可以雄起的人一生都没有飞翔起来。

有一位成功的企业家在很多场合说：“我啥也不是，只是一条狗。”而很多普通人反复辩解自己不是狗。从这简单的一句话，你就可以看出人与人之间心理承受极限的巨大差别。

什么叫“脸皮”？

我的理解是：在你暂时还没有走到人生高峰之时，就没有“脸”，也不需要“脸”，只有“皮”。也许这话我说得有些偏激，但是如果你老想着要“脸”，就会束缚你的手脚，做这要顾及脸面，做那要顾及脸面，“面子”这架心灵的枷锁会让你感觉沉重，失去奋斗的渴望，失去飞翔的原动力，会让你被压在原地，动弹不得……

既然没有“脸”，还要什么“脸”？还要什么面子？还要什么虚荣？还要什么尊严？即使你要“脸”、要面子、要虚荣、要尊严，别人会给你吗？不会，因为你自身的筹码、自身的价值还没有大到别人非给你面子不可。

但是，会有人不给著名企业家面子吗？会有人不给州长、省长、省委书记面子吗？会有人不给总理、国务卿、议院议长面子吗？会有人不给参议员、中央政治局常委、总统、首相面子吗？

不会！因为他们自身的分量够足！世界如此现实，没成功之前哪来的“脸皮”？

我的建议是：在没有成功之前，先把“皮”揭下来放到一边，先去奋斗，以命相搏，等成功了再回来拿皮，这才叫“脸皮”。

我们应该感觉自己更像世间的一粒尘埃，卑微一些，再卑微一些。

永远记住：脸，是自己挣的，不是别人给的。

海比天低，故能容纳百川

中国有一句话，暗藏玄机，可惜很少有人理解其中的深意。这句话叫做“海纳百川，有容乃大”。什么东西可以容纳千百条河流？是宽广的东西吗？不，要说人世间最宽广的应该是天空，为什么不说“天纳百川，有容乃大”呢？因为天空高高在上，河流无法流向天空，大海地势足够低而且空间足够宽广，故能容纳世间的千万条河流。

周星驰的电影智慧和“海纳百川，有容乃大”这句成语的核心思想是——

第一、降低自己，抬高别人，方能共同成就。

第二、利他，方能达己。

复星集团总裁郭广昌对于“降低自己”有这样一段理解：“做小企业就是做一小部分人的孙子，做中型企业就是做更多人的孙子，做大企业就得学会做所有人的孙子。心态调整到这种程度我们才能把企业搞好。做孙子没有什么不好，首先大家会觉得你还在学习的状态，对你的缺点可能会稍微给一些建议，不会一棍子打死。”

我们公司一位副总裁曾经送给我一句话：**做事要高调，做人要低调**。我的一位朋友说得更加直接通俗：**做事要牛B，做人要傻B**。对这两句话，我都非常赞同。

华人首富李嘉诚在很多场合讲两个字——**“无我”，意思是：不以自己的想法为限，随时随地进入他人的世界**。君子就是可以用小人的话跟小人交流，但是小人无法用君子的话跟君子交流。**人低为王，要修炼“无我”精神，随时随地进入他人的世界，在他的世界里用“利他”的方式引导他**。低调，就是用**“淡定＋无我＋利他”**的心态来对待一生中遇到的人和事。修炼到此种境界，为人便能善始善终，甚至可以做到三年不鸣，一鸣惊人！

当一棵大树不再与天空试比高，而是与大地试比深时；当一棵大树不再注重枝繁叶茂，而是强大自己的内径时，它才真正能拥有高度和深度！低调，真的是一门深奥的人生智慧！

山不解释自己的高度，并不影响它的耸立云端；

海不解释自己的深度，并不影响它容纳百川；

地不解释自己的厚度，但没有谁能取代它万物之本的地位。

请你记住：成为领袖的第一条铁律——人低为王。

第22个秘密

成为领袖的第二条铁律——乐于分享

领袖思维，是在10岁以前开始形成的，大家相信吗？

你有没有发现有些孩子总喜欢跟比自己年龄大的孩子一起玩？你有没有发现有些孩子不管玩什么游戏必须他说了算？你思考过什么样的孩子具有领袖本能吗？告诉你一个秘诀，只需要看看你家的冰箱就知道一切。

一个孩子回家，一个人从冰箱里拿出好吃的，到自己的房间偷偷地吃；另一个孩子一回家，就带着十几个同学蜂拥而入，把家里的冰箱洗劫一空。你觉得这两个孩子谁更具有领导力和影响力，谁最后会有出息？

有人会说，如果我穷得一无所有，拿什么给予别人呢？

请看下面的对话：

穷人问佛：我为什么这么穷？

佛说：你没有学会给予别人。

穷人说：我一无所有，如何给予别人？

佛说：一个人即使没有钱，也可以给予他人五样东西——

1. 颜施，即微笑处事。

2. 言施，多说赞美和安慰的话。

3. 心施，敞开心扉对人诚恳。

4. 眼施，用善意的眼光看着别人。

5. 身施，以行动帮助别人。

当你一无所有的时候就练习给予，练习“分享美好”，逐渐的，你就会变得富有。

杜月笙乐于分享

杜月笙　近代上海青帮中最著名的人物之一。1888年8月22日，出生于上海川沙（今属上海市浦东新区）。四岁以前，母父相继去世，先后由其继母和舅父养育。杜为人机灵诡诈，善解人意，很快获得黄金荣的赏识，成为其亲信。1932年，杜月笙组织恒社，广收门徒，向社会各方面伸展势力。上海三大亨中，素有"黄金荣贪财，张啸林善打，杜月笙会做人"的说法。1951年携家逃往香港，当年病逝。

给大家讲一个上海滩大亨杜月笙小时候的故事。

杜月笙小时候，父母双亡，体弱多病，是一个孤儿，为了活下去他就投靠了上海滩著名华人巡捕、流氓大亨黄金荣。黄金荣会在月底的时候给手下的人发赏钱，但是他发现一个奇怪的现象：杜月笙每次领到钱总是第一个离开，消失得无影无踪，回来时身上的钱已经分文不剩。黄金荣一开始以为杜月笙拿到赏钱就去吃喝嫖赌了，后来实在不放心，就派一个人跟着他，看他到底干什么去了。

跟踪的人看到一件非常奇怪的事情：杜月笙拿到赏钱立刻跑到浦东老家的村庄里，找到以前的小伙伴。他的小伙伴有十几个人，有比他岁数小的，也有比他岁数大的，一字排开，只见杜月笙拿出换成零钱的赏金，一点一点地分到每一个小伙伴手里，最后分得一点不剩。

跟踪的人回来报告给黄金荣，黄金荣听后倒吸了一口气，缓缓地说："在我之后，上海滩的主人一定是杜月笙。"后来的结果与黄金荣断言的丝毫不差。

杜月笙为什么叱咤上海滩，比黄金荣更加成功？因为他身边有人替他卖命。为什么有人愿意替他卖命？因为他的性格中有一种领袖的天性——分享。分得越多，周围聚的人越多。

不管什么人，都不太可能只靠自己的力量成功，你身边的人越多，你取得的成就才可能越大。而这些心腹知己为什么会死心塌地地跟着你呢？**因为你乐于分享你的所有！**

任何人的工作都离不开与人打交道，如果你在带领团队，除了带领团队工作以外，还要带领团体分享工作的成果，分享工作的快乐，分享取得的成就和财富，分享人生的幸福。**你分享意愿的大小，决定了你在团队里的地位和威望。**没有人天生就是领导者，即使是世袭的皇位，也会被篡权的大臣夺走。**在商业时代，你只有愿意拿出自己的钱分给别人的时候，才会有人认你是老板。**

俞敏洪的"糖纸理论"

一个成功的团队领袖愿意自己吃亏，换来团队的满意。假设你有两颗糖，你把两颗糖都吃掉，只分给小伙伴们糖纸让他们收藏，你就是一个普通人，想都不用想；如果你把一颗糖分给别人，自己留下一颗糖，你就是一个小领导；但是，如果你把两颗糖全部分给别人，自己只留下糖纸舔一舔，看到小伙伴们吃糖比自己吃到糖更快乐更开心，你必成大业！

如果你想要拥有团队，一定要记住一个前提条件——你要学会和兄弟姐妹们去分享生活，分享你的物质财富，分享你的痛苦和快乐。**生命的丰富是因你的分享而成倍增长的。**

假如你有6个苹果，你留下1个，要把另外5个给别人吃。**当你给别人吃的时候，你并不知道别人能回报给你什么，但是你一定要先给予别人。**因为别人吃了你的那个苹果以后，他就会感恩。当他有了橘子，一定会给你一个，因为他记得你曾经给过他一个苹果；有人买了香蕉，他就会分你一个；有人有了草莓的时候，也会分你一些……

最后，你得到的水果总量可能不会增加，还是6个水果，但是你生命的丰富性成倍增加。你看到了6种不同颜色的水果，尝到了6种不同的味道，更重要的是你学会了在6个人之间进行人与人最重要的精神、思想、物质的交换。**这种交换能力一旦确立，你在这个世界上就会不断得到别人的帮助。**

20世纪90年代初的俞敏洪为什么能够把新东方做大？因为他汇聚了王强、徐小平、杜子华、江博这些一等一的英语教学人才。为什么他可以把这些人聚在新东方的麾下？**因为他懂得自己需要的也是别人需要的，他肯把自己需要的东西分给别人，大家聚在一起力量巨大。**自己需要利益和荣誉，别人也同样需要，他就把利益和荣誉分给别人。利益和荣誉不是越分越少，而是越分越多。**有一句话叫做“用友者王，用师者霸”。朋友和师长为什么被你所用？因为你肯拿出别人满意的利益与他们分享。**所谓“财散人聚”，就是这样的道理。

徐小平、王强等人回国之初，创业资金紧张，俞敏洪慷慨解囊，予以资助，并没有要求什么回报。而徐小平等人感动于俞敏洪的“无私”，在发展自己的业务的同时，也自觉提升“新东方”的品牌力。徐小平义务担任了新东方的出国移民咨询，这是一项新东方提供给学员的免费咨询服务，有效地提高了新东方的整体竞争力。

正是被俞敏洪这种“分享”思想所打动，口语、电影教学专家杜子华带着他创办的“理想”学校，加盟了新东方。他将自己发明的“电影听力学习法”大范围推广，这种愉快轻松的学习方式让学员不仅能够完全看懂听懂影片中的所有对白，而且还能够充分地理解片中的风土人情、民俗民风、方言俚语。

俞敏洪当时给杜子华提供的条件是：当时，新东方教师一节课300元，杜子华加盟，每节课的课酬翻一倍，达600元；口语班合并到新东方，交给学校15%的管理费，其余归杜子华。杜子华觉得非常划算，既不掉自己身价，又省去自己办学的劳心费神，还可以利用新东方的品牌多招生，何乐而不为？于是双方一拍即合。

新东方TOFEL考试培训，词汇、逻辑、阅读、填空是最好的，如今再加上杜子华在“听力”方面的强大优势，大大增强了新东方的整体实力，各取所需，皆大欢喜。

请让孩子从小就学会乐于分享

深谙“分享”之道的俞敏洪带领新东方进入了第二个发展阶段，实现了快速扩张。1994年新东方拥有学员不足4000人次，而到了2001年，培训过的学员人数已经超过了20万人次。新东方还建立了相对完备的出国考试培训、基础外语培训、出国留学教学体系，并迅速扩张到全国多座大城市，真正称霸于国内英语培训市场。日后虽然相继出现了环球雅思、戴尔国际英语、华尔街英语等强劲对手，但是新东方的品牌形象已经深入人心，其“培训界航空母舰”的地位难以动摇，并在2006年在美国成功上市，继续引领中国英语培训界，这一成就的取得是任何一个习惯于单打独斗的“大侠”难以想象的。

新东方之所以可以快速做大，并在美国纽交所上市，要归功于俞敏洪以及他身边的无数优秀人才，这些人才之所以聚在俞敏洪周围，就是因为他乐于分享，让所有人获益。

请你记住：成为领袖的第二条铁律——乐于分享。

第23个秘密

成为领袖的第三条铁律——包容一切

一个小和尚遁入空门以后，老是抱怨生活太清苦、太不顺。师傅让他端来一杯水，一包盐，说：“把盐放入水里，喝一口！”

小和尚喝完说：“好咸！”

师傅笑笑，把小和尚带到湖边说：“把盐撒在湖里，喝一口！”

小和尚喝完说：“很甜！”

师傅说：**“生命中有痛苦是一定的，但痛苦的程度不取决于痛苦的大小，而是取决于容纳痛苦的心胸！”心胸小，痛苦相对就大；心胸大，痛苦相对就小；心胸宽广，痛苦就会显得微不足道。**

领袖的胸怀

普通人生活中有种种困苦和不幸，领袖同样如此。一个人当了领袖，就会被人骂。骂你的有敌人、有内部的对手、有自己的下属，甚至有身边的心腹。但是你根本不必回头去看骂你的人是谁。如果有一条疯狗咬你一口，难道你也要趴下去反咬它一口吗？请包容那些低级的咒骂，包容那些骂你的可怜的人们。中国有句古话“宰相肚里能撑船”，一个人肚子里都能撑船了，这得需要多大的空间？宰相是一个国家的领袖，可以说整个国家的重量都要扛在身上，这个国家所有人的吃喝拉撒、衣食住行都得管，所有的烂事、破事、肮脏事都能看得到，如果没有一定包容力的话，宰相早就被整个国家的重量压死了。

十几年前，联想集团主席柳传志开始重点培养杨元庆，想让他成为自己的接班人，将来掌管联想，因此他们之间的关系也像父子一样亲密。有一次，柳传志对当时略显青涩的杨元庆说：“人生在世，注定要受许多委屈。**而一个人越是成功，所遭受的委屈也越多，他的包容力必须越大。要使自己的生命获得极值，就不能太在乎委屈，不能让它们揪紧你的心灵。要学会一笑置之，要学会超然待之，要学会转化势能。**智者懂得隐忍和包容，原谅周围那些人，**让我们在宽容中壮大。**”听完这番话，杨元庆顿悟，从此按照柳传志的话去修炼，终成正果。

一个男人的心胸，是被委屈撑大的。同样，一位领袖的坦荡胸怀也是通过来自各方的进攻修炼而成的。要成为领袖，你必须拥有绝对的包容力，包容朋友的质疑，包容家人的误解，包容团队的不完美，甚至包容对手的冷箭……

有一位企业家，20年前在北京创业，成立了一家培训公司。在公司很小的时候，与对手竞争得非常厉害。对手是一个标准的东北悍妇，多年前下岗，为了生存下来，不择手段，心狠手辣。有一次，这位企业家的市场人员去张贴海报，与悍妇手下的市场人员相遇，两方各不相让，就动起手来。悍妇手下的市场人员是地痞出身，抽出刀子一下子捅伤了这位企业家的员工，从此两家就接下了梁子（仇恨）。悍妇甚至放出话来，谁敢挡她的财路，她就捅谁。

几年后，悍妇公司的所有员工集体罢工，要求涨工资，她实在没办法，就找到了这位企业家寻求帮助。企业家心地极其善良，有大慈大悲之心，立刻派出自己的员工为悍妇的公司工作一段时间，解了她的燃眉之急，还对她说以后有事需要帮忙尽管说。从此，悍妇彻底被这位企业家的宽容之心降服，在江湖上再次放出话来：谁与这位企业家为敌，老娘就以谁为敌！从水火不容到化敌为友，中间的桥梁是什么？是慈悲之心，是包容之心，是包容一切的胸怀。

领袖，必须是一个坦荡的人，不坦荡就没有机会降服众人。你能容纳多大的事情，你就能成就多大的事业。

为什么有人感谢佛祖，连一些罪大恶极的罪犯都感谢佛祖？一个罪犯犯下了滔天罪行，众叛亲离了，谁也不理他，只有佛祖慈祥地对他说：“皈依我佛吧。”罪犯说：“谁都不原谅我，你能原谅我吗？”佛祖说：“放下屠刀，立地成佛。我度你。”这个罪犯被佛祖包容了，解救了，解脱了。这个罪犯憎恨世上所有的人，唯独对佛祖毕恭毕敬，为什么？原因是：**无论这个罪犯曾经犯过什么滔天罪行，佛祖都能原谅过去的他，并能包容现在的他。**

我有一个同事是80后，年纪轻轻24岁就成为部门主管，而且做得非常成功，他部门的业绩越做越好，员工数量越来越多。在同一家公司当中，同级的部门有6个，为什么唯独他的部门日益壮大呢？后来我发现一个奇特的现象，他的部门就是一个“垃圾收容场”，哪个部门不要的、开除的员工他都要。奇怪的是，这些人到了他的部门居然都成了一个个骁勇善战的好员工。**可见，没有不好的员工，只有没有包容力的领袖。其实，每个人都是人才，只要放对了位置。**我的这位同事能够包容这些问题员工，并且识别出每个人的优势，将他们放到合适的位置，从而产生巨大的竞争力。这才是一个领袖应该具备的眼光和气度。**容人才能聚人，聚人才能成事**，这是这位年轻主管成功的奥秘所在。

领袖与领袖比的是什么？就是包容力。一个人能力很强，但吃喝嫖赌，就像《狼毒花》里的阿发一样，别的老板都不敢用，离他远远的，你上去对他说：“到我公司来吧！”你猜猜这个人会有什么样的反应？他会跟着你赴汤蹈火，再所不辞！

中国共产党的三大法宝之一——统一战线

当年力量弱小的共产党为什么打赢了军队数量N倍于自己的国民党？因为包容力！包容力，是一个人或者一个政党“做加法”的能力，会做加法，跟你一伙的人会越来越多，你的实力会越来越大，从而将“敌强我弱”的形势化为“敌弱我强”。

注：中国革命的三大法宝——统一战线、武装斗争、党的建设

农民，国民党四大家族包容不了，共产党包容；

工人，国民党四大家族包容不了，共产党包容；

爱国学生，国民党包容不了，共产党包容；

民主党派，国民党包容不了，共产党包容；

人民团体，国民党包容不了，共产党包容；

甚至俘虏，国民党包容不了，共产党包容……

把农民、工人、爱国学生、民主党派、学生团体，甚至俘虏统统包容进来，不断地做“+”（加法），为我所用，就凝结成了强大的军事和社会力量，这就是我党的三大法宝之一——统一战线。这就是一个政党有足够包容力和伟大胸怀的表现。

南非黑人总统曼德拉曾经被关押27年，受尽虐待。他就任总统时，邀请了三名曾虐待过他的看守到场。曼德拉缓缓起身，恭敬地向看守致敬，在场所有人乃至整个世界都静了下来。他说：“当我走出囚室、迈过通往自由的监狱大门时，我已经清楚，**自己若不能把悲痛与怨恨留在身后，那么我仍然生活在狱中——生命要给人力量，而不是负担！**”怨恨是一个人自由飞翔的最大牢狱，如果你能包容了过往的仇恨，也就放下了心头的重负，才能像天使般轻盈地飞向下一个人生高峰。

请你记住：成为领袖的第三条铁律——包容一切。只有心胸宽广，方能纵横天下。

第24个秘密

成为领袖的第四条铁律——使全员强大

我想问问大家：郭德纲与牛群、李金斗、石富宽等相声演员相比，现在谁更火？你一定回答：郭德纲更火。为什么呢？其他相声演员只凭自己的一张嘴，而郭德纲手下有一群相声演员，组成的团队叫“德云社”，一张利嘴战一群利嘴，你说谁输谁赢呢？

德云社和赵本山的成功秘密

大家都知道，“德云社”是一个运营十分成功的民间艺术团体，它的成功不仅仅依赖于郭德纲一个人的表演，而是依赖于“德云社”众多相声演员的群体表演。除了郭德纲和于谦这对绝配搭档之外，很多年轻的观众还喜欢看“德云四少”曹云金、李菁、何云伟、刘云天的表演。虽然后来这几位演员已经陆续离开了德云社，但是又有新相声演员补充了进来。只要相声演员的团队还在，德云社的市场吸引力就还在。

“德云社”最初由相声演员郭德纲创建于1995年，经历了十余年的风雨历程走到今日实属艰辛，然值得欣慰的是经过郭德纲和众多位新老相声演员的不懈努力，德云社正在逐步走向辉煌。

举一个反面的例子，近几年上海有一个演员叫做周立波与郭德纲互不服气，还打过嘴仗。在我看来周立波也很成功，但是他的成功只依靠自己独自表演的“海派清口”，没有任何团队支撑，这是很难长久持续下去的，除非周立波收徒传艺，或组成一个多人组成的“海派清口团队”，与自己的表演互为补充，相得益彰。否则，周立波一定干不过郭德纲。不信，走着瞧，十年以后，看看市场上还剩下谁。

再问大家：赵本山和黄宏、潘长江、蔡明等小品演员相比，谁更成功？你一定回答是：赵本山更成功。为什么呢？

赵本山早期靠个人演小品成功，现在靠“本山传媒”麾下的徒弟们持续他的辉煌。“刘老根”大舞台以及《马大帅》《刘老根》《乡村爱情》电视剧的成功都来自于这些徒弟们的精彩表演。小沈阳、丫蛋、于月仙（《乡村爱情》扮演谢大脚）、刘流（《乡村爱情》扮演刘大脑袋）、程野、王金龙、王小利（《乡村爱情》扮演刘能），赵本山的徒弟们个个都成为了家喻户晓的演员。

一位艺人再成功，他的光辉能够照耀多久？一个人的艺术生命是有限的，但是一个成熟团队的艺术生命，从长度和广度来讲，有可能是无限的。**一个成功的艺人，必然是一位擅长“培养徒弟，经营徒弟”的领导者。**小艺人害怕“教会徒弟，饿死自己”，大艺人乐于“教会徒弟，撑死自己”。他有胸怀培养徒弟，培养徒弟的徒弟，以及徒弟的徒弟的徒弟，“子子孙孙无穷匮也”。**一个艺人的成功，必然源于他懂得了并且做到了“全员强大”。**如果一个艺人不仅德艺双馨，而且懂得经营团队，观众和后人就不会再用“艺人”来称呼他，等待他的必然是另一个名称——“艺术大师”。

举郭德纲和赵本山这两个例子，是用更加贴近生活的例子讲述一个深刻的道理：**在残酷的市场上，只有全员集体成长，领袖才能生存！只有全员强大，领袖才能辉煌地存在！**

把英语培训机构做大的秘密

再举一个英语培训界的例子。

英语培训在中国火爆了那么多年，对于英语老师的生存和发展也是一个大浪淘沙的过程。你会发现很多曾经叱咤风云的英语名师现在都销声匿迹、无影无踪了，只有一个叫做“新东方”的机构屹立不倒，火爆了近20年依然没有“熄火”的迹象，为什么？

新东方的成功，绝不是因为创始人俞敏洪老师一个人演讲精彩从而拥有了几十万粉丝这么简单，而是因为新东方拥有一个由8000名优秀英语教师组成的超庞大讲师团队，并拥有几千万甚至上亿的学生和家长粉丝，从而取得了成功。

在我看来，一位名师能力再强，声誉再高，顶多是一只老虎，新东方单单拿出一位老师可能比不过这位名师，但是拿出8000位老师，组合在一起就不同了，那是一个狼群！**一只老虎再猛，再狠，也打不**

过一群饿狼。说得再“主旋律”一点：**个人英雄主义绝对干不过集体英雄主义！**

史玉柱和罗斯·佩罗成功的秘密

我的柱子哥（我有五位榜样，亲切地称之为“某某哥”。以销售脑白金著称的企业家史玉柱排在第三位，我称之为“柱子哥”。）在媒体上说：“巨人网络GA今发布一季报：季净利润4000万美元，同比增长31%；现金储备9.4亿美元。已连续5个季度收入环比上升，现仍保持上升态势。我没过问的征途2势头很好，同时在线已突破30万人，继续增长中，这很有意义：**现在我的管理层比我牛！**”这段话里说了什么内容大家不用管，一个企业增长多少数字大家不用关心，一个企业最牛的就是老板对大家说：**“我的中高层比我猛！”**史玉柱与其团队把“脑白金”和“征途”运作得非常成功，造就了21个亿万富翁，186个千万富翁和百万富翁。在一个以商业和创富为主旋律的今天，**“使全员强大”就意味着“使全员富有”。**

2008年5月，HP以139亿美元收购全球第二大IT服务企业EDS，这也是近年来全球IT行业最大的收购案。EDS算是一家另类企业。这家1962年成立的企业有一个非同凡响的创始人——Ross Perot（罗斯·佩罗）。罗斯·佩罗在很多场合总结自己的成功经验，说道：“Create opportunities for other people. I am surrounded with people who are a lot better and brighter than me, and they carried me from victory to victory.（为其他人创造机会。我团队中的人都比我强，都比我聪明，正是他们把我从一个胜利带向另一个胜利。）”

EDS创始人——罗斯·佩罗

我平时教育员工，让他们做人一定要忠厚，做事一定要强悍。很多人秉承着这样的工作理念，遇到任何困难都可以彪悍地解决掉。有一次，我把一项重要任务交给一个新员工，问他：“这件事以前做过吗？会做吗？”这位员工回答道：“没做过，但是您放心，**会做也得会做，不会做也得会做！**”我听了非常高兴，说：“好样的，是条汉子！不愧是我的人！”就这样，一点一滴积累下来，我的团队形成了敢打敢拼、不畏艰难的精神气质。2010年开年底总结大会，我对分公司500多人讲话，说道：**“希望在我的团队中不仅仅只有我一个人强，也不希望只有我身边少数几个人强，我希望的是——全员强大！**

在江湖中，不管是客户还是我们的对手，都必须用这样四个字来评价我们——虎狼之师！希望团队中的每一个人如狼似虎地成长！荡气回肠地战斗！”

有人说，领导他人是世界上最复杂的事情，我不反对这种说法，但是我认为领导他人是有窍门的，可以用一句广告语概括：**大家好，才是真的好！在做管理之前，成就自己（自己好）；在做管理之后，要成就别人（大家好）。你成就的人越多，你的事业越大！**独善其身，是普通老百姓的做法；兼济天下，才是领袖的做派。**请你记住成为领袖的第四条铁律——使全员强大。**

总结——

什么是领袖？领导激励大师麦斯维尔说：**“领袖愿意冒险；领袖能够唤起别人的梦想；领袖能够给别人带来改变的热情；领袖是当别人都在找借口时，他却承担责任；领袖是当别人看到限制时，他却看到可能性。”**一位学生曾经告诉我，我在课上讲过的所有内容之中，让他印象最深刻的不是专业知识，不是英语技巧，不是考试诀窍，而是我对领导力的高度推崇。我在很多个场合都说过这样一句话：**一个人的领袖能力大于一切专业能力。**并解释说：**领袖能力大于沟通能力，大于销售能力，大于服务能力，大于后勤能力，总之大于一切专业能力。因为只要你具有领袖能力，就可以领导各种专家人才，打造出优秀的团队，最后成就事业。**很多学生说我的这句话颠覆了他们以前的价值观和奋斗观，甚至改变了他们的生命轨迹。

领导力有四个境界——

境界一：员工因为你的职位而服从你；

境界二：员工因为你的能力而服从你；

境界三：员工因为你的培养而服从你；

境界四：员工因为你的为人、魅力、风范而拥戴你。

最后，我们对领袖能力做一个终极总结，有志于成为领袖的年轻人修炼以下四点，就可超越这四种境界，进入更高的“第五境界”。

第一、人低为王。

任何时间，任何地点，作为领袖你都要将自己放低，将别人抬高，让你周围到处都是愿意帮助你的人。利他，方能达己，最后实现共同的梦想。

第二、乐于分享。

方法很简单，就是“己所欲，施于人”，意思是你喜欢什么，也给别人什么。比如你喜欢钱，也要把钱分给团队里每个人；你喜欢旅游，也要让兄弟们都享受旅游的快乐；你有一份伟大的事业，也要让每个成员都享受事业的成就感和满足感。

第三、包容一切。

正如一片茂盛的森林，大树、小树、小草、树藤、鲜花都应该有才会精彩，团队也是如此，优秀的、普通的、上进的、偷懒的、无私的、自私的，各种人组合在一起才构成了团队。包容一切，就是对人才做“＋”（加法）的过程，当你身边可以被你包容的人越来越多的时候，这才是你的领袖性格形成的时候。

第四、使全员强大。

成功的领袖，就是会复制出N个强大的自己。团队强大起来以后，你自己就会变得无比的轻松，而事情也会事半功倍。领袖，绝不是单打独斗的独行侠；领袖，一定是振臂一呼，千军万马就会一往无前的王者！

奋斗贴士——

阿里巴巴的马云是我的五个榜样之一，让我们学习一下他眼中的领袖还需要什么能力：

（1）保持激情。只有激情，你才有活力，才能感染别人追随。

（2）做事专注。抓准一个点，然后像一个钉子钻下去，做深、做透。

（3）执行力度。爱就真爱，狠就真狠。

（4）持续学习。学习是最便宜、回报最高的投资！

（5）反省深思。经常反省自己的得失，从中收获真知灼见。

第25个秘密

有一种标准叫做“天理不容”！

当你做事情的时候，有没有一个标准？即：你做一件事情，自我认为做到什么程度算是可以了？以前我经常说：**“做一件事，当你感觉到疼了，说明你用心用力了。否则就不行！”**现在我觉得这个标准太低了，我又有了新的标准。这个标准的名字有些可怕，叫做“天理不容”，即：**我都努力、用心、勤奋、坚持到这种程度了，再不成功，“天理不容”！**

楠哥与俞军“天理不容”的故事

我在哈尔滨读大学的时候，有一段时间专业课是落后于别人的，于是我早晨5点半起床去自习室学习。大家知道哈尔滨的冬天是冷得冻死人的，我记得那一年的冬天格外的冷，冷得像世界末日到来一般，最冷的时候零下39度。我像一匹孤零零的野狼独自走在空荡荡的校园里，冷风和大片的雪花儿迎面吹来，落在我的脸上立刻融化成一滴滴水，落在我的头上，把我变成了一个“白头翁”。夜，一如既往的漆黑，没有黎明的希望，身后的宿舍楼没有一盏灯光，前方的教学楼也没有一丝光亮，我周围空无一人。

我想问大家，如果你遇到这种情况，心里什么感觉？

恐怖！凄凉！不，是凄惨！没错吧？你会自卑自怜：“他妈的，我怎么这么倒霉啊？！”

大家猜猜当时的我有什么感觉？

幸福！对，你没有看错，就是幸福！

因为当我一个人走在校园的小路上，环顾四周，全校所有的楼里都没有灯光，大家都在睡梦之中。这时候，我知道我是“全校起得最早的学生”，没有“之一”，我是3万人当中第一个起床的人！当时我就想：我张一楠付出了这样的努力，如果还没有成功，简直“天理不容”！当你知道你在“努力”方面超越了所有人的时候，怎么能不幸福呢？我告诉大家什么样的男人最美？**认真做事情的男人最美，比如当年19岁起床认真学习的我！哈哈！**

十年前，有这样一个年轻人，非常热爱网络搜索引擎，当年找工作他写了一份求职简历，是这样写的：

本人热爱搜索成痴，只要是做搜索——

不计较地域（无论天南海北，刀山火海）；

不计较职位（无论高低贵贱，一线二线，与搜索相关即可）；

不计较薪水（可维持个人当地衣食住行即是底线）；

不计较工作强度（反正已习惯了每日14小时工作制）

看到这个简历的时候，我的感觉是：如果哪家网络公司不抓紧把这个年轻人抢过来，那家公司的CEO脑子就进水了！他的公司如果能在市场上立足，天理不容；这个年轻人如此痴迷搜索工作，如果得不到快速升职加薪，同样天理不容；录取了这个年轻人的公司，如果不能在市场上快速成长壮大，还是天理不容！

如今，这份求职简历，已成为传奇。写简历的人叫做俞军，百度的前副总裁。

小D“天理不容”的奋斗故事

我相信，我和俞军的故事对你一定有所触动，但是与小D的人生故事相比，我们的故事都算不了什么。小D的故事有些长，请大家一定、务必耐心地看到最后，如果他的奋斗故事没有触动你，你可以找我算账。

小D出生在美国的乡下，天生羞涩腼腆，热爱画画。小D的父母木讷憨厚，不相信才艺、灵感、天分之类的东西，所以从来没有支持过小D涂涂画画的事业，甚至对他的绘画热情不屑一顾。

小D不管这些，只知道像傻子一样一个劲地画呀画，班上的墙报、学校里的校刊都留下了他的笔记……十六岁那年，他在报纸上看到一条招聘业余美术班假期临时助教的广告，就发疯般地去应聘。那份工作给的钱少得可怜，小D说不给钱我也干，于是被留了下来……17岁的小D辍学了，在广告公司里为分类广告画插图。他太高兴了，天天午饭都不吃，专心致志地画画。好景不长，报纸上的广告越来越少，于是小D丢了饭碗。

这是小D的第1次失败，与后面的失败相比，这次是小儿科中的小儿科。

不久战争爆发，小D决定报名去当炮灰，哪知连当炮灰也没有他被挑中的份儿。后来听说红十字会招募救护车临时驾驶员，他总算争取到了机会。几个月之后，回到家发现自己的女朋友被勾走了，一气之下他把带回来的围巾、裙子送给了自己的表妹。

这是第2次失败，这也算不了什么。

18岁那年，小D和另外一个爱画画的辍学生小A，两个当时社会的弃儿，一起开了个漫画工作室，到报社、印刷厂接些廉价的零活和急活，不到几个月，工作室关门大吉。

这是第3次失败。

事实证明，这个小D实在是个没有福相的倒霉蛋儿。我想问大家：如果你经历了这些，你还会继续追求你的梦想吗？

看看小D是怎么做的。

关掉漫画工作室之后，小D又找到一份工作，就是在一家幻灯片工厂里当美工。有一天，厂里引进了一种新技术，名字叫“动画”。这让小D兴奋不已，他发现这一帧帧连续起来会产生动作的画面，实在比单独一张静止的画更美妙、更精彩！

小D白天打工，晚上钻研动画技术。不久，他父母为了赚些外快补贴家用，在家里房子旁的空地上盖了一个车库准备出租。小D一看立刻给阻拦了下来，他把车库自己“包租”下来，作为动画制作工作室。从此，每天一吃过晚饭小D就一头扎进车库里鼓捣到半夜。

动画这玩意儿让小D神魂颠倒，不能自拔。他又按耐不住和倒霉蛋老搭档小A开了一家“笑哈哈”动画公司。开始他求爷爷告奶奶，挨家挨户找人来投资，最后搞到了几千块钱，租了间办公室，买了些动画工具和器械，两个倒霉蛋吭哧吭哧地干了起来。

“笑哈哈”动画公司的第一件产品是动画短片《爱丽丝梦游仙境》，小D又能画画了，开心之极。每天吃着隔壁小店打烊前降价处理的食物，晚上在办公室睡一夜，一个礼拜到公共浴场洗一回澡。没想到《爱丽丝梦游仙境》样片出来以后，无人问津，“笑哈哈”公司入不敷出宣告倒闭。

这是小D的第4次失败，不得不说这家伙的确够倒霉的，啥都不顺。

小D决定勇闯好莱坞，整天胳膊下夹着《爱丽丝梦游仙境》的样片在好莱坞大街小巷转悠，希望能碰上一个识货的发行商。时间一天天过去，他的运气没有任何的好转。突然有一天，一位美丽的女子从天而降。她的名字叫温可莱，是个有眼力、有魄力的女发行商。温小姐慧眼识人，对小D的才华赞赏不已，而且对《爱丽丝梦游仙境》一见钟情、爱不释手。她一下子预定了小D六部动画系列片，并开出了好价钱，还主动预支了一笔订金帮助经济窘迫的小D。

奇迹终于出现了！天使终于从天堂的大门中飞了出来，落在小D的肩膀上。

机会来之不易，小D马上成立了一家动画公司，开始满怀激情、夜以继日的工作。**一个成功者首先是一个强悍的创造者。**此时小D身上的创意库全部打开，源源不断地喷薄而出上好的创意和灵感。他一个人编剧本、自导自画完成了全部六部《爱丽丝梦游仙境》系列短片。温小姐也喜出望外，立刻追加投入，让小D继续制作新片。看来终于时来运转啦！

小D把爱丽丝等动画里的人物当成了自己的儿女，费劲心机、耗尽心血。**（大家注意，这是一条“天理不容”的基本标准，无论你的产品是你自己还是一个团队，是一家公司还是一本书，只要你把产品当做自己的儿女，用心用爱去孕育，用严格与耐心去一遍遍打磨，成功是早晚的事，否则天理不容。）**

虽然公司开张了，但是动画片的制作成本很高，小D是个十足的艺术家，根本不会偷工减料。所以公司赚进来的钱全部投入到新动画片的制作。小D和几位同事一分钱工资都没领，直到第二年他俩才有一月没一月地零星领点月薪。创业钱赚得不多，但是能实现自己的梦想，能画画，这就是小D最大的满足了。**（像前面提到的百度的俞军，不计回报地追求梦想，这也是“天理不容”的一个标准。追梦者因为热爱，不计回报，但是如果老天看不到、不给予他回报，也是天理不容的！）**

然而，事情又有了变化，温小姐嫁人了。温小姐的丈夫可不是一个省油的灯，不久他就拒绝支付给小D动画制作费用，并把他呕心沥血制作出来的动画人物据为己有，让小D“净身出户”了。

这是小D的第5次失败，而且败得非常悲惨。然而，谁又能想到这次让人撕心裂肺的挫折又成为了小D做出传世之作的契机……

小D回到家中非常悲伤，就早早地上床睡觉，然而他翻来覆去地睡不着，就起床、开灯、抽出纸和笔刷刷刷地画了起来……当窗子上被撒上了一道晨曦的时候，小D已经趴在桌上睡着了。在他画过的纸上，一只小老鼠伸伸懒腰，打了个哈欠，坐了起来。

早晨醒来，小D宣布他要忘却过去的一切，重起炉灶，这只老鼠就是他新的生命。

这一回，小D再也不上当了，他要站立起来，不再受人欺负，不再寄人篱下。他要做主人，要做“动画之王”！

小D在创作那个小老鼠动画片的时候突发奇想，给动画配上了音乐和听觉效果，所有的动画师都反对，但是小D一意孤行。**创业就是创造，世界上没有汽车的时候，人们所有的想象力都集中在马车上。**人们没有看到过配上音乐和声音的动画之前，只相信动画片是沉默的。小D下定决心，一定要让这个小老鼠成为历史上最可爱的动画角色，要让观众们看到这只老鼠就大声惊叫起来，让这部动画片成为前无古人后无来者的绝唱！

不久，以这个小老鼠为主角的动画片公映，它把观众们从椅子上掀了起来，小老鼠成为孩子们最喜爱的动画形象。

现在是揭晓主人公名字的时候了，小D的名字叫做“迪士尼”，这个老鼠的名字叫做“米老鼠”。迪士尼一次次被摔得鼻青脸肿，然后从谷底爬起来，抹了抹嘴角的鲜血，掸了掸衣服上的灰尘。他撕下一块衬衣布，沾着伤口上的鲜血，在布上写下“迪士尼”三个大字，然后将布条扎在自己的额头，注视着蓝天，心中反复默念道：“我是迪士尼，我不属于任何人，我只属于迪士尼！”

华特·迪士尼　美国著名导演、制片人、编剧、配音演员和卡通设计者，并且和其兄洛伊·迪士尼一同创办了世界著名的华特迪士尼公司。他的很多作品让他成为全球著名的人物，他创造了《白雪公主》、《木偶奇遇记》等很多知名的电影，还有米老鼠等动画角色。他还创办了著名的迪士尼乐园，开创了主题乐园这种形式。他一生获得了48个奥斯卡奖提名和7个艾美奖，是世界上获得奥斯卡奖最多的人。

不知道又上了多少次当，又摔了多少次跟斗，又流了多少汗和血，迪士尼终于在“奥斯卡”殿堂里留下了一串长长的脚印：

1932年《花朵和树》　1934年《三只小肥猪》

1935年《龟兔赛跑》　1936年《三只流浪猫》

1937年《乡下的表弟》　1938年《费尔南德和公牛》

1939年《白雪公主与七个小矮人》1940　丑小鸭

1941年《幻想曲》　1942年《伸出小爪爪》

1943年《元首的面孔》　1951年《水獭之谷》

1952年《自然的两副面孔》　1953年《水鸟》

1954年《阿拉斯加的爱斯基摩人》

1954年《嘟嘟，嘘嘘，砰砰和咚咚》

1955年《土豆的化身》　1956年《人类挑战北大西》

1959年《大峡谷》　1969年《维尼熊》

……

在这一长串作品中，最值得一提的是《白雪公主和七个小矮人》，这是一部真正能和故事片相媲美的彩色动画片。当时的迪士尼毅然决然地把黑白胶片丢进了垃圾箱，完全重新来拍一部全部彩色的动画片。**这部让迪士尼倾家荡产的动画片背后，铭刻着他作为一个创业者的意志和信念，决不放弃，决不妥协，决不纵容，创造奇迹。这种做法还是应了我们今天的主题，如果不成，天理不容。**《白雪公主和七个小矮人》于1937年12月21日首映，放映结束，观众热泪盈眶，掌声雷动，全体起立向荧幕深深鞠躬。《白雪公主和七个小矮人》成为当时电影历史上票房收入最高的电影。

1966年，2.4亿人看了迪士尼电影，1亿人每周看迪士尼电视节

动画片《白雪公主与七个小矮人》

目，8000万人看了迪士尼的图画书，5000万听迪士尼广播，8000万人买了迪士尼的商品，1.5亿人看迪士尼漫画连载，700万人去了迪士尼乐园……

迪士尼本人先后59次获得奥斯卡提名，26次获得奥斯卡金像奖。《白雪公主和七个小矮人》的奥斯卡奖是特制的，一个大金人＋七个小矮人……

迪士尼成为美国的一座大山，大山中的大山，他和他的迪士尼帝国代表了美国的颜色、美国的形象、美国的文化以及美国的财富。

故事到这里结束了，每次读到这则故事，我内心的激情和力量都无法自已，这就是一个草根创业者用一生谱写的传奇。

做到“天理不容”，是对梦想足够真诚

回到今天的主题：如果做到这种程度还不成功，天理不容！有一句俗得我不想再提起的谚语——“一分耕耘一分收获”，我的理解是**只要你足够真诚地耕耘，一直耕耘，不停止，老天绝不会负你。可能有时候会欠收，甚至有很多时候欠收，但是，不会一直欠收。**

听我的，你的内心要有这样一种感觉：不做成这件事，我都对不起我自己！

人，对梦想要给予足够的真诚。足够真诚，就是足够热爱，足够向往，发自内心地花费足够多的心血，进行足够时间的思考，付出足够量的行动，调动足够用的资源，最后事情就成了！这里没有什么神秘的玄机，有一句话叫做“人在做，天在看”，我所理解的“天”就是自然规律，你做到一定程度，就符合了自然规律，最后就会必然成功，否则天理不容。

第26个秘密

知识不是力量

英国政论家弗兰西斯·培根说过一句话：知识就是力量。300多年来，人们将这句话奉为真理。

但是，我想问大家：知识真的是力量吗？

我在经营企业之前是一名英语老师，从英语老师的角度来说，**语言本身不是力量，使用语言才是力量。产生不产生力量，不取决于其他任何因素，只取决于有没有使用。**

怎样使用英语名言

举个例子，在英语作文中使用名言的时候，通常有三层境界：

第一境界：**使用名言**——比如你在作文里直接引用一句名人名言：Ask not what your country can do for you; ask what you can do for your country.（这是美国前总统肯尼迪的名言，意思是：不要问你们的国家为你做什么，而要问自己为国家做什么。）

第二境界：**改写名言**——在写“孝顺父母”的话题时，我可以把上面这句话拿过来改写以后再使用。

Ask not what your father and mother can do for you; ask what you can do for your father and mother.（不要问你们的父母为你做什么，而要问自己为父母做了什么。）

第三境界：**原创名言**——同样是“孝顺父母”的话题，我还可以自创名言。

For the world, you are a lonely individual; but for your father and

弗朗西斯·培根（1561—1626） 英国文艺复兴时期最重要的散文家、哲学家。他不但在文学、哲学上多有建树，在自然科学领域里，也取得了重大成就。培根是一位经历了诸多磨难的贵族子弟，复杂多变的生活经历丰富了他的阅历。他思想成熟，言论深邃，富含哲理。他是一位理性主义者、一位经验论者。在政治上，他是一位现实主义者而不是理论家。

肯尼迪（1917—1963），美国第三十五任总统，毕业于哈佛大学。29岁竞选众议员获胜，连任3届（1947—1953）。1960年1月宣布竞选总统，以微弱多数击败共和党候选人尼克松，成为美国历史上最年轻的总统，也是第一位信奉天主教的总统。1963 年11月，在得克萨斯州达拉斯市遇刺身亡。

mother, you are the world.（对于这个世界，你是一个孤独的人；然而对于你的父亲和母亲，你就是整个世界。）

因此，**人和人之间语言能力的差别在于“能否灵活使用”**，其实很多人的语言知识已经够多了，只是没有使用出来而已。同样，人生和事业至今还不理想，就是因为还没有把所学、所知全部使用出来。

你每天都在使用吗？

假如你在书上读到一种“目标分解”的方法，那么你有没有把年目标分解为月目标、周目标和日目标，你在日常工作中真正“使用”“目标分解法”了吗？如果“使用”了，那么坚持“使用”一年了吗？

假如英语老师告诉你“晨读可以提高英语能力”，那么你有没有在早晨6:30～7:30去晨读英语呢？请问你真的去“晨读”了吗？

假如你是老板，一位成功的企业家告诉你“分享财富，会让企业更加强大”，那么你有没有在公司里制定大额度的奖金制度？你“使用”这个规律了吗？

假如医生告诉你“每天锻炼、适度节食可以减肥”，请问你在生活中真正“使用”这个建议了吗？

若干年后，有的人依然原地踏步，有的人成长飞速，一日千里，两种人最大的区别就在于“有没有使用”那些你已经熟知的方法、规律、习惯和建议！

“使用”的三重境界

使用，可以分成三种境界：

第一境界是**模仿**，这个时候需要“拿来主义”，一板一眼、原汁原味地模仿；

第二境界是**改进**，在这个阶段你还没有能力进行颠覆式创新，可以保留下原来的大部分精华，只对小部分进行“微小改革”，达到最佳的效果；

第三境界，就是**原创**，经过以前的模仿、改进、思考、沉淀、总结，你已经具备了创新的能力，就可以肆无忌惮地进入原创世界了。

原创，也是从模仿开始的，演进的脉络如下：

模仿→模仿+改进→原创

以前你阅读了就满足了，看到了就满足了，知道了就满足了，懂了明白了就满足了，背诵了就满足了，但是从今以后，这些都不再是你增长内功的终极目的，以后你进步的终极通道只有一个，就是：**一切以“怎样使用”为出发点进行思考、进行练习、进行成长。**

任何技能、知识、经验只有“使用”了才真正领会了，否则你仅仅是产生了“我会了”的幻觉而已！等等！这还不够，只有“千百次地重复使用+改进”，你才能进入做事的至高境界——**“出神入化”**。

使用→千百次重复使用+改进→出神入化

你看各个行业中的一等一高手做事都是享受，不管是唱歌，还是赛车，不管是跳街舞还是现场做刀削面，都给你一种令人陶醉的美感，为什么？因为他们做事达到**出神入化**了，这四个字是美学的最高境界，这四个字也必须成为你一生的标准，使用任何技能，你只有一个终极目的，就是使用到**出神入化**！

就一个字——练

另外，要学会“使用”，还要学会一个关键词。

大家都知道一个人要成为武功高手，必须“练”武功，没人说“听”武功、“学”武功、“读”武功、“写”武功。**武功只有一种修炼的方法，就是“练”。**

如果“使用”也是一门高深的武功，获得这种武功的方法只有一种，叫做“练”。一种成熟的经验，一种完善的管理模式，一种先进的知识，拿过来能不能直接使用在自己身上？显然不可能，如果直接复制这样简单的话，就不会有企业与企业的差别、团队与团队的差别、个人与个人的差别了。如果要通过使用达到好的效果，就必须经过不断的练习。**练习，就是不断修正，不断改革，不断演进，不断适应，最后使用起来才会得心应手直至出神入化。**

举一个例子。

很多人都不喜欢小人，他们背地里搞阴谋，今天陷害这个人，明天整一下那个人，很多领导和团队成员恨不得除之而后快。而我的想法不同，要想成为一个真正的领袖，必须要面对各种各样、形形色色的人，世界不全是由君子组成的，还有小人。所以，你不要急着开除小人，要拿小人练手，跟小人周旋，观察小人的行为，揣测小人的心理，与小人过招，甚至从小人身上吸收可以使用的知识、经验和体会。**当你能够同时驾驭君子和小人的时候，你就成为了一个成熟的领袖。这也是一个不断"练"的过程。**

"拿来主义"

"拿来主义"很好，但是如果"拿来"的心理过于迫切也是会误导人的，甚至会伤害到以后"再次拿来"的信心和勇气。任何知识、技能和经验，你拿过来就用，用完就想有效，你自己觉得可能吗？很多人就是拿过来一用发现没有效果立刻否定，再也不用了，他就没有一个成熟的、渐进的练习心态。任何精华，你拿来以后，必须有长期练习的思想准备，必须抱着长期练习的耐心和态度，进行练习、纠正、试验、总结，如果还没有效果还要拜师，请教更懂的人，然后再练习，再纠正，再实验，再总结……这是一个百转千回的反复过程，不是一个立竿见影的速成过程。

我认识一位企业家，做铝板业务，从2009年的7千万业绩做到2011年的2个亿。这完全归功于他不断练习企业运营技巧的结果。

一开始他去听了一堂管理课，老师说要在企业中使用"机制"，他决定使用"机制"，于是回去给自己公司的业务员定"机制"，从生疏到熟练也是经过了五次的练习，不断地试验和改正，终于达到了预期的目标。

第一次使用机制，他给每个业务员都定了销售预算，如果完成每个业务员都会得到大笔奖金。但是后来发现业务员并没有因此而提高积极性，一研究才知道业务员觉得预算太高不可能完成，所以就没有积极性。

第二次使用，他就降低了预算量，把业务员身上的负担拿掉，并把年目标改为月目标，发现业务员还是积极性不高。

第三次定机制，他把月目标改为周目标，业务员积极性有所提升，但是改善的幅度不大。

第四次使用机制，这位企业家把周目标改为日目标，每天做什么业务员都非常清晰，而且他坚持带领员工们一起开晨会，晨会上回顾前一天的工作心得并明确当天的工作内容。

第五次使用机制，他把以前的“只奖励结果”改为“既奖励结果”又“奖励过程”，终于把业务员的积极性调动起来了，企业也进入亿级单位的行列，并做到省内铝板业的第一名。

从这个真实的案例中，我们可以看出从7千万做到2个亿的“无敌神功”也不是一蹴而就的，普通人听了课以后只是知道了、理解了“机制”这个概念，但是不会使用，顶多成为以后聊天的谈资。这位企业家不同，他学了就用，边练习边使用。大家看到：他学了管理招式以后回到企业，第一次使用失败，第二次使用还是失败，第三次使用依然失败，这都是练习使用的过程，也是为最后的成功付出必要的成本。他不停止地练习，不间断地使用，一次次思考总结，一次次调整招式，当他练习到第五次的时候才获得了成功。所以，**作为一个成功的企业家，最重要的就是随时随地思考——随时随地练习——随时随地使用和调整。这样，你的企业才会慢慢发展强大起来。**

在使用知识的过程中，**“永远试运行”“不断改善和演进、不断练习”**是最厉害的武器。你亲自试过就知道它的威力了。

使用的对象

另外，使用的对象可以分成两种，一种是使用工具，包括工作时使用电脑，出行时使用汽车；**另一种是使用软实力。**后者是无形的，比如使用技能、使用知识、使用经验、使用人脉等等。工具和软实力的使用，可以将你的工作效率提高N倍以上。比如，以前我用纸笔

（工具）写作一天只能写4000字；后来我使用了电脑（工具）打字以后，每天的写作量达到6000字；再后来使用笔记本电脑（工具）随身携带，随时随地写作，写作量又达到8000字；再后来我用手机的“记录本功能”、扫描笔、平板电脑等工具写作，每天的写作量可以达到12000字；最后我整合一些职业“写手”使用的各种先进工具写作，他们总的写作量又是我一个人的N倍以上。所以，使用工具（物体和人都可以属于工具的范畴）是一个人超越他人的重要方法。

学习、思考、阅读、聆听，都是“输入”的过程，只有“使用”才是“输出”。**事情的结果不取决于你输入了多少信息，而取决于你付诸了多少行动和使用。思考再多，都是输入，不会直接产生结果；只有使用和行动，才是输出，才会产生结果。**我自创了一个公式：思**考＋使用（行动）＝结果。因此，只要结果有问题，一定是思考和使用（行动）两个环节出了问题。**

在管理学里，有一个“三带学习法”：

第一、带着问题→找寻答案；

第二、带着目标→找寻措施；

第三、带着行动→找寻方案。

这是一种“一切以使用为目的”的学习方法，学习的关键在于思考后使用；学习的价值在于使用后产生价值，产生服务大众、造福大众的价值，产生解决了人类核心困惑的价值。

我再一次问大家：知识真的是力量吗？

不！知识本身不是力量，使用知识才是力量！

大家跟我重复一遍：知识不是力量，使用知识才是力量！**使用，会让你从本质上超越！要达到真正的学习，全部秘密就在于——使用！**

第27个秘密

吸星大法，就是吸尽世间所有的优秀！

在《知识不是力量》一文中，我说过一句话：知识本身不是力量，使用知识才是力量！那么，怎样使用知识呢？告诉大家一个秘密，嘘，这是我走出大学校门以后多年来的看家本领，这次向大家和盘托出，一定要帮我保密！

武侠作家金庸在小说里创造了一种神奇武功——**“吸星大法”。这种大法最厉害的莫过于“消化”二字。**比如，你有两个对手，一位是少林派，练了30年，一位是武当派，练了40年，如果你能消化这两个人的功力，就可以增长了他们70年的功力，瞬间之内，你的功力就在二人之上了。**学会吸星大法，就是消化并吸收世间所有的优秀，化为己有，增长功力。**

“从战争中学习战争”的毛泽东

先举一个例子。

当年读师范出身的毛泽东并没有接受过正规的军事教育，却带领八路军、解放军打败了帝国军校毕业的日军将领们，打败了黄埔军校出身的国民党将领们，最终赢得了抗日战争和解放战争。为什么？

因为他不唯书，不唯师，只唯实，只唯用。他随时随地向人民学习战争，学习对手的优点，还学习自己团队里的一切优点并大面积普及，还学习古人打仗的优秀经验。更厉害的是，他懂得向实战学习，他会总结每一次战争的优缺点，优点继续发扬光大，缺点立刻改进。**毛泽东主席的伟大之处就在于：学会了“从战争中学习战争”，学会**

了“靠总结经验吃饭”。

《毛泽东选集》第1卷第181页有这样两段关于“学习战争”的论述：

> 做到一个真正能干的高级指挥员，不是初出茅庐或仅仅善于在纸上谈兵的角色所能办到的，必须在战争中学习才能办得到。
>
> 没有进学校机会的人，仍然可以学习战争，就是从战争中学习。革命战争是民众的事，常常不是先学好了再干，而是干起来再学习，干就是学习。

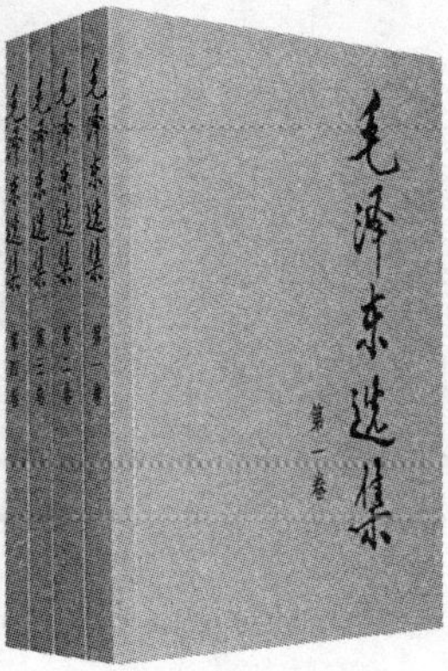

《毛泽东选集》　是毛泽东思想的重要载体，是毛泽东思想的集中展现，是对20世纪中国影响最大的书籍之一。

《毛泽东选集》第1卷第286～288页还有这样一段话：

> 你要有知识，你就得参加变革现实的实践。你要知道梨子的滋味，你就得亲口吃一吃。你要知道原子的组成同性质，你就得实行物理学和化学的实验，变革原子的情况。你要知道革命的理论和方法，你就得参加革命。一切真知，都是从直接经验发源的。但人不能事事靠直接经验，事实上多数的知识都是间接经验的东西，这就是一切古代的和外域的。

大家看好一句话“干，就是学习”，这句话的意思是“干，即直接使用知识，这才是真正的学习！”在我看来：**看书，是学习；使用也是学习，而且是更重要的学习。**在军校中学习的是理论，要到战场上才能转化成使用，经过了“学习理论→使用理论”两个步骤。而在战争中学习战争，就是在战争中直接学习如何使用，只有“使用知识”这一个步骤，节省了“理论学习”的步骤，是更加快捷的学习方式。前者是先学理论再学使用，后者是直接学习如何使用，因此，后者的学习方法更加直接、有效、实战性更强。用一句话概括：**读书是间接经验，干和使用是直接经验，直接经验对你的帮助远远大于间接经验。因此，使用，才是最有效的学习。**

顺瓜摸藤的观察秘笈

现在告诉大家，学会“使用”的第一个字叫做“用”。即：“在使用中学习使用”，大家每天听到、看到、读到很多的信息，一会儿娱乐八卦，一会儿体育新闻，一会儿情感纠葛，一会儿职场绯闻，大家有没有关注过有用的信息，而不是这些无用的信息？大家有没有从中吸收优点，增强自己的功力呢？

我有一位朋友在影视制作方面非常成功，他的公司投拍了一部港片《窃听风云》。他对我说：“一楠，**如果你学会从体验入手，追根溯源，顺瓜摸藤，顺藤摸种子，将种子为我所用，所用为众生，你的人生必将日新月异，无限超越。**”

他的意思是让我扔掉书本，去生活中体验，随时随地向周围正在发生的、鲜活的“人”和“事”学习，做一个“根本智”的洞察者，追根溯源，将现象背后的真正根源搞明白、搞透彻，为我所用，将实践的结果用来造福大家，最后实现大跨度的人生飞跃。

举两个简单的例子：当年苹果砸在牛顿的头上这就是“瓜”，是事情的表面现象，而牛顿就顺瓜摸藤，顺藤摸种子，找到了著名“万有引力”定律（种子）；当年的瓦特看到蒸汽将水壶盖托起（瓜），这是事情的表面，瓦特没有就此罢休，而是继续研究，追根溯源，最终发明了蒸汽机（种子）。

有一个现实的例子。

我认识一家足疗连锁店的老板，他的生意出奇的红火。好的足疗技师相当于半个中医，是一个需要长期学习的专业技能，因此这个行业里奇缺足疗技师。其他的足疗店很难快速扩张，就是因为缺少称职的足疗技师。而我认识的这位老板在两年内开了六家分店，实现了迅猛扩张，背后的原因是什么？我就向他请教秘诀。（注意：开了六家店只是现象，只是人们看到挂在枝头的“瓜”，你还要顺着这个“瓜”摸到下面的“藤”，最后摸到地下的不为人知的“种子”，“种子”才是“瓜”的真正秘诀，现象背后的“根本原因”才是能够为你所用的营养。）

他告诉我：在足疗行业，培养技师需要一个漫长的过程，这一直是很多足疗店发展的瓶颈。为了拥有充足的足疗技师资源，他从农村招募了大量的年轻人，培养他们学习足疗技术，优秀的全部留下，所

艾萨克·牛顿爵士，英国物理学家、数学家、科学家和哲学家，同时是英国当时炼金术热衷者。1687年7月5日他在《自然哲学的数学原理》中提出“万有引力定律”以及“牛顿运动定律”，成为经典力学的基石。他还和莱布尼茨各自独立地发明了微积分。他总共留下了50多万字的炼金术手稿和100多万字的神学手稿。

詹姆斯·瓦特（1736—1819）是英国著名的发明家，是工业革命时期的重要人物。1776年制造出第一台有实用价值的蒸汽机。以后又经过一系列重大改进，使之成为“万能的原动机”，在工业上得到广泛应用。他开辟了人类利用能源的新时代，标志着工业革命的开始。后人为了纪念这位伟大的发明家，把功率的单位定为“瓦特”。

以两年来他储备了足够数量的足疗技师，这些足疗人才足够让他开更多的分店。

我学习了这个结果以后，立刻将这个“种子”为我所用，也在大学里招募了大量的学生作为助教，帮助学生消化老师在课堂上讲过的知识。经过严格的训练，这些助教做到了比老师还了解学生，而且对老师教授的课程非常熟悉，甚至达到了随时讲解的程度。半年后，很多助教成长为优秀的讲师。培训行业发展的关键依靠优秀讲师，从学生中培养助教，从助教中培养讲师的方法使我的培训事业也快速发展，远远超过了同行业的对手。

随时随地进行“记录式”学习

要学会使用，就要学会随时随地发现生活中的亮点，并随时随地记录，防止遗忘。记录方法有很多种，你可以用纸笔，可以用手机中的“笔记本”功能，还可以用大脑凭记忆记录。这里我向大家介绍一种有用的“记录式学习”的方法。

有一次，我和一位做企业培训公司的老总从外地回来，我们两个在车里交谈了很多关于事业的观点。那次交谈非常有成效，谈出了很多有助于事业的核心观点，于是我就打开手机里的“笔记本”功能，进行了详细的记录。下车前我对这位朋友说：“我把记录好的内容发给你吧？”

他说：“一楠，谢谢，不用了，刚才我已经对我们之间的交谈用手机录音了，回去以后我会再听一遍，仔细揣摩，把对事业有用处的核心观点整理出来。”另外，他还告诉我，他现在在任何时间，任何场合，与任何高手谈话，都会打开自己手机的录音功能，进行录音，为此他买了有专业录音功能的手机。回去以后，他会反复听，反复揣摩，反复思考，最后整理出对自己有指导价值的观点，为自己所用，直至把这些好东西养成自己的工作习惯为止。

不拘泥于书本，不拘泥于课堂，随时随地向周围的高人学习，并记录下学习内容。而且不止于此，要将学习的结果及时使用出来，产生价值和成绩，这就是“用”的至高境界。

消化身边所有的优秀

用，就是消化，消化周围的优秀人士，消化他们所做的最值得骄傲的事情。

我认识一家公司的总经理，他刚刚接手一家业绩不太理想的公司，在他的治理之下，一年后这家公司的业绩有了明显起色。于是，我就观察他用什么方法使这家企业的业绩起死回生，并将他使用的方法总结出来，让这些方法成为我将来工作可以“使用”的杀手锏。

这位总经理刚刚接手这家拥有500位员工的公司，首先开展的工作就是统一思想。我从他身上学到的**第一招是：每周三召开一级经理会议。**会上他和各位一级经理讨论公司运营的各方面情况，找到问题以及解决方案，形成共识。更厉害的是，第二天他马上组织二级经理开会，亲自传达昨天的会议决议，将会议中讨论的方案付诸实施，从他到一级经理，再到二级经理，通过会议形成共识，这样大大提高了公司上上下下的执行力，将“企业的最大成本是共识”这一难题彻底解决了。另外，在开会过程中，他暗自培养了很多新人成为业务骨干，成为他可以自由调配的人力资源，减少了执行阻力，减少了内耗。

向他学习的**第二招是：狠抓产品质量。**大家知道，产品质量是任何公司的生命线，他到了新公司就开始狠抓产品质量，亲自过问重点部门中每一种产品的质量，并参与质量改革、质量监督、产品体系设计等具体工作。很多工作因为他的亲自参与而得到了突破性进展。

第三，他在工作中可以很好地分清主要矛盾和次要矛盾。每个人的时间和精力都是有限的，他也不例外，于是他狠抓重点部门重点项目，其余的部门和非重点项目坚决砍掉，减少发展负担。

第四，他实行了服务客户，让客户满意的“客户1+1”计划。让全体员工，尤其是直接接触客户的前台、销售、客服等部门员工每天写“客户1+1”邮件，发给他并抄送给相关部门的负责人。这样做，大大提高了客户满意度，为下一步的市场工作积累了良好的口碑。

第五，他对市场人员的薪酬体制进行改革。把市场人员的工资分成基本工资+提成工资+奖金三部分，每月定下任务量，完成任务量全额发放，超额完成的发放奖金激励，未完成任务的只发基本工资或者基本工资的70%。这样极大提高了市场人员的工作热情和主动性。以前是部门领导催着市场人员干活，现在是市场人员催着部门领导干活，形成了很多老板求之不得的“倒逼”气氛。

第六，他召开外地合作方会议。请外地的合作方聚餐，重新树立总公司在外地合作方、代理商心中的形象，并且制定出让他们挣到钱的激励方案，挽救了外地市场。

第七，他将一个重要项目单独分离出来，由他培养的新人担任负责人，他帮着这位主管将这个项目做大做强，为公司业绩的整体提升帮助巨大。

现在很多人都是通过读书、考试成长起来的，他们只喜欢两种最原始的学习方式：读书和听课，却忽略了真正有实战价值的学习方式，随时随地向生活学习。我觉得，**任何老师都不如现在发生在你周围的“真实的事件”对你有更大的教育价值。**

总结两句话：

第一句，大家一定要学会在使用中学习使用，在实战中学习实战。

第二句，大家一定要观察周围发生的一切现象，任何一个值得学习的优点都不要只停留在口头和脑中的称赞，而是尽量吸收过来，为自己所用。在现实生活中，你可以消化周围每一个人的优点、长处以及核心竞争力，正所谓：**“一切为我所用，所用为众生。”学会吸星大法，就是学会吸收尽并消化尽世间所有的优秀，为我所用，增长自我的功力。**一旦一个人学会了此功，此人的前途将不可限量。

第28个秘密

八个绝招，治愈你的心灵绝症（一）

一个事业不成功，情绪非常低落的哥们对我说："我从小就没有得到过心灵上的关爱。受到的教育也全都是负面的。父母和周围的人教会我怎么仇视别人，怎么计较别人。做错一点事，只要他们不高兴，非打即骂。他们没有教会我怎样做一个人。当我想站起来的时候，我心中一点力量都没有，一点都没有，我在心灵上是个残疾人。"

听完他的述说，我非常同情他，也反思是什么造成了他现在的状态？原因只有三个字"爱无能"。同时，我想到了一句话：**"一个人的一生，只要心中的爱没有增加，一切不会有根本改变！"**从我的这位哥们身上，我更加深刻地理解了这句话。

大家有没有发现？现在很多人生活在一种"不快乐、不幸福"的怪异状态当中，"郁闷"、"不爽"、"绝望"、"败了"、"崩溃"，是他们口中常说的词语。为什么会这样？很多大学生学习没有精神，很多上班族工作也没有认真做事的态度，究竟为什么？

我想告诉大家的是，出现问题的原因，是人们心中的动力变小了或者消失了。人与人之间最大的区别，不在于形象的差别，不在于经验的差别，不在于学历的差别，而在于心中动力大小的差别。

一个男孩爱自己的女朋友，他想给女朋友买一部手机作为生日礼物，他就会自发地想出50个办法来获得收入，然后拿着钱去给女朋友买手机。相反，如果心中没有爱就没有行动的动力，你教他50个方法，他也没有意愿使用。

所以，一个人学历再高，经验再丰富，如果心中没有动力了，刮风下雨就没有冲出去拼搏的意念了，得了感冒发烧就没有为梦想而拼搏的精神了。而另一个人学历、经验、形象都不如他，但是心中存在一种巨大的动力，他要为自己的将来而战，他要为家庭的幸福而战，他要为家族的兴旺而战，他要为相信他的人那种期待眼神而战。大家说这两种人，最终谁会成大业？后者！

“爱无能”，已经不是个别现象，正在悄悄地蔓延，正在成为21世纪人类的心灵绝症，应当引起大家的绝对关注。治愈“爱无能”，有一种解药，我把它叫做“人生八大爱”。

人生八大爱，宛如飞机起飞瞬间所需的巨大动力，会让你的人生快速腾飞。

第一种　爱自己

大家知道吗？社会上最危险的人，就是不爱自己的人！他连自己都不爱，怎么会顾及他人的感受呢？怎么会关怀其他人的冷暖呢？

每个人都终将离开这个世界，生命只有几十年的时间，转瞬即逝，学会爱自己吧。

爱自己，首先要爱护自己的身体。体能与健康，是做任何事情的前提，如果把人生当做一个数字100，你取得的任何成就都是那两个“0”，你的健康是那个“1”，没有这个“1”，后面无论有多少个“0”都是毫无意义的。爱自己的身体，你就要学会一种体育活动。年少时的我喜欢篮球、乒乓球、武术、双节棍，经常参与这些活动，为现在较好的体能打下了牢固的基础。

爱自己，要学会“放下”。放下，是一种心态的选择；放下，是一门心灵的学问；放下，是一种生活的智慧。放下压力，获得轻松；放下烦恼，获得快乐；放下自卑，获得自信；放下懒惰，获得充实；放下消极，获得进取；放下抱怨，获得舒坦；放下犹豫，获得潇洒；放下狭隘，获得自在……

如果一个人身上背负的负面能量太多了，就很难飞翔起来。逝去的爱恨情仇，过去的功名利禄，都属于你沉重的负担，背负着这些，你怎么怀着清新的心态去攀登更高的巅峰？网上曾流行一句话：**神马都是浮云**。既然如此，何苦执著于过去，执著于虚无的东西？我觉得人生的终极境界是：早晨醒来的时候，所有的功名利禄、爱恨情仇都放下，心无挂碍，轻装上阵，你能做到吗？

神马都是浮云

爱自己，还要培养一种生活情趣，培养一种迷恋的感觉。衡量一个人有没有生活情趣，就看他有没有正在迷恋一个东西。比如：

一个有情趣的人，会花所有的业余时间到城市广场跳街舞，享受围观群众的掌声和口哨声；

一个有情趣的人，会迷恋收集各种品牌各种型号的手机，并且经常摆放在客厅的沙发上展示给女朋友看；

一个有情趣的人，会迷恋收集各种仿古家具，喜欢在家静静地观赏这些收集的成果，并轻轻地抚摸木制家具中的纹理；

一个有情趣的人，会一个人躺在家里的沙发上，闭上眼睛欣赏音响中的动听音乐，

一个有情趣的人，会跟朋友们航海去远方钓鱼并开海上Party。

我家中的可爱之处

这些有情趣的人，是通过街舞、手机、音响、航海等等各种媒介来释放自己对生活的热爱。你用这种媒介建立了单单属于你一个人的王国，你是这个王国的王者，每天都沉浸在一种美妙的情绪之中，静静的享受这种感觉。

爱自己有一个好处，就是可以远离寂寞和孤单。一个人为了健康要参加体育运动，学会了“放下”就能够删除掉所有的负面能量，培养了生活情趣就忙着享受快乐，他怎么有时间感到寂寞和孤单呢？

第二种　爱家庭

一个家庭有7个人组成：双方的父母、爱人、孩子，还有你自己。

爱家庭，就是要尽全力帮助家庭成员实现他和她毕生的理想。

我的父亲曾经在中国煤炭部工作过一段时间，让他难以忘记的就是在北京生活的时光，他当时最大的想法就是调到北京工作，他非常喜欢这座城市浓厚的历史和文化氛围。后来，因为一些因素，工作调

一个4岁孩子的毛笔字

动没有实现。现在他还念叨着想去北京生活。我现在工作的一大目标就是，在较短的时间内创富，为父母在北京买一套大房子，让父亲实现自己的人生理想。

我的母亲是一个没有太多奢望很会过日子的女人，生活比较节俭。我知道她节俭的习惯与她童年时的生活经历有关（她们那个时代的人都知道贫困和挨饿是什么滋味），尽管她和父亲都有退休金，加上我的收入，她是不需要这样节俭的。但是童年的阴影使她总有一种财务的不安全感。我计划在3年内给母亲的存折上存上50万，让她想买啥就买啥，在超市刷卡不再犹豫、不再算计，彻底消除她心中的不安全感。

我觉得，一个男人回报家人的最高境界是：自己在事业上飞翔起来，让父母、爱人和孩子为有这样一个成功的儿子、丈夫和父亲而自豪。男人们应该有这样的观察：父母与家乡的朋友或者亲戚一聊天就会聊起儿子以及他的工作、事业、职位和收入；女人与女人在一起闲聊就会聊到各自老公的事业和职位；连孩子们在一起玩也会攀比各自父亲的财富或者官位。因此，作为一个有责任的男人，你不能让自己的父母、女人和孩子在别人面前自卑。**爱孩子的最高境界就是，在他/她懂事之前，你必须达到事业的制高点，让他/她的精神有所支撑。**

另外，一个男人要学会经营自己的“安全感”。**没有什么比“这个男人很可靠！”这样的评价更高的。**让爱人觉得嫁给你很踏实很安心，让孩子觉得自己长大以后就想成为父亲这样的人，这就是男人向爱人和孩子传递的“安全感”。

第三种　爱家族

我是独生子女，没有兄弟姐妹，但是我祈祷我的孩子有兄弟姐妹，能够享受手足情深的酸甜苦辣。

你是否记得，你小的时候，你的舅舅、姨妈、叔叔、伯伯、姑姑们对你付出的爱和关怀？现在他们已经成了老人，可能还没有过上幸福快乐的生活。你作为他们的亲人，能够袖手旁观吗？

如果你已经实现了财务自由，如果你建立了自己的企业，如果你已经成为亿万富豪，有没有想过家乡的小伙伴们还在失业和贫困中煎熬，有没有想过要解救他们？

我深信，如果你为他们的生活焦虑过、不安过，你就是一个“有人味儿”的人，这种人会受到上苍的眷顾，会从一个胜利走向另一个胜利。

第四种　爱公司团队

松下幸之助说：员工100人时，我必须站在员工的最前面，身先士卒，发号施令；当员工增至1000人时，我必须站在员工的中间，恳求员工鼎力相助；当员工达到10000人时，我只有站在员工的后面，心存感激即可；如果员工增加到5万至10万人时，仅是心存感激还不够，必须双手合十，以拜佛的虔诚之心来带领他们。

如果你是公司老板，要想爱自己的员工，就要做到四个字——**成就员工。**

成就员工，首先让员工富有，其他都是扯淡！

其次，成就员工，就是让员工活得有尊严。让员工觉得在这样一个公司工作非常自豪，他们每天会自觉自发地努力工作，并且幸福地收获自己辛勤而来的成果。

成就员工的最高境界，就要引导员工像老板一样成为有追求、有梦想的商业领袖。

一个男人最大的痛苦，就是没有获得一个女人的崇拜。

同样，一个老板最大的痛苦，就是没有获得员工的崇拜。

如果你是公司的老板，想要爱员工，就要成为员工的精神领袖！

我认为，商业领袖的主要工作，就是用影响力感染员工和顾客。**如果影响力是一种能力的话，影响力就是爱的能力！**如果你想影响员工，影响顾客，就请爱员工，爱顾客吧。

第29个秘密

八个绝招，治愈你的心灵绝症（二）

第五种　爱城市社区

小人物就是到处炫耀，大人物就是到处照耀！请你成为你所居住的那所城市的太阳，走到哪里，照耀到哪里。

爱他人，就是随时随地影响他人。

如果你是医生，就随时随地传播健康、科学的生活理念和习惯，随时随地告诉别人养生长寿的秘诀。任何一次聚会吃饭，只要你出现，大家就会点健康绿色的菜，这就是爱你的邻居和朋友。

如果你是一位成功的商人，当你在街上走的时候，跟路边的小商贩聊一下，教给他们怎样把一个小小的水果摊位做成一个造福一方的水果批发城，让周围的果农、果贩们跟着富起来，这也是你对社区的爱。

如果你是一个普通人，在小区走过时，向每一个人微笑，你的微笑让更多人的拥有一天的好心情。哪怕在购物的时候，向身边的导购员点头微笑，让他觉得自己的工作是受到尊重的。

如果你真的爱你的城市，爱你的社区，每天早晨去上班的时候就不会愁眉苦脸，走在城市的人流里，你就会关怀这个城市和社区的芸芸众生，你会感觉到幸福从容。

第六种　爱国家民族

有一次，我问一个孩子：“小朋友，你知道我们的国家叫什么吗？”

他回答："中国！"

我说："很好，那咱们的国家在哪里啊？"

这个孩子回答不上来了。

这不是一种特殊情况，这是一种普遍情况。现在的父母、老师太过于关注孩子的学习、成绩、考试、分数，在孩子里的心中，只有升学、考试、名校，对于爱民族、爱国家、爱人民一点概念都没有。

记得我在大学一年级向全班同学自我介绍时说："我是一个热爱祖国的人！我以自己是一名中国人而感到自豪！"班里一个富二代同学听后，笑得前仰后合，鄙视我在这个时代还谈爱国的话题。

如果一个孩子对父母、同学、老师、民族、人民和国家不热爱，无论他在高考、考研、TOEFL、GRE、IELTS 等考试中取得多么高的成绩，无论他最后接受何种高等教育，成为学士、硕士、博士，哪怕最后成为"圣斗士"，此人终将都是一个普通人，终其一生都不会飞翔起来。

而有些普通人之所以最后成为国家领袖，必然是因为他的心中几十年如一日地装着民族，装着国家，装着人民。比如甘地，比如毛泽东，比如曼德拉，比如阿拉法特……

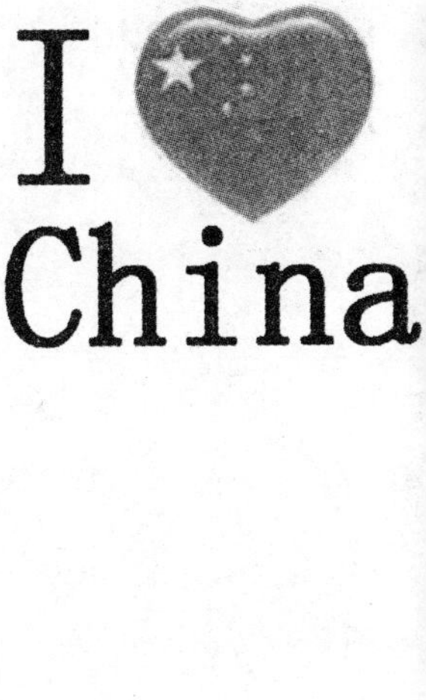

阿拉法特20岁过生日那天，中东战争开始打响，他正好在山坡上休息，他说："我阿拉法特今年20岁，我在此承诺：我要用我的生命实现本民族的独立、解放和自由，我要让所有的人民过上幸福快乐的生活！"几十年来他一直践行年轻时的诺言，最后成为全世界最有影响力的人物之一。

一个人最后能到达什么高度，就看他心中装着什么。

第七种　爱人类

在饥饿蔓延的非洲，一个黑人能吃上面包，就会在阳光下很灿烂地微笑，露出白白的牙齿。这就是一个鲜活的生命。这难道不值得你去热爱吗？

在美国西点军校校园里，矗立着一座著名的雕塑，树立这座雕塑是为了纪念一位中国军人。是什么样的中国军人会受到美国大兵如此的尊敬？这位军人打动美国军人的究竟是什么？

这位中国军人的名字叫做“雷锋”。

雷锋，在中国是“全心全意为人民服务”的楷模，家喻户晓。作为一名普通的解放军战士，他的生命短暂，却助人无数。毛泽东主席于1963年3月5日亲笔为他题词“向雷锋同志学习”，并把3月5日定为学雷锋纪念日；一部可歌可泣的《雷锋日记》令读者无不为之动容。“雷锋精神”激励着一代又一代人。

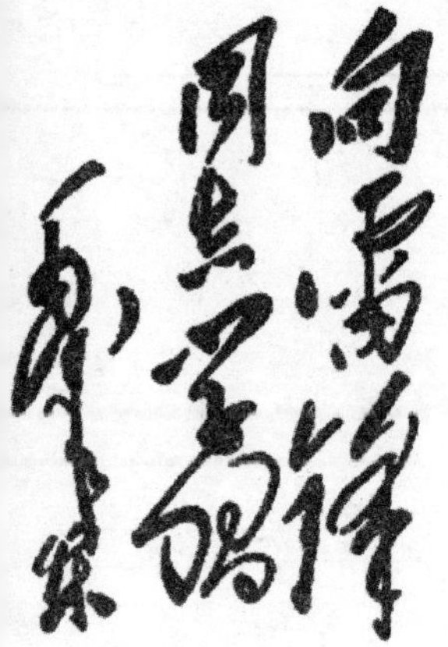

毛泽东主席为雷锋题词

在中国千万名军人之中，为什么唯独雷锋被美国人竖起雕塑、竞相模仿？

因为他有一颗伟大的“利他之心”。我觉得，真正的贵族，是以帮助别人为乐的人，包括帮助自己素昧平生的陌生人。

第八种　爱生灵万物

我想问大家：你有多久没有躺在草地上遥望星空了？

你有多久没有跳到河里畅快淋漓地游泳了？

你有多久没有对着远处的大山狂喊狂叫了？

你有多久没有趴在窗台上看着美丽的风景发呆了？

一个孩子养的小金鱼死了，他就逃课将小金鱼埋在了郊外，并给小鱼树立了墓碑。自己坐在小金鱼的墓前哭了半天，最后才依依不舍地离开。后来，父母知道了孩子逃课的事情，就把孩子狠狠批评了一顿。

我想问大家，这件事，是孩子做对了，还是他的父母做对了？

我的回答是：这个孩子做对了！他的父母大错特错！孩子怎么能不接触生物呢？孩子本人也是生物啊！

这个孩子逃课，是因为发自内心地热爱小金鱼，热爱生灵啊。父母的愿望都是让孩子有出息，成龙成凤，但是究竟什么样的孩子长大后能成大业？我告诉你：**一个有着慈悲心的孩子才会成就大业！有了慈悲心，才有可能成为领袖，领袖就是用自己的行动帮助朋友，爱护家人，热爱天下万物。**这是一个有慈悲心的孩子，父母怎么能扼杀这种大爱呢？

北极熊

如果你想成就事业，如果你想幸福一生，请你从爱身边的生灵万物起步吧。

爱护动物，爱护植物。去郊外植树，在阳台上或者自家的院里种上花，种上树。如果有足够的资金，就买下一片森林和庄园，带着家人种菜，养马，养鸡，放羊。你要热爱徐风，你要热爱暴雨，你要热爱森林，你要热爱草地，你要热爱远方的北极熊和帝企鹅，你还要热爱在你脚下搬家的蚂蚁……

可爱的小企鹅

总结一下：

现在很多人心中没有爱，却以忙事业顾不了情感为借口。我告诉大家，任何事业都不需要我们牺牲亲人、爱人、情感作为代价。**如果你的事业要以牺牲亲情、爱情、友情作为代价，你做的事业就不是事业，而是孽障！**

如果有一天，你败了，就是因为心中没有爱了；

如果有一天，你胜了，就是因为你心中的爱增加了。

这就是我所理解的“人生八大爱”，请大家记住四句话，随时随地将你“爱”的能力最大化吧！

第一句：凡是你没有状态，感觉不好的时候，就是你此时没有爱在心中。

第二句：只要爱没有增加，一切不会有根本改变！

第三句：爱人，就是用爱随时随地影响他人，成就他人。

第四句：只要爱宇宙间生灵万物，你就会更加乐观！

如果你要检查自己今天有没有在根本上进步，就看自己在爱上有没有增加一分。

最后，我们一起来读一则故事。

从前，有一位妇人看到三位陌生老者坐在门前，她就请老者们进屋休息。一位老者指着其他两位老者说：“他叫‘财富’，他叫‘成功’，我是‘爱’。你只能允许我们中间的一个人进屋，你看让谁进屋呢？”妇人在百般劝说他们无效的情况下，只好先请叫“爱”的老人进屋。结果三位老者一起进来了。在妇人疑惑的时候，三位老者微笑着回答：**“哪里有‘爱’，哪里就有‘财富’和‘成功’。”**

请做一个真诚生活的人，请做一个心中有大爱的人，心中有爱，至情至性！

请你尝试着去拥有爱，爱自己，爱家人，爱天下苍生，爱宇宙万物……大爱，会让人类因为你的存在而更加幸福和谐，让宇宙因为你的存在而永恒运转。

第30个秘密

失败之后，牛人和菜鸟分别做了什么？

菜鸟做事情会失败，牛人做事情也会失败，差别在于——他们在失败之后分别做了什么。

菜鸟失败了会痛苦，牛人失败了也会痛苦，甚至是撕心裂肺的心痛，差别在于——菜鸟失败了，痛苦了，**放弃了**；而牛人失败了，痛苦了，**继续了**。

俞敏洪失败后做了什么

当初，俞老师在创办新东方的时候还是一介书生，一没人脉，二没资金，三没社会资源。他曾经为了摆平一些关系，皱皱巴巴地捏着几百块钱，请派出所的警察们喝酒。那是他生平第一次进高档酒店，紧张的俞敏洪不断给自己灌酒，最后喝酒喝到中毒。抢救了两个小时才被抢救回来。醒来后，俞敏洪躺在医院里的病床上，撕心裂肺地喊："我不干了！我不干了！回去就把新东方关了！关了！"哭够了，喊累了，睡着了，睡醒了，酒醒了，到了晚上7点钟该上课的时间，他又像往常一样背起书包走进了新东方的教室。

人可以N次跌倒，但一定要第N+1次爬起！这是一种可以感动自己并可以感染旁观者的强大精神力量！任何企业的发展壮大，都必然伴随着创始人一次又一次地受伤，然后他一次又一次地忘记伤痛，重整旗鼓，继续前行。

在牛人身上你总能看到一种"从绝望中寻找希望，人生终将辉煌”的生命韧性，他们的人格会长久地屹立在孤独、失败与屈辱的废墟之上，坚挺不倒。**人生要有一股气，就是老子死等也要等到咸鱼翻身的那一天，老子硬靠也要靠到对手服软的那一刻。**

曹操笑出了江山

菜鸟太敏感，一次小挫折、小伤害能让他纠结半年，而牛人很“愚钝”，失败之后立刻忘却，甚至可以大笑着卷土重来。有些牛人身处逆境，依然可以笑对人生，甚至连江山都可以“笑”出来。在电视剧《三国演义》中，让我印象最深的就是曹操的笑。有一句评价《三国演义》的话，说得十分准确：“刘备的江山是哭出来的，曹操的江山是笑出来的。”

的确，刘备光史载经传的“大哭”，就有数十次之多。他一大哭，关、张、赵、马、黄五虎上将就会去拼命；他一大哭，智慧如诸葛亮者也要鞠躬尽瘁，死而后已。刘老先生靠的是这个。

曹操　中国东汉末年著名的军事家、政治家和诗人，三国时代魏国的奠基人和主要缔造者。他一生征战，用人唯才，打破世族门第观念，抑制豪强，所统治的地区社会经济得到恢复和发展。此外，他还精于兵法，著《孙子略解》、《兵书接要》、《孟德新书》等书。作为一代枭雄，他精通音律，善作诗歌，抒发政治抱负，并反映汉末人民苦难生活，慷慨悲凉。

曹操不同，他爱“笑”。特别是在困难重重，走投无路的时候往往“仰面大笑”。仅看《三国演义》中曹操在赤壁大战中被杀得丢盔卸甲，狼狈不堪，在逃命的紧要关头，就大笑了3次。

第一次在“乌林之西，宜都之北”，树木丛杂，山川险峻，曹操仰面大笑，笑周瑜、诸葛亮是无能之辈；

第二次，曹操坐于“疏林之下”，又是仰面大笑，还是笑周瑜、诸葛亮对于这里的军事力量部署不足；

第三次，坐在马上扬鞭大笑，依然是笑周瑜和诸葛亮考虑不周，自己只要逃脱必然卷土重来！

曹操每次大笑，都是对着敌人竖起中指说：“鄙视你！”他在笑对手是无能之辈，笑对手的军事天赋远远逊于自己。当时的他已经被孙刘联军打得落花流水，但是依然用这种强悍的赢者心态面对失败，嘲笑对手的每一个“不明智的”军事部署。在人生巨大的失败面前，这三次大笑，是一种“永不服输”的精神，是一种“勇者无畏”的性格，还是一种“王者归来”的气魄。

三次大笑的背后，是曹操的强大人格力量在支撑——永不言败，

卷土重来！三国中的英雄人物中，数曹操最带劲！

成大业者遇到失败，也会受伤，他做出的选择是擦干眼泪，抹平伤口，继续再战！而且，他会把这次失败和伤害消化，转化成下次做事的经验和营养。每经历过一次失败，他就变得成熟一点，每经历过一次伤害，他就变得坚强一点，渐渐地，他使自己抗击打的神经生长得更为粗壮，就这样，他用坚强和耐心一点一点提高自己的逆境商数。最后，在任何困难面前，他已经变得无所不能。

我老师的名片被人撕碎

还有一个发生在我身边的故事。

在哈尔滨，有一个大四的学生，偶然间读到一本书《世界上最伟大的推销员》，就立志成为一名职业推销员。课也不上了，书也不读了，天天就在各种公司里穿梭，推销各种商品，他推销过菜刀，推销过巧克力，推销过医疗器械，还推销过女士内衣和袜子。

有一次，他去一个政府机关推销精装版《孙子兵法》。走进一家办公室，一个处级干部正在打电话，这位学生就恭恭敬敬地站在旁边等着。那位处级干部打完电话，看到自己旁边站着一个不认识的学生，不耐烦地问："你干嘛的？"学生说："您好，我是一名推销员，我销售的产品是精装版的《孙子兵法》，您可以先看一下这套书，对您非常有帮助，这是我的名片。"处级干部接过名片看都没看，就直接拿过来一点一点撕碎，扔到垃圾筐里，说："没看我正忙吗？滚！"

这个学生虽然是一个男生，但是从来没有遇到过这种侮辱，眼泪唰就下来了，转身就走。噔噔噔，一口气跑到楼下，在走下最后一个台阶的时候，突然停住，问自己："我大老远从学校跑到这里来推销书籍，就为了挨他的骂吗？我这样回去了不但书没有卖出去，还被这个王八蛋骂了，我自己不就受伤害了吗？以后我还有什么胆量去推销商品？不行，我得回去！"于是他转身又上楼了，回到那个办公室。那个处级干部一看那个学生回来了，也愣住了。学生指着那个人说："今天你伤害了我！我是一个农家孩子，好不容易考上大学，但是我立志成为一个不一样的人，我要成为最伟大的推销员，我要成就伟大的事业。今天因为你的批评，我可能会将我的梦想就此放下，如果那样的话，你就摧残了一个有梦想的大学生，你会为此自责一生！”那个处级干部从来没有遇到一个推销员这样说话，自己也觉得做法有些过头，说：“那我买你一套书吧！”大学生的第一套书就是这样卖出去的！

后来他成为了公司里的销售冠军，他的最高销售纪录是一天卖了8563本，一次性将书卖给了一家公司，那家公司的老板非常欣赏这个年轻人的冲劲和闯劲，一下子团购了他所有的书。

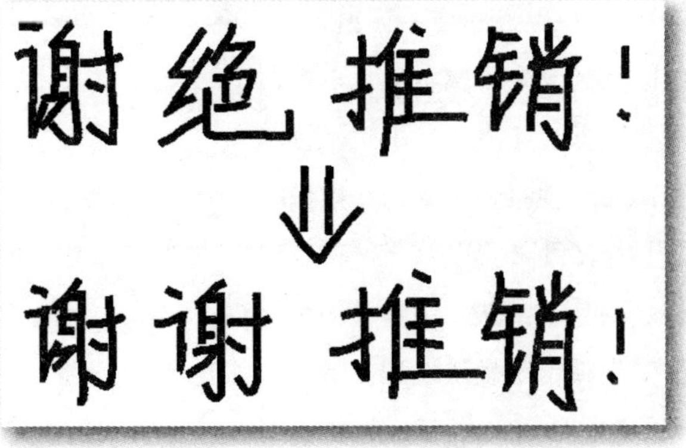

再后来，这个学生在深圳成立了一家自己的公司，从事图书和商业培训业务。现在他已经在全国各地开办了几十家分公司，成为极具规模的企业集团。**大家知道，凡是写字楼里办公室门上都挂着“谢绝推销”的牌子，唯有他公司的门上挂着一个牌子，上面写着“谢谢推销”！**

大部分推销员拜访客户一次、两次、三次，均遭拒绝，他们就不敢再来第四次、第五次了，这些人就在商场上消失了；而这位学生推销员拜访客户被拒绝可以达到105次、106次，他依然不放弃，他就存在下来了，他就成就了。

这是发生在我身边的真实的故事，故事的主人公就是我的老师。一个年轻人从一个穷学生到缔造自己的商业帝国，从一天被人拒绝180多次到一天推销出近万本图书，再到一天有近万名企业家在广州白云体育馆聆听他的现场演讲。正是这种强悍的逆境商数帮助他咬牙挺住一切，熬过了从失败到成功最难以突破的临界点，最终在人生的巅峰飞翔起来，创造出了令人羡慕而且令自己也意想不到的快意人生。

很多时候，历史舞台上留下的人并不是多么厉害，而是随着时间的推移，他们同时代的对手都坚持不住了，自我放弃了，自己下台

了，只有他们这些“倔种”死扛着不下台，最后就留在了舞台上，表演出波澜壮阔的传奇故事。人生真的不一定是“胜者为王”，而往往是“剩者为王”！

牛人是怎样淬炼而成的

我用一个故事来说明牛人和菜鸟的差别：两人上山打野猪，一枪打出去，野猪没死。看看两人有什么不同的反应：一个人见情况不妙，把枪一扔，拼命往山上跑，这一位就是菜鸟；另外一位看到子弹打完了，就把枪一扔，冷静地从腰上拔出柴刀，与野猪肉搏，这一位是牛人。**所有的牛人，都是在逃无可逃，血拼到底的绝境中淬炼出来的！**

大家看看，失败之后，牛人都做了些什么？

俞敏洪，酒精中毒之后，酒醒了，哭累了，依然背起书包走进了新东方的教室，继续激情演讲，最终建立了中国第一家在美国纽交所上市的教育集团；

曹操，在赤壁之败后，大笑对手的不高明，回去后秣兵厉马、重整旗鼓，几年后卷土重来，最终成就了一方霸业，万世传名；

我的老师，在名片被人撕碎、推销被人无情拒绝之后，依然回去教育了那个伤害他的人，继续不屈不挠地奋斗，终于成为中国商业培训界的一个奇迹。

我要告诉诸位的是：每一个人都会遭遇失败，失败之后，菜鸟就认命了，而牛人选择了——继续再战！这是牛人与菜鸟之间最大的差别。

第31个秘密

寻找自己的贵人，并成为别人的贵人

在你的朋友中有一种非常重要的人，有时候他们决定了你后半生的命运，这种人叫“贵人”。因贵人而发迹最著名的案例当属清朝商人胡雪岩的故事。

道光年间，有一个叫王有龄的读书人，捐了浙江盐运使，但无钱进京。后胡雪岩慧眼识珠，认定其前途不凡，便资助了他五百两银子，让其速速进京混个官职。后来王有龄在天津遇到故交侍郎何桂清，何桂清就将王有龄推荐到浙江巡抚门下，当了粮台总办。王有龄发迹后并未忘记当年胡雪岩的知遇之恩，于是资助胡雪岩开钱庄，号为“阜康”。之后，随着王有龄的不断高升，胡雪岩的生意也越做越大，除钱庄外，还开起了许多经营药材、布匹的店铺。

胡雪岩（1823—1885）

徽州绩溪县人，中国近代著名红顶商人，富可敌国的晚清著名企业家，政治家。开办胡庆馀堂中药店。1866年协助左宗棠创办福州船政局，在左宗棠调任陕甘总督后，主持上海采运局局务，为左大借外债，筹供军饷和订购军火，又依仗湘军权势，在各省设立阜康银号20余处，并经营中药、丝茶业务，资金最高达二千万两以上，人称“为官须看《曾国藩》，为商必读《胡雪岩》”。

庚申之变成为胡雪岩大发展的起点。在庚申之变中，胡雪岩处变不惊，暗中与军界搭上了关系，大量的募兵经费存于胡的钱庄之中，后又被王有龄委以“办粮械”、“综理槽运”等重任，几乎掌握了浙江一半以上的战时经费，为以后的发展奠定了良好的基础。

茫茫人海，哪位是你的贵人？这需要你阅人无数来提高自己的“识人能力”，**同时还需要有一种急人之急的仗义胸怀**。试想：当时的王有龄只是一个落魄的秀才，根本看不出他有什么光明前途，胡雪岩不但不嫌弃他，而且拿出自己要账回来的钱全部资助他，让他进京求官。这不单单是有长远的投资眼光这么简单，还需要仗义助人的侠客胸怀。**把朋友的“穷困”当做你自己的“穷困”，该出手时就出手，那么日后朋友的“富贵”才可能成为你的“富贵”。**

陈寿亭的三位贵人

另外一个故事就是电视连续剧《大染坊》。这是发生在上世纪二三十年代山东淄博地区的一个商业传奇。这部电视剧被我看过不下15遍，被我奉为最经典的商业教材，反复观看揣摩。主人公陈寿亭能够在印染行业做出一番事业，成为当时山东民族企业的翘楚，得贵人相助是一个非常关键的因素。陈寿亭一生有三大贵人，分别在不同阶段给予他很大的帮助。

第一位是锁子叔。陈寿亭自幼没有父母，以乞讨为生。有一年冬天，大雪纷飞，寒冷异常，陈六子（陈寿亭的小名）没有讨到吃的，眼看快要饿死了。当时在小饭店里打杂的锁子叔就把自己的一块饼掰开一半给了这位小乞丐，救了他一命。后来陈寿亭富了以后，就把锁子叔和锁子婶一家供养起来，给衣给粮，为二老养老送终。这位贵人救过陈寿亭的命。

电视剧《大染坊》，讲述的山东印染业奇才陈寿亭的奋斗故事，他虽不识字，却勇于创新，智计百出，深明大义，忠心爱国。这部电视剧既是个人奋斗的深情礼赞，也是一曲民族工业的悠长挽歌。

第二位是陈寿亭的东家——卢老爷子，这是他所遇到的在事业上十分重要的一位贵人。卢老爷子是淄博周村的大户人家，他出钱陈寿亭出技术，两人一起合伙办厂，卢老爷子是印染厂的董事长，陈寿亭是总经理。卢老爷子的儿子卢家驹是从德国学纺织回国的洋学生，在染厂中与陈寿亭做搭档，一起处理厂务。但是卢老爷子深知儿子只会纸上谈兵，真正的染坊运营还要依靠经营经验丰富的陈寿亭，于是就大胆放权，让陈寿亭全权处理青岛大华染坊的事情。结果在卢老爷子和卢家驹全面的放权和扶持下，大华染厂成为青岛最大的染厂。看完这部电视剧，我由衷地感叹：卢老爷子真是一位智慧的商人。

第三位是当时济南的商界领袖苗瀚东。此人也曾经在陈寿亭乞讨时救过他一命，后来二人成为莫逆之交。陈寿亭没上过学没读过书，而苗瀚东是当时的留学生，一代儒商。二人经常在一起下棋，聊天，切磋企业经营的策略。每当陈寿亭遇到棘手的事情，总是喜欢去他苗哥家里下棋，请教解决方案。有时候二人在大明湖畔铁公祠摆上架势，杀他几盘。下棋时，两人各不相让地“厮杀”，同时海阔天空地神聊，一些经营难题也随之迎刃而解。可以说，苗瀚东不仅是陈寿亭的贵人，还是他在商业上的导师。

除了这三位贵人之外，上海林氏六和染厂的林老爷子、陈寿亭的岳父岳母以及陈寿亭的结发妻子都是他生命中的贵人，为他在事业上的发展提供了巨大的支持和引导。

楠哥的贵人

有一点，我深信不已：结识一位贵人可能改变你一生的轨迹。我有一位姓赵的朋友不得不提，我与他在北京相识，并成为很好的朋友。当年的我从北京到济南工作，再回到北京发展与他有着直接的关系。赵哥的人生经历比较波折，自幼家贫，小时候还在火车上卖水果为生。后来大学毕业后在家乡开过学校，他讲的语文课和数学课都超级棒，所以招生非常火爆，在去北京之前他用挣来的钱为母亲买了一栋房子。同时，他在各个方面都非常优秀，他曾经是兰州市大学生最佳辩手，口才相当了得。另外他的国标舞跳得非常专业，还烧得一手好菜，简直就是一个完美的男人。我们之所以成为朋友，因为当时刚刚大学毕业的我非常佩服这位大哥的能力和才华，他也非常欣赏我为人义气和强烈的进取精神。

当时我们都住在清华大学旁边的平房里，条件比较艰苦。当年的他刚刚考上中国人民大学的研究生，得了重病，刚刚做完手术，在租的房子里休息。当时他孤身一人来到北京，我看他无人照顾，就对他说："哥，你有什么事情就跟我说，我年轻可以帮你跑跑腿。"赵大哥非常感动，就把我当作弟弟看待。我经常帮他跑跑腿，处理一些急事，他也愿意跟我聊天，教我怎么做人。

2003年我回到老家躲避非典。后来赵哥把我叫到济南帮他经营公司，再后来又把我叫到北京一起合作做事。所以我年轻时的生命轨迹受到贵人赵哥的巨大影响。

结识贵人，最好是结识比你年长一些的，他们经历了很多事情，阅历丰富，甚至见识过江湖中的大风大浪，他的一句话就可能让你幡然醒悟，让你少走很多弯路。**结识贵人，最好结识在某个领域内最顶尖的一等一高手**，他们不经意的一次提携就会减少你在迷茫中摸索的时间，甚至彻底改变你的人生。

还有非常重要的一点，茫茫人海，到哪里去找寻自己的贵人呢？在找到贵人之前你不知道谁将成为你的贵人。我的建议是，在与朋友交往时，一定是义气和真诚当先。**在不知道谁是你的贵人的时候，向身边每位事业成功的朋友主动提供你的帮助和“使用价值”，尤其是他们最最需要的时候。**比如，当年的我就是在赵哥需要帮助的时候，真诚地说了一句：“哥，有事你说话，我帮你办。”这句话没有任何的功利，只有对朋友承担的责任和关爱。

另外，贵人并不是单向的，而是相互的。相互成就，才能维持长久的合作与友情。比如，《大染坊》中的锁子叔当年救了陈寿亭一命，陈寿亭也为老人养老送终。

成为别人的贵人

在生命的每一个阶段，我进入一个新领域时都有贵人指引。进入培训行业时一位王老师积极引荐校长让我认识，并安排我到教室学习成熟教师的上课风格。进入商业培训领域时一位河北的企业家把我视为团队中的一员，带着我向各位名师学习，对我的快速成长起到了关键作用。同时，我也成为一些年轻人进入培训演讲领域的贵人。两年时间内我一共收了8位徒弟，他们都是勤奋刻苦并且具有相当天分的年轻人，我带领他们走进了演讲领域并时常点拨他们。现在的他们都在茁壮成长，有的成为某个领域极具声望的名师，有的去美国、澳洲留学继续深造，还有的已经在公司内部成长为负责重要部门的中层领导。看到他们取得的成功，我非常开心，我觉得自己做了有功德的事情，这在佛教中是“渡人、成就人”的好事。我愿意成为更多年轻人的贵人，我也愿意继续发现身边的演讲苗子，培养他们，推荐他们，成就他们。

贵人远在天边，近在眼前。每一个牛人都有一套招纳贵人的谋略。他们慧眼识贵人，热诚待贵人，虚心听贵人。与此相反，失败者往往自以为是，不识贵人，远离贵人。贵人不是佛祖，不会提拔弱者，只会让强者更强。如果说成功真的有捷径，那么我觉得“寻找自己的贵人，并且成为别人的贵人”，这就是一个人成功的捷径。

第32个秘密

专业=无人企及!

在开员工会议的时候，我经常提到这样一种理念：“专业性是一种能力，职业性是一种态度。专业性和职业性互为因果。极其端正的态度可以使你的专业性快速增长。”我曾经细心地观察周围成功者的特质，发现他们有一个共同特点：所有成功者做的事情都是从零开始，从一无所有开始，然后从无到有，从小到大。他们开始做的无一例外都是“小事情”，有的事情非常卑微，有些事情甚至很低贱，但是，他们的态度非常端正，超级端正。**这种态度使他们可以做好、做成他们想做的任何事情；这种态度为他们赢得了所有人的认可甚至敬佩，并且义务宣传他们的事迹。久而久之，他们逐渐具备了做成事情的能力和做好事情的口碑，最后，成就了人生。**

刷碗刷成第一名

我有一位老领导，姓王，早年到美国留学，为了赚取学费和生活费，他到饭店里洗碗。当时在美国的中国留学生非常多，到校外打工是非常普遍的现象。洗碗这份工作，上手比较简单，没有什么技术含量，是中国留学生做的最多的兼职工作。也正因为此，洗碗的中国留学生也经常被人瞧不起。但是王先生做了一件与众不同的事情，让很多人对这个洗碗的中国大男生刮目相看。

王先生做事态度极其端正，任何时候都是如此。在国内，他是北京大学西语系的高材生，还主持学校的社团和播音主持工作。现在在美国饭店里洗碗，他首先做的一件事情就是端正自己的打工心态。

他认为：做任何事情都可以成为第一名，洗碗也可以洗成所在餐

馆的第一名，所在社区的第一名，所在城市的第一名。于是他开始研究水温、碗的质地、洗洁精的种类：研究多少度的水温洗碗效果最好；针对不同碗的质地，手指的擦洗力度有何差别；还有哪个品牌的洗洁精使用量少但是效果好。在不懈的努力之下，他洗出了全饭店最干净的碗碟。在他去之前，这家餐馆以“碗碟不卫生”著称，自从他去了以后，碗碟的卫生情况发生了巨大改观。

同时，他超级端正的工作态度、超级认真的职业精神也感化了周围的同事，所有的工作人员都形成了积极向上、认真做事的氛围。同事和老板都非常喜欢他，喜欢到什么程度呢？一件事情足以说明。

有一天夜里12点，王先生将饭店里所有的碗碟洗完，穿上外衣准备回家。饭店里的一位女服务员Lily走过来，让他伸出左手，他觉得很奇怪，非常诧异地伸出左手，Lily将20美元放到他的手中。王先生更加奇怪了，无缘无故给我钱干嘛？原来，这家饭店规定洗碗的员工是没有小费的，只有前厅的服务生有小费。王先生没来之前，这家餐馆服务生得到的小费很少，因为顾客觉得餐具太脏，没有心情给小费。自从他来了以后，将碗碟洗得非常干净，顾客非常满意。顾客心情好，对服务满意，给前厅服务生的小费自然就多了。所有的服务生十分感谢王先生，正是他在清洗间的努力工作才帮助大家赢得了小费，所以他们决定将当晚所得小费的1/3拿出来送给王先生作为答谢。

大家看到了吧，成功者做洗碗这种卑微的工作都会做到顶尖的程度。让顾客满意，让同事满意，让老板满意。其实，洗碗的动作是没有太大差别的，但是洗碗者的心态有着巨大的差异。**普通人就是把自己当做一名卑微的洗碗者，成功者即使洗碗也会把自己当做洗碗的王者，把这份工作做到行业第一名，这种心态就是我提倡的“专业精神”。**

换尿布也要做第一

其实，王先生在美国还做过更让人瞧不起的工作——在养老院给老太太换尿布。即使是这种工作，他依然做到第一名，在整个社区的6个养老院里非常出名。

他到底做了什么呢？

为了做好换尿布这份工作，王先生到当地超市买了十几种尿布，自己逐一穿上，然后往尿布里灌水，一一试验。经过亲身体验后，自己觉得哪种尿布用着最舒服，就给老太太使用哪种，而且为了让老人们在换尿布的时候感觉愉悦，他研究出了“换尿布五步法”——

第一步：微笑（眼神交流）；

第二步：抬身，取出旧尿布；

第三步：放入新尿布；

第四步：微笑安抚；

第五步：聊天十分钟，然后离开房间。

结果，养老院中的所有老太太都离不开王先生了，老太太们哭着喊着只让他给自己换尿布，其他人都不行，连亲人给她们换都不行！

王先生告诉我，对于给老人换尿布这件工作，他的工作理念是：**只要给我一次机会，我就让老人认可我，甚至非常愉悦；给我3次机会，我就让她离不开我，每次换尿布非我莫属！**

过多的道理已经不需要我多说，洗碗、换尿布这两个案例已经说明了一切：**专业精神，是用敬畏之心对待卑微之事，可以帮助你具备强大的“不可替代性”。**

专家白岩松、大师吴孟超

白岩松，是我非常喜欢的一位主持人。他主持节目的格局和思想与众不同，临场应变能力也是出类拔萃。有一次，一位记者采访他，问道：“白岩松，你好，现在电视主持界年轻主持人层出不穷，你有没有被年轻一辈超过的担忧？”白岩松微微一笑，回答：**“一点都不怕，因为做这一行，我一直在拼命地充电。当一个人的起点已经超出别人很远，而他自己又拼命地充电的时候，别人就很难追上他。”（楠哥批注：天道酬早＋持续拼命＝无法超越）**我想说的是，白岩松这种“不断学习，不断超越”的专业精神是令人敬佩的。

中央电视台曾经有一档访谈节目，叫《大家》，被采访的对象都是一些耄耋老人，他们都是各个行业的泰斗级人物。虽然都是八九十岁的高龄，但是当他们谈论到各自的专业时，眼神中都散发出不可遏制的激情。

上海肝脏专家吴孟超参与采访的那次节目，让我印象特别深刻。

吴老是上海东方肝胆外科医院的一名医生，他一辈子只是老老实实地、认认真真地研究人体中一个器官——肝脏。因此，他在这个研究领域的精深程度无人能敌。

中国肝胆外科之父——吴孟超院士

作为一名医生，吴老深知，肝脏手术99.999%的失败都是因为失血过多。因此，吴老就不断地思考一个课题：能不能最大程度避免在手术中失血过多的情况呢？

他当时最大的梦想是制造出世界上最优秀的肝脏标本，帮他解决手术失血过多的难题。制造肝脏标本的技术难点在于：人体的肝脏有四种血管，必须用适合的材料做才能成功。吴老曾经做过了几千次试验都没有成功。为此，他每天思考这个问题，上班想，下班想，走路想，吃饭也想，但是问题一直没有解决，吴老也是一筹莫展。

英文有一句话：God helps those who help themselves.（天助自助者）。中国人也有一句话：机会只垂青做好准备的人。这两句话在吴老的身上再一次应验。

有一次吴老在家洗菜，发现水龙头可以收放自如。于是，他如法炮制，制出一个可以在肝脏上控制流血的器械，像水龙头一样想止就止，想放就放。还有一次，中国乒乓球获得世界冠军，他又极其兴奋，因为他还没有用乒乓球作过试验，于是马上上街买了几个乒乓球作为原料，制作肝脏标本中的毛细血管，又一次取得了成功。后来，吴老在世界上的肝脏研究远远领先于其他国家的专家，让许多同行业的外国专家瞠目结舌！

另外，让我吃惊的是：吴老被采访时已经是80多岁的高龄，手不停地抖，但是将一个肝脏标本放到他的手里，手立刻就不抖了。

从吴老研究肝脏的故事来看，如果你还没有成功，就是因为你还没有对一件事情想得疯狂，想的癫狂，想得痴狂。还没有做到吃饭也想、走路也想、醒着也想、睡觉也想的程度。

看完节目，我感受颇多，大师也是普通人，在生活里与你，与我，与他，毫无差别。他们与普通人唯一的差别就是——对于自己行业的那种如痴如醉、梦盈魂牵的热爱，以及出神入化、无人能及的专业水准。

迈克尔·舒马赫　著名的德国一级方程式赛车车手，被称为“F1之王”，获得过7届F1世界冠军，是当今世界F1车坛当之无愧的第一人。1991年第一次参加比赛，2006年退役。

专业主义的四大标准

我认为，评判一个人的技能是否够专业，评判一个人是否称得上专家，有四大标准：

第一个标准：对专业是否足够熟练。

专业人士与“玩票”人士最大的区别就是——前者更加熟练。

同样是学会一种技能，掌握的程度有什么差别？

只有一个差别，就是熟练与不熟练的差别。

比如，普通人学英语，我和团队中的英语教师也学英语，差别在哪里？我们可以将英语考到丧心病狂的高分，而且可以将英语考试课程讲得天花乱坠、荡气回肠，原因是我们对英语和英语考试更加熟练而已。

再比如，你会开车，出租车司机也会开车，差别在哪里？出租车司机比你更加熟练，比你熟练几倍！出租车司机会开车，“F1赛车之王”舒马赫也会开车，差别在哪里？舒马赫比出租车司机更加熟练，熟练几十倍！

你会弹钢琴，“钢琴王子”朗朗也会弹钢琴，差别在哪里？他比你更加熟练！

你会跳舞，“流行音乐之王”迈克尔·杰克逊也会跳舞，差别在哪里？他比你更加熟练！

你创业，经营公司，海尔总裁张瑞敏也经营公司，结果你创业尚未成功，而他是中国企业家中最杰出的代表，差别在哪里，他比你更加熟练！

以后大家脑中要有这样的信念：如果我要在某一方面比其他人优秀，我在这方面练习、重复的次数就必须比别人多，做起来才能比别人更加熟练；如果我要在某一方面比其他人优秀10倍，我练习+思考的次数就必须是别人练习＋思考的次数的10倍！

其实，**说一个人够专业，就是说他练习的次数足够多，做一件事足够熟练**。如果有的人说除了熟练还有悟性，我想告诉你的是：**重复就会熟练，熟练是最好的悟性！**

第二个标准：在专业内是否犯了100次甚至1000次以上的错误。

什么样的人是专家？就是在一个领域里犯了所有可以犯的错误的人。

专业人士比“玩票”人士犯的错误更多，练习的时间更久，探索的空间更加广阔，因此他的思考更加深刻，处理突发事件的“手感”、“事感”也更加准确，更加快速。

第三个标准：是否将自己的生命“排满”。

我自己创造了一种工作方法，叫做**“排满工作法”。顾名思义，就是将自己一天内、一星期内、一个月内甚至一年内所有的档期排满，来做一件事，不让自己有空余的时间。**

大家可以注意观察一下：

在商业区、超市、公园、大街上闲逛的人群中，有几位是行业中顶尖的专业人士？

在街上遇到熟人一聊就能海阔天空闲扯三四个小时的，有几位是一等一的技术高手？

每天蜷缩在沙发上看电视或者上网超过三个小时的，有几位是另同行敬仰的行业精英？

顶尖的专业人士他们要在专业上突飞猛进，要为顾客提供最顶尖的服务，他们有时间逛超市吗？他们有时间闲聊吗？他们有时间上网聊天打游戏、看电视吗？如果你想成为专业人士，就请先断绝与你的专业无关的所有事情，只做与提高专业有关的事情。因为每个人一天都只有24小时，如果你拿出5小时用在闲聊、闲逛、闲玩上了，这5小时就再也不可能用在你的专业和事业上了！

因此，请把你的时间排满，用事业和奋斗排满！

第四个标准：对专业是否已达到“深度痴迷”。

有一位台湾男歌手，二十五岁开始在酒吧唱歌，也曾组团演唱。今年已经五十多岁了，依然留着一头波浪式长发。他一生历经坎坷，在四十岁时才有机遇成名，成为家喻户晓的明星。歌迷称之为“老爹”。他的成功，被称为“台湾传奇”。他的语录是：“没有一千次的挫折，一万次的失败，就没有迪克牛仔。”

是的，这位歌手就是迪克牛仔。

迪克牛仔，是一位从台湾走出，在大陆成名的优秀歌手。我非常喜欢他的歌，在他沧桑的风格和嘶哑的嗓音中，我总是可以听出他过往的艰辛，总可以回忆起自己奋斗的艰苦历程，一个个拼搏的场景会历历在目，一股股感动的情绪会喷薄而出。他每次都唱得动情，我每次听得也动情。

有一次，我在西安出差，晚上在宾馆里休息，看一档访谈迪克牛仔的节目。

记者问他："在休闲娱乐的时候，你最喜欢做什么？"

他憨憨一笑，回答："最喜欢唱歌。"

记者很奇怪，说："唱歌，是你的工作。观众们最想了解的是工作之余你都干些什么。在你不唱歌的时候你最喜欢做什么？"

迪克牛仔淡淡地说："不唱歌的时候，我最喜欢听歌。"（这一点太像作者我了，我的工作是演讲，不演讲的时候我喜欢听别人演讲，自己不演讲也不听别人演讲的时候，我就喜欢写书，写书还是为了沉淀思想，为以后更实用、更精彩的演讲做准备！5年来我都是听着世界大师的演讲录音入睡的，这一点让很多同事、朋友觉得我对演讲痴迷得离谱。）

记者继续问："那除了唱歌，你就听歌，有没有更放松的娱乐方式？"

迪克牛仔想了想，说："除了唱歌、听歌之外，我最喜欢的就是弹吉他。"

记者快崩溃了，说："牛仔先生，弹吉他还应该属于你工作的范畴，除了唱歌、听歌、弹吉他，你还有其他让你整个身心放松的事情吗？比如跟睡觉一样放松的事情。"

迪克牛仔笑了笑说："还有擦吉他！"

话音未落，现场的主持人和听众集体崩溃了！这个人除了音乐、音乐、音乐，生活中没有其他的元素！很多人理解不了他，但是我理解他，他做到了断绝，断绝了与音乐无关的所有事情，只做与音乐有关的事情，他一个人静静地生活在音乐里！这种状态就是成功所必需的"深度痴迷"状态。

以后你可以不用问"迪克牛仔到底是怎么成功的？"我来告诉你：这个人生活在歌唱之中！因此他成功了！除了唱歌就是听歌，除了弹吉他就是擦吉他！音乐是他全部的快乐，全部的生命！这种快

乐，就是对一件事情深度的、无法自拔的、不可救药的痴迷，这叫做“深度痴迷”，是成就事业的一种大乐。别人把唱歌当做工作，而他把唱歌当做生活和娱乐，当一个人把自己的工作当做生活和娱乐的时候，这个人的成功是无法阻挡的！

专业=无人企及

什么是专业呢？总的来说——

专业，就是在极为细小的领域内做出了惊人之事；

专业，就是在自己行业内达到极高的水准，无人企及；

专业，就是解决了一项困扰人类很久的重大问题，并且造福了人类！

其实，专业大师，离我们很远，也离我们很近，只要我们专注如一地练习一种技能，一生无悔，从生疏到熟练，从喜欢到热爱，从狂热到深度痴迷，最后达到鬼使神差、出神入化的境界！我们就可以从平庸变得优秀，从卓越走向伟大！这就是菜鸟成为专业大师的必经之路。

奋斗贴士——“专业四问”

一问：此生你想成为哪一个领域中的绝对专家？

____

二问：你有没有将自己的生命“排满”？

____

三问：你准备如何让自己进入“深度痴迷”状态？

____

四问：你想把这种技能练到多么令人恐怖的熟练程度？

（写下具体动作，比如用单手弹钢琴、倒立着演讲等等）

____

第33个秘密

你敢在梦想上按手印吗?

我有一位企业家朋友，大我6岁，当年从老家河北邯郸到山东济南创业。一开始开拓业务非常困难，他把自己所有的家当全部投在了济南的公司，但是在创业的半年中毫无起色，他就经常跟朋友出去喝酒解愁。有一次，他跟一个装饰公司的老板一起吃饭，说到自己的难处。

装饰公司的老板问他：“你有没有反思过，目前你遇到的最大的困难是什么？”

朋友回答：“业务太难开展了，市场竞争太激烈了。”

对方说：“不！不是业务和市场难开拓，**是你内心深处的障碍没有开拓，任何困境都是因为人的内心设限造成的！你还没有下定决心真的、真的、真的要把这件事情干成！一句话，你还没有动真格的！**”

一句话惊醒了我这个朋友，他想了想，自己确实很努力地去拜访客户，但是如果被拒绝，他就立刻放弃这家客户，再找另外一家，他确实没有“拜访一个就必须谈成一个”的狠劲儿。

朋友问：“我现在该怎么干？”

装饰公司老板说：“敢不敢公众承诺？”

朋友想想，狠狠心说：“敢！”

当即，他们向酒店老板要来纸和笔，写下了公众承诺书。内容如下：

公众承诺书

我，某某某，今天当众承诺：一年内我的销售业绩必须突破50万（这是朋友所在公司第一名的纪录）。如果没有完成，我最爱的女儿就要跟杨老板的姓（装饰公司老板姓杨），跟他姓杨。如果我完成了销售业绩，我有权收回我的公众承诺书。

特此承诺。

（签名、手印）

自从写下这份公众承诺书以后，我的朋友像疯了一样去工作。以前他的动力是要挣钱，要富起来，为了自己，即使完不成，他也觉得以后再说，还有机会。但是现在完全不同了！如果他完不成承诺中的目标，他就会失去女儿，他太爱女儿了，绝不能失去女儿。现在的他没有任何借口了！这个痛苦对他来说简直就是致命性的！他心里只有一个念想：决不能让自己的女儿跟别人的姓！

人一旦内心的潜能被激发，力量是令人难以置信的。斗志大大增强，行动力大大增强！

他又开始大量走访客户，现在走访的量是过去的5倍。以前还可以睡个安稳觉，现在完全不同了，用他的话说“现在睡觉都要睁一只眼，想着怎样完成第二天的目标”。他吃饭想、走路想、坐车想、跟老婆逛街也是心不在焉，脑子全是那个数字——50万！

他的客户带着员工去春游，他也跟着去，大家休息的时候，他不休息，他帮着客户挨个梳理他们的员工的情况：哪个员工需要增加上进心，哪个员工需要增加技术能力，哪个员工可以作为主管来培养，哪个主管可以培养成总监……客户的需求就是他的需求，客户的需要就是他的需要，这样做就是为了服务好客户，让他们另介绍一些新客户给他。

为什么以前没有这样做？因为以前没有失去女儿的巨大痛苦等着他，现在有了！现在，如果他不这样做就完不成销售额，完不成销售额就会失去女儿，这种潜在的巨大痛苦让他拼命地向前奔跑。

一年后，大家猜猜我这位朋友有没有完成50万的业绩？

没有！没有完成50万，他完成了56万！

朋友拿着自己的业绩单和公司出具的证明，冲到杨老板那里，往他桌子上一拍，说："杨老板，我超额完成了预算，把承诺书还给我吧。"杨老板拍着朋友的肩膀说："我就知道你可以，因为我从你的眼神里看得出来：这次你动真格的了！"

朋友拿过那份承载着他巨大痛苦的承诺书，当众撕碎，大喊："我实现了我的公众承诺！我做到了！"

这件事情已经过去三年了，现在的他已经是公司的总经理。从一个普通业务员成长为公司的总经理，那份公众承诺书帮了他大忙，他人生的转折点就是从那次兑现公众承诺开始的！

面对世界公众承诺

大胆地向世人宣告你的梦想，不是为了刻意地震撼别人，而是为了强大自己的信念。梦想一旦公之于众，你就没有了退路！马云带领18个伙伴创立阿里巴巴时，在一间漏水的房子里喊："要做全世界最大的互联网公司！"世华管理集团总裁姜岚昕23岁创办公司时只有5名员工，他在40平米的办公室大喊："为世界华人的富强而努力和服务，使华人企业成为世界经济的脊梁！"

对生命负责，就是在某个关键时期玩命！有些人想要财富，想要成功，但是**你问问自己：你真的想要吗？你敢放下一切杂念，此时、此刻、此地全力以赴吗？如果没有，你凭什么又想要这个又想要那个？**

公众承诺的作用就是用"如果完不成，会怎样"的痛苦激发你全部的潜能，让你的小宇宙完全爆发，**此时的你就是无所不能的宙斯，此时的你就是全能的上帝，此时的你就是拯救全人类命运的超人，有什么限制冲破什么限制，有什么障碍粉碎什么障碍，有什么敌人消灭什么敌人，有什么苦难穿越什么苦难！前方没有任何的阻碍，全速往前飞，这就是你全部的宿命。**

我说过，普通人的致命缺点是虚伪，就是行为和目标不一致，想要达成某件事，但是不愿意把自己完完全全交给这件事！比如他想要1000万，但是不愿付出获得1000万所应该付出的代价；想去周游世界，却不愿意付出远走他乡的代价；想要让自己的孩子品学兼优，但是自己不愿意放下手中的麻将牌，不愿意以身作则……

如果你想克服虚伪，请学会激发自己的意志力！

万科董事长王石以60多岁的高龄爬上珠穆朗玛峰，而有些公司白领爬几步楼梯就累得气喘吁吁；日本“经营之神”稻盛和夫白手起家创立了两家世界500强公司——京瓷和KDDI，又在78岁高龄的时候接手已经破产重组的日航，并决心让这家曾经的世界500强公司重振旗鼓，而有些中国大学生一贯养尊处优，毕业找不到工作就在家里“啃老”，还有的为了工作寻死觅活……试问，人生的差距真的有那么大吗？

有的人一生辉煌不断，有的人一生萎靡不振，差别在哪里？在于意志力！谁能激发自己的意志力，将意志力的能量最大化，谁就可以承载更大的梦想和事业，谁就可以完胜一生！

稻盛和夫，1932年出生于日本鹿儿岛，鹿儿岛大学工学部毕业。27岁创办京都陶瓷株式会社，52岁创办KDDI，是目前在日本仅次于NTT的第二大通讯公司，这两家公司又都在他的有生之年进入世界500强，两大事业皆以惊人的力道成长。

激发意志力的四大步骤

那么，怎样才能击碎虚伪，激发强大的意志力呢？告诉大家四个步骤：

第一步骤：明确我要的目标；

第二步骤：明确我要达成此目标的理由和动机；

第三步骤：不断丰富加强新的理由和动机；

第四步骤：下定决心，公众承诺。（具体到年、月、日，写好如果完不成什么惩罚）

大家如果能够把这四句弄懂，熟练使用，后半生将会在各个领域畅通无阻。

举个例子：我认识一位女士，也是一位企业家，她家里发生了一件让她痛苦不堪的问题，想尽了各种办法，过去了十年，依然没有解决。这个问题是：她的弟弟不上进，不去工作，在家里游手好闲，而且去年还染上了毒品，现在过着人不人鬼不鬼的生活。这位女士非常痛苦，她想解救弟弟，却无计可施。为此他和丈夫吵架无数，面临离婚的边缘，整个家族都为弟弟的事情忧虑不已。

这位女士去参加在广州体育馆举行的10000人参加的管理课程，

老师让她上台按照这四个步骤激发意志力，并进行公众承诺——

面对现场10000人，她在台上写下了这份公众承诺：

第一步骤：我明确我要的目标是—— 两年内让弟弟戒毒，并且明确人生的方向。

第二步骤：我明确我要达成此目标的理由和动机如下：

一、为了让母亲不再为弟弟的事操心，让她老人家心情更好，身体健康；

二、让弟弟活出人样，不再受到周围人的歧视和闲话；

三、让整个家族从这件事情里解脱出来，重新建立幸福、快乐的家庭气氛；

四、如果弟弟戒毒了，我个人每年可以少花费10万帮他戒毒；

五、我自己也会发自内心的开心，不像现在没有心情做事业，没有心情与丈夫相处，只要他真的戒了毒，我才有了重新生活和奋斗的动力；

第三步骤：不断丰富加强新的理由和动机。

六、只要弟弟戒了毒，我和老公就不会因为他的事情而吵架，才能挽救我们的感情，重新找到爱的感觉；

七、只要弟弟戒了毒，家里的四个孩子就有了健康成长的环境；

八、只要弟弟戒毒，我周围的所有的家人都会快乐起来，我就会摆脱这十年的担心、焦虑、痛苦；

第四步骤：下定决心。

2013年5月21日一定帮弟弟找到方向！如果完不成我就捐款50万！

我一定要让弟弟戒毒，我在10000人面前公众承诺！

写完公众承诺，她拿过麦克面对现场10000人通读了这份承诺。更狠的是：老师让现场工作人员把她的公众承诺复印了10000份，现场所有人每人一份！

做到这一步，就是动真格的了，现场10000人都知道了这位女士的目标和要采取的行动，以及完不成接受的惩罚。如果她完不成的话，她就没脸在这些人面前出现了，每个人都会说她是一个“虚伪”的人，说她不是真的想帮弟弟，从此她将会更加痛苦。

正是这种力量会让这位女性增加帮助弟弟的行动力，在将来的一年中，她会断绝所有与帮弟弟无关的事情。以前她有资格逛街购物，现在没有了，她只有两年的时间实现目标，必须拿这个时间去帮弟弟；以前她有心情和朋友打打麻将，休闲一下，现在，对不起，没有这种机会了，她只要见到朋友必须与朋友商量弟弟戒毒的事；以前她可以读读杂志，看看电视，对不起，现在不行了，她看电视、读杂志、读报纸，必须找戒毒相关的信息……

大家明白了吧？以前不是这位女士不想解决弟弟的问题，而是她没有将所有的力量和心血集中于一点，在一年内突破。以前她那么痛苦，但是力量都分散了，她没有全力以赴！

这位女士就是每个普通人的缩影，普通人之所以这样过着浑浑噩噩的日子，就是因为没有学会激发意志力的方法，也没有下定决心想彻彻底底做这件事！

下定决心，就意味着和过去断绝联系！把过去所经历的痛苦和失败变成你飞翔的台阶。下定决心帮弟弟戒毒，就是和帮弟弟戒毒无关的事全部断绝联系！戒毒这件事不解决，下列所有事情都不能实现！

一、女士的母亲不再为弟弟的事操心，让她心情更好，身体健康；

二、弟弟活出人样，不再受到周围人的歧视和闲话；

三、整个家族从这件事情里解脱出来，重新建立幸福、快乐的家庭气氛；

四、自己每年节省10万帮弟弟戒毒的资金；

五、自己发自内心的开心，不像现在没有心情做事业，没有心情与丈夫相处，只要他戒毒，姐姐才有重新生活和奋斗的动力；

六、自己与老公不会因为弟弟的问题而吵架，就会挽救二人的感情，重新进入爱情；

七、家里的四个孩子就有了健康成长的环境；

八、所有的家人都会快乐起来，自己就会摆脱十年的担心、焦虑、痛苦。

如果戒毒的问题不解决，上面这些愿望都实现不了！

用公众承诺激发你的意志力

大家如果有一个梦想还没有实现，因为你还没有激发出全部的意志力去实现它！

如果梦想还没有实现，电视剧是你看的吗？娱乐小报是你读的吗？吃饭、喝酒是你应该做的事情吗？打牌、打麻将是你玩的吗？逛街、打游戏是你应该做的吗？如果上述这些事情你还在做，就说明你还有把“实现梦想”这件伟大的事情提上日程！就说明你还没有真的下定决心！

什么是梦想？梦想只不过是一些人忙得时候不会想的事情，不忙的时候才会涌上心头。这种状态如何实现梦想？**很多人在人生的关键时刻飞不上去，就是因为没有把梦想和目标排在第一位，没有坚守！**

任何人能往前运行，就是因为动力大于外界的阻力！而他的动力来自于他心中的动机，动机越强、越丰富、越久远，动力就越强、越丰富、越久远！写一份公共承诺就是要你把内心的动力物化出来，可视化！否则，当外界阻力大于内心动力的时候，我们就停了。

有了梦想，就把实现梦想的意志力激发出来，具体做法就是：公众承诺！如果不做公众承诺，别人想帮你都不知道怎么帮你。当初我对着一位企业家说：我张一楠的梦想就是成为一位企业家导师，全中国人民的工作教育导师，后半生我只做这一件事！这位企业家立刻被我感召，说会全心全意地去帮我！

如果你是一位销售员，去敲客户的门。客户骂：“滚！”你没有滚。但是心里难不难受？人心都是肉长的，但是为什么能继续前行，继续敲门？就是因为内心成为伟大推销员的动力远远大于这句骂声！此刻，你内心的动力大于其他任何阻力。这就是强大的意志力！

欧兴田老人

欧兴田是一位86岁高龄的老人，享受军队师级待遇。但是，他放弃了天伦之乐，忍着伤病奔走30年，以一己之力花费100多万，没花财政一分钱，硬修起一座2400多名烈士的抗日烈士陵园。有人说他傻，但他只为60年前的承诺。他对记者说：“当年参加革命，大家在破教室里发誓，谁活着，谁就要为牺牲战友守墓。既然我答应了，就得做到！”

这就是意志力的典范，这就是信守公众承诺的榜样！

当今社会是一个价值观、信念、承诺、信仰互相冲突，横冲直撞的世界，每一个人都觉得这样的世界有些“乱七八糟”，但是依然还有人在坚守属于自己的价值。我想说的是：一位古稀老人可以做到，我们也可以做到！

任何一个有抱负的人，都必须具备意志力，都必须掌握这种激发意志力的方法，我只告诉大家一句话：没有意志力，不信守承诺的人，就是流氓，虚伪的流氓！有意志力的人，信守承诺的人，才是真正的人！

奋斗贴士——

请完成下面四个步骤，激发你的意志力：

第一步骤：我要的目标是______________________________

第二步骤：我要达成此目标的理由和动机是（10个）

____

____

____

____

____

第三步骤：不断丰富加强新的理由和动机（至少再加3个）

____

____

____

第四步骤：我准备实现目标的具体时间（下定决心，公众承诺。具体到年、月、日，写好如果完不成对自己什么惩罚）

实现目标的具体时间是_____年_____月_____日____点_____秒

我要对______________________________进行公共承诺！

如果完不成，我对自己的惩罚是______________________

第34个秘密

根本智

在上英语课时，很多同学说听我的课特别痛快，畅快淋漓，原因是我讲知识点总是一针见血，直指核心。比如，我在讲考研英语时会说：

考研英语中阅读和写作分值最多，所以，得阅读和写作者得天下。造句是写作之母。写作文，就是写句子。句子＝单词＋语法，其实语法就是顺序，所以句子＝单词＋顺序。

阅读的关键是长难句；长难句的关键是修饰语；三大修饰语分别是：从句，非谓语动词，动名词。这三大修饰语是长难句的全部核心，大家只要学会这三大修饰语就可以极大提高阅读能力。

这几句话，虽然简短，却道出了考研英语中最核心的语言知识。

很多人觉得“军事”和“政治”这两个概念极为复杂，一句两句说不清楚，我们来看看毛泽东是怎么给这两个概念下定义的。在延安期间，毛泽东问一位同志：“什么叫军事？”该同志讲了书本上的很多定义。毛泽东说：“没这么复杂，**军事就是：打得赢就打，打不赢就跑。**”毛泽东又问：“什么叫政治？”该同志又说了很多，毛泽东说：“没这么复杂，**政治就是：让支持我们的人越多越好，让反对我们的人越少越好！**”大道至简，用一句话概括核心的语言，才是含有智慧的，才能指导我们的行动。

凡事从“究竟”入手

一个问题，就像一棵参天大树，远远看去，无数表层的小问题张牙舞爪地飘来飘去，就像无数条树枝飘舞在风中，枝杈遮天，杂乱无章，让我们眼花缭乱，无从下手。其实，任何一棵树的主干只有一个，引起这些表面问题的决定性因素也只有一个，它就像一棵树的树根深深地埋藏在地下，不被人所发现。要解决问题，必须拨开所有的枝杈，直奔主干，直奔树根，只要能够将根本原因化解，其他的分支问题不用去管他，也会慢慢地烟消云散。

爱因斯坦说过："一个问题，如果你不能简单说清楚，就是你还没有完全思考明白。"这种情况就是因为没有找到事情的根本造成的。一个人，活在世间，会被无数的表层现象所迷惑，但是你要学会练就一个睿智的大脑，就是只要遇到问题就直抵核心，心无旁骛。**因此，你要小心你的思想，因为它不久就会成为你的行动；你要小心你的行动，因为它不久就会成为你的习惯；你要小心你的习惯，因为它不久就会成为你的品格。**

佛教里有两个词语，一个叫"究竟"，另一个叫做"根本智"。这个两个词汇都是提醒人们思考问题一定要从"根本"出发，从"核心"出发，从"终极"出发，以终为始，找到问题最佳的解决方案。探寻"究竟"和"根本智"的过程，就是获得人生大智慧的过程。凡事用"究竟"和"根本智"的维度去思考问题、剖析问题、解决问题，就会简单、高效很多。凡事从"根本智"入手思考，是一个成大业者的基本习惯。

最近，哈佛大学塔尔博士讲授的的《幸福课》视频在网络上广为传播，正是因为这门课满足了人类生活的根本需求。现在大家都非常忙碌，忙碌到没有时间去思考忙碌的目的到底是什么。表面来看，不断忙碌的目的无非就是为了得到金钱、权力、地位以及他人的尊敬。但是，获得金钱、权力、地位以及他人对你的尊敬的目的又是什么呢？我想这个问题你们很少有人真诚地问过自己。其实，金钱、权力、地位等等都是表面的浮华，人们是希望通过这些，**最终获得人生幸福和身体的健康。**这两点才是人类终极的需求。而"幸福课"恰恰提示了人类生存的终极需求，它直抵人们内心深处的渴望，将满足这种渴望作为课程的核心内容，自然受到人们的喜爱和传播。

爱因斯坦　美籍德国犹太裔，理论物理学家，相对论的创立者，现代物理学奠基人。1921年获诺贝尔物理学奖，1999年被美国《时代周刊》评选为"世纪伟人"。

塔尔博士　毕业于哈佛大学，他拥有心理学硕士、哲学和组织行为学博士学位。他所开设的"积极心理学"和"领袖心理学"，被哈佛学生们推选为受欢迎率排名第一和第三的课程。选修这两门课程的哈佛学生超过了总人数的20%，其中23%的听课者向学校教学委员会反映：这两门课程"改变了他们的一生"。塔尔博士在哈佛学生中享有很高的声誉，受到学生们的爱戴与敬仰，被誉为"最受欢迎讲师"和"人生导师"。

世界上最伟大的标点——“？”

思考，就是“问＋答”的过程。思考根本智，我们也可以用“问+答”的方式达成。

一问一世界。在探索世界的同时，我们还可以探索自己的人生。

你有没有问过自己：

我是谁？

我从何处来？

我往何处去？

美国前财政部部长罗伯特·肯尼迪曾经说过：“当我们回首历史，我们要问‘为什么’，当我们面向未来，我们要问‘为什么不’。”

世界上有一个神奇的标点符号，就是“？”。这个符号应该成为我们化解世间所有困惑的有力武器，我们可以向世间所有大师提问，向历史上所有的千古难题提问，与这些大师和难题一一过招，破解问题背后深藏的真谛。

张氏“5W1H”

在这个竞争无处不在的“财智”时代，人与人终极拼的就是“思考力”，即思考“根本智”的能力。这种能力，在我看来，就是“五问五答”的能力。那么，什么叫做“五问五答”呢？

普通人思考事情的原因有一个著名的思维工具——5W1H，即问：

When（什么时候）

Who（谁）

What（什么）

Where（哪里）

Why（为什么）

How（怎么做）

而我分享给大家的“问+答”方式不一样，叫做“张氏5W1H”，即问：

1Why（为什么）

2Why（为什么）

3Why（为什么）

4Why（为什么）

5Why（为什么）

就是要连续问五个“为什么”，最后再加上一个How（怎么做）。问一个“为什么”解开一层面纱，问五个“为什么”就会彻底呈现一个问题的本来面貌。

举个例子：比如一个学习优秀的学生突然无故逃课，连续一周不上课，也不请假，作为老师就要找学生问清楚原因。怎么问出根本原因呢，请看示例：

老师问：“你为什么无缘无故缺勤？”（第一个为什么）

学生回答：“因为昨天一个老师批评我，我就不去上他的课，跟他对抗到底。”

老师问：“他为什么要批评你？”（第二个为什么）

学生回答：“因为我最近一次考试没考好。”

老师问：“这次考试为什么没考好？”（第三个为什么）

学生回答：“因为考试前一天我喝酒到深夜，心情不舒畅。”

老师问：“你为什么心情不舒畅？”（第四个为什么）

学生回答：“我觉得人生没有梦想了。”

老师问：“为什么你觉得人生没有梦想了？”（第五个为什么）

学生回答：“面临毕业，我想去一家公司工作，但是面试失败了！学校对于大学生的工作教育太缺乏了。”

经过这样的连续五问，最后总结出这位学生无故逃课并不是问题的本质，最根本的原因在于大学里对大学生的“工作指导”、“工作教育”重视不够，导致了学生就业困难造成的。要解决学生无故逃课这个问题，最重要的不是去批评某个特定的人，而是能够设置对大学生就业有帮助的职场课程，请著名企业的人力资源总监来讲课，让学生明白真正的面试究竟是怎么回事，会问哪些常见的问题，然后有针对性地准备，提高面试和就业比率，最终就会避免学生逃课的问题。

所以，连续问五个“为什么”，就会让你回归事情的根本，问题可以在瞬间解决。建议大家“彻底地”从事物的本质和根本上来考虑问题，坚持一段时间，形成思考习惯，这样只要遇到问题，你就可以洞悉事情的内在。**“彻底思考，直抵核心”，应该成为你在思考能力上超越他人的杀手锏。**

用六个问题做决定

思考问题，还有一个目的就是为了决策。同样是“问＋答”，“问”，这个环节相当重要，因为如果你“问”错了，那么“答”一定是错的。给大家提供六个问题，在做决策的时候可以“问”自己，这六个问题可以帮你直抵核心，减少困惑。

第一个，我要达到什么结果？

第二个，我有几个选择？

第三个，每个选择的后果是什么？

第四个，这些后果哪一个最重要？

第五个，我有没有其他选择？

第六个，我何时行动？

举个例子，有一个中国传媒大学的学生问我：“老师，我毕业以后到底去做什么呢？

我就问：“你要达到的结果是什么？”

同学回答：“我要找到一份自己喜爱的、收入不错的工作。”

我又问：“你有几个选择？”

同学回答：“三个，国内考研、直接工作、出国留学。”

我问他：“每个选择的后果是什么？”

同学回答：“在国内考研，三年以后重新找工作，结果未必比本科同学找到的工作好；直接工作也没有太好的单位和公司；出国留学，一年就可以回来，阅历和学识会有所不同。”

我继续问：“这几个选择的后果，你最想要哪一个？”

同学回答：“那就是最后一个，出国留学好一点。”

我问：“除了这个，还有其他选择吗？”

同学回答：“工作以后也可以出国，但是不能保证百分百去我想去的国家，留学的话我可以选择我去的国家。”

我说：“你已经自己回答了自己的人生难题，就是出国。什么时候出国？去哪个国家？开始行动吧，送你四个字——早去早回！”

一个学生思考了四年没有解决的问题，我用6个问句瞬间帮他做出决策，这就是用“问+答”的方式找到事情的“根本”、“核心”、“究竟”、“终极”，这样思考问题，思路清晰明了，可以帮助很多人把多年的困惑瞬间厘清、解决。

思考就是问答，问答就是5+6

总结一下，思考问题就两个方面：

凡是你要分析问题的原因，就用5个“为什么”进行“根本智”思考，直抵问题核心；

凡是你要做出选择，就用6个问题进行“根本智”思考，可以瞬间做出决策。

用5个“为什么”和6个问题，你就可以瞬间找出事情的根本的根本的根本，究竟的究竟的究竟，核心的核心的核心，解决问题轻而易举。

你可以去满足人们核心的物质要求，比如袁隆平研究出了杂交水稻，解决了中国人民甚至全世界人类饥饿的问题；你也可以去满足人们的精神和心灵要求，比如释迦摩尼，他要给予世人无限的爱，让人们身心安静，回归心灵的幸福。

任何一个人想成就一番事业，就要学会围绕人类的根本需求、根本困惑去思考问题，只要他可以满足这种需求，解决这种困惑，此人必成大业，他所做的事情必定会发展为流芳百世的事业。

奋斗贴士1——

大家知道吗？用新的方式来提问，可以进入另外一个崭新的“美丽新世界”。

现在很多公司都在苦苦地追问：谁是我们的客户？

但是，有的公司却反其道而行之，他们问自己：谁不是我们的客户？

比如，有一家做青少年游戏的公司，问：谁不是我们的客户？答案是：老年人和中年人不是我们的客户。于是他们开发出一种在电视上双人打网球的游戏，老年人和中年可以在室内打网球游戏锻炼身体，立刻风靡起来。

奋斗贴士2——

美国管理大师彼得.德鲁克经典五问，每天想一遍：

1. 我是谁？什么是我的优势？我的价值观是什么？
2. 我在哪里工作？我属于谁？是决策者？参与者还是执行者？
3. 我应做什么？我如何工作？会有什么贡献？
4. 我在人际关系上承担什么责任？
5. 我的后半生的目标和计划是什么？

第35个秘密

销售牛人是怎样炼成的？

我发现：**很多高手都会在公司或者行业内树立一个强有力的对手或者树立一个较高的目标，对手和目标让他们认清自己的不足，然后采取强大的行动去实现巨大的成长跨越。**

王总的销售绝技

我的老领导王总，以前是做玉器销售工作的，在公司里是王牌推销员，打破了行业里很多的销售纪录，本公司里很多员工甚至竞争对手公司里的很多员工都把他当作偶像。一个人将销售玉器这种平淡无奇的工作做到这种境界，实在是匪夷所思。

王总到底是怎样做到的？

他所在的公司有一件价格非常昂贵的玉器，摆放了很久都卖不出去。王总去公司之前，所有的员工包括老板自己都觉得这件玉器确实太珍贵了，价格也很高无法降低，当地人没有识货的，没人舍得购买这件玉器。王总到了公司第一天就发现了这件精美昂贵的玉器，摆放在那里非常有气势，就是没人上前询价。他觉得很奇怪就去问同事才发现了问题所在。

王总是一个不服输的人，越是别人做不到的事情，他越是愿意尝试一下。**他使出了自己的杀手锏——在一段时间内，对某个问题梦盈魂牵地思考，最后解决这个问题。**于是，他天天琢磨这个问题，并且规定自己必须在一个月的时间里将这件玉器卖出去。为此，他进行了周密详细的调查：

• 玉器的历史

• 玉器的成色

• 有关玉器的故事

• 雕琢这件玉器的工匠的故事

• 老板收藏这件玉器的过程

• 公司每一位员工对于这件玉器的评价

• 顾客对于该玉器的评价和喜爱程度

• 该玉器在市场中的文化价值

最后，王总设计出了一套完整的销售方案——

第一、他发现：玉器旁边挂着一个明显的价格标签，标签上的高价让顾客远离玉器，看都不敢上前看一眼。于是，他建议老板把高价标签拿了下来。

第二、玉器是具有较大的文化和艺术价值的装饰品。有时候，顾客不但是被这件玉器所打动，更是被玉器背后动人的传奇故事所感动。于是，王总将这件玉器被挖掘、被雕琢、被发现、被收藏的故事编写成了一个曲折动人的爱情故事，让公司里的每位员工熟背，随时随地向周围有购买能力的亲戚、朋友、同学讲述。就这样，玉器被赋予了极高的文化和艺术价值，并有了一定的口碑。

第三、王总向老板建议把有关这件玉器的故事编写成了一本精美的小书，而且使用高质量的丝绸和象牙来装饰这本小书，让人爱不释手。这本艺术品一样的小书被摆放在玉器的旁边，书中的故事也吸引了很多女性顾客来驻足观看，甚至有人先听了故事，专门前来看一眼这件有故事的神秘玉器。这样，玉器又有了非常高的人气。

结果，在王总下定决心卖掉这件玉器的第17天，玉器被当地一位著名的女企业家买走了。

我问王总：你为什么会想尽各种办法来做好自己的工作？

他回答：有些事情我做得好一些，是因为职业精神在起作用。职业精神的最朴素的想法就是“拿人钱财，替人消灾”。既然我是一名职业销售员，工作一天，就要对得起老板，对得起公司，对得起自己的薪水和提成。**作为一名职业销售员，“卖出去”就是我最大的成**

就，也是我最大的快乐。如果卖不出去，无论我怎么努力，都是一种耻辱。只要商品卖不出去，我就不会快乐。

当年，王总为了把销售工作做到最好，买了4个手机用来进行短信和电话销售；一开始他没有钱，但是咬咬牙、勒紧裤腰带买了一辆二手奥拓用来减少交通时间，提高工作效率；有个别粗鲁的客户将他的宣传资料扔出办公室，叫嚣着让他滚蛋，但是他仍旧露出"迷人"的微笑再次敲响客户办公室的门，最终与这种客户也成为朋友。

除此之外，他经常会假设一些非常难的销售难题来锻炼自己，比如："怎样把一辆自行车卖给美国总统"，"怎样把冰卖给爱斯基摩人"，甚至"怎样把梳子卖给和尚"。

长此以往，王总就具备了这样一种能力：在任何时间，任何地点，将任何产品卖给任何人！

世界第一名推销大师乔·吉拉德

我非常喜欢一个著名推销员的故事。

乔·吉拉德年轻时曾是一位失败的汽车推销员，曾经创业N次失败，找过十几种工作也失败，老天似乎故意与他作对，到了40多岁依然一事无成，简直就是一个地地道道、彻彻底底的倒霉蛋。

这一次，他决定改变。

家里的妻子和孩子已经好几天没有吃上一顿饱饭了，他再挣不到钱全家都得跟着挨饿。一天下午接近4点快下班了，汽车展厅里空无一人，他也无所事事，这时候走进来一个顾客，在汽车旁边悠闲地转着。乔·吉拉德一看有人进来立刻迎了上去与顾客攀谈起来。这时候，顾客在乔·吉拉德的眼中已经不是顾客了，而是一袋子蔬菜和面粉，因为他和妻子、孩子已经好几天都没吃上饱饭了。拿下这个客户就等于得到了一顿大餐。他决定无论如何都得拿下这顿"大餐"。**本来这位顾客没有购买汽车的计划，但是乔·吉拉德成交的欲望太强了，他给顾客讲述自己悲惨的经历，并给顾客跪下，乞求这位顾客一定要买下这辆汽车，最后成交了！**从此，乔·吉拉德找到了卖汽车的方法，他明白了，销售汽车就是销售自己，自己是这个世界上独一无二的产品。

乔·吉拉德　是世界上最伟大的销售员，连续12年荣登世界吉尼斯纪录大全世界销售第一的宝座，他所保持的世界汽车销售纪录：连续12年平均每天销售6辆车，至今无人能破。他也是全球最受欢迎的演讲大师，曾为众多世界500强企业精英传授他的宝贵经验，来自世界各地数以百万的人们被他的演讲所感动，被他的事迹所激励。

他比以前更勤奋了，他比任何人起床都早，而且大喊："今天必然有人为我的早起付出代价！"

他还在人声鼎沸的足球比赛现场疯狂地撒名片来推销自己，电视台还专门进行了报道。每次足球比赛，乔·吉拉德比那些球星们更加引人注目。

绝大多数销售员要售出汽车都要去登门拜访客户，乔·吉拉德只需要坐在办公室里等着顾客上门，有的时候顾客需要排长队专门找他购买汽车。他的名声实在太大了！就这样，一步一步，乔吉拉德成为全世界最伟大的推销员。

收入差别＝销售能力差别

在现在的市场时代、经济时代，**人和人在"成功"二字上的差别，很大程度上取决于财务自由方面的差别，财务自由的差别取决去销售能力的差别**。说得俗气一点，如果你的周围有一个人比你住的房子更大，比你开的车更贵，比你在刷卡消费的时候更加随意，比你有更多的时间去马尔代夫度假，不用问，只有一个原因，就是他比你更会销售，更会卖东西，因此他比你的收入更高。

职业精神，就是用敬畏之心对待卑微之事。在一个经济时代，任何一个有志于成功的青年，请学会在任何时间，任何地点，将任何产品卖给任何人！

万人演讲

第36个秘密

顶尖讲师的五大魅力

何为“魅力”？

魅=鬼+未。

“鬼”就是“神秘”的意思，“未”就是“没有”的意思。“魅力”就是，具备一种神秘的、别人不具备的气质和精神力量。如果你具备周围90%的人不具备的精神气质，别人就会觉得你很神秘，令人向往，令人好奇，这种神秘的感觉就被称作“魅力”。很多人觉得某些讲师在讲台上很有人格魅力，让大家说说具体这是一种什么魅力，大家又说不明白，我在培训行业工作了8年，我就把同事们在讲台上散发出来的五种独特气质总结如下：

第一大魅力：激情（Passionate），是一种理性的疯狂。

激情，必然是顶尖讲师的第一魅力。很多时候，我们必须面对几百人甚至上千人演讲，一个人要想吸引千百人的注意力，音量、表情、手势必须有足够的“辐射力”和“覆盖力”。说白了，你得在台上拼命折腾自己，才有人愿意看，而且一看两个小时不去厕所。很难想象一个中规中矩、正襟危坐的演讲者能把听众们讲得热血沸腾，撸起袖子想去奋斗。

我常对新讲师们说，**激情是一种理性的疯狂**，同时，激情也是一种做事的专注和凝聚。我发现：不同的讲师上场，气场差别很大。激情就是一种强大的气场，这种气场的力量会让演讲场地里每个角落的人不自觉地想看着你，而且目不转睛。

每次在讲师招聘会上，我讲到的一段话都会引起在场所有讲师的共鸣。我会对演讲充满了向往的新人说：**“只有在讲台上把你积蓄很久的激情全部喷射出来，才能带得动学生。激情，是学生看到老师对于所讲知识的热爱。人的情感是看不见的，但是热爱是看得见的。激情，是视觉化了的热爱，这种热爱可以在千百人中间瞬间蔓延开来！”**

第二大魅力：幽默（Humorous），让笑声穿越人生。

每个人都是“趋乐避苦”的。**向往快乐，逃避痛苦，这是人类的本性。**在当今社会，开怀一笑已经成为一种久违的感觉。一个普通的教书匠会把一个简单的知识点讲得晦涩难懂，他不懂语言的艺术，也不懂一针见血的指引；而一位讲课大师会把一个极其枯燥的知识点讲得如同街头王大妈侃大山，让人兴趣无限，一边听一边享受轻松快乐的感觉。

演讲对听众产生的效果有很多种，任何一种都不如让听众大笑一下效果更明显。我在300人以上的场地演讲时，最喜欢看到的就是**“让笑声穿越全场”**，即：我讲完一句幽默的话就停顿一下，等待着巨大的笑声从场地前方一浪接一浪地传向后方。**此时此刻等待别人欢笑，对于演讲者而言，也是一种爽透心肺的快乐。**然后，会场立刻hot起来，全场充盈着一种活跃的气氛，一触即发。

幽默的人，是睿智的人；

幽默的人，是对生活充满细心观察的人；

幽默的人，是生活的智者和总结者。

他们会把转瞬即逝的一刻化作永恒，永远镌刻在听众的脑中，一生铭记，再也挥之不去。也许十年后回忆起某次演讲，主讲人和主题已经忘记，只有让听众开怀一笑的那句话还在让大家快乐着。大家读读下面的语录，可以对语言天才和幽默功底了解一二：

我允许你走进我的世界，但绝不允许你在我的世界里走来走去。

其实我是一个天才，可惜天妒英才。

教大家四个用法，包你打遍英语角无敌手：Oh， yes. / Oh， no. / Oh， really? / Oh， I don't think so. 大家要不要跟我重复一遍？

大家为什么用这么漠然的眼神看着我？唉，为什么大家每次都用这种方式来羞辱我的英语发音。

有一段时间我早上必须四点起床，用了四个闹钟，但是第二天闹钟把隔壁的隔壁的人都吵醒时我还是没醒过来，于是我又想了个办法，在临睡前狂喝水，第二天早上在自然的召唤下就醒过来了。

I have a dream ……中国连续7年大丰收，美国连续7年大旱，颗粒无收，美国立即由超级大国沦落为第三世界发展中国家。很多美国人梦想到中国来，我们就让他们考汉语托福、GRE，考文言文太简单了，要考就考甲骨文，而且规定只能用龟壳和小刀答题，第一题就考《论孔孟》，分值50分！第二题就让他们以《八荣八耻》为题写一篇文章，字数10000！

第三大魅力：雄辩（Eloquent）——滔滔不绝，大江东去。

用“牙尖嘴利，铁齿铜牙”形容讲台上的优秀讲师，是不过分的。我常常梦想自己的演讲效果能达到“降龙十八掌”的威力：我往海边一站，一顿猛侃，海水为我喷薄而出，小鱼小虾、大鱼大虾下雨似地稀里哗啦落了我满身都是。

我曾经认为**“雄辩滔滔，大江东去”**是对一名演讲者最高的评价，现在依然这样认为。

雄辩的第一前提是熟练，对演讲内容的极度熟练、极度专业。毫不客气地讲，一个讲者站在台上必须是这个课题的绝对专家，不允许有半点的含糊。第二前提是嘴功了得，嘴皮子利索，一口气讲7、8个小时，没有任何磕绊。这与平时大量的实战练习有很大的关系。“拳

辩

不离手，曲不离口”，一个有经验的演讲者只要几天不练功，再上台嘴巴就会磕绊，心里也没底，这一点我是有切身体会的。

很多人都发现优秀讲师讲课语速非常快，宛如机关枪，哒哒哒，哒哒哒，精彩的汉语夹杂着英语单词气势如虹地喷薄而出。讲师们一天要讲8个小时的课，上午的前两个小时语速极快，做到这一点并不难，难得的是讲了8个小时以后，晚上还能保持同样的语速，的确不容易做到。用极快的语速连续讲8个小时，暑假里还要连续作战讲两个月，这是常人吃不消的。因此，雄辩，还需要体力好，意志力强悍。

举两个最简单的例子，让大家对优秀讲师的雄辩功底有所了解——

有的时候，他们会像最佳辩手那样动情地演讲：

在大家的眼中，这是不是同一枝花，但在大家的心中是不是有不同的美的评价？伤心的人会说“感时花溅泪”；而高兴的人会说“花儿对我笑”；憔悴的人会说“人比黄花瘦”；而欣喜的人会说“人面桃花相映红”；有人说花是有情的，所谓“落红不是无情物，化作春泥更护花”；有人说花很无情，“颠狂柳絮随风舞，轻薄桃花逐水流”。原因是什么？“年年岁岁花相似，岁岁年年人不同”；在客观上“花自飘零水自流”，使我们的主观“一种相思，两处闲愁”。

有的时候，他们还会用拗口的排比语言气势如虹地去征服听众：

埃及最大的金字塔，它是由两百九十九万九千九百九十九块巨石再加上一块尖棱石堆砌起来的，而当两百九十九万九千九百九十九块巨石堆砌起来的时候依然不能成为胡夫金字塔，只有当最后一块尖棱石放在上面，胡夫金字塔才完美。因此，如果说你的人生奋斗就像筑金字塔的话，那么，这两百九十九万九千九百九十九块巨石的堆砌就是你自己为了追求人生的成功和辉煌而付出的一份份感动和真诚。在这里，没有牛人，大家都是牛人；在这里没有猛人，大家都是猛人。所以，我们要比一比，究竟谁更牛，我们要比一比，究竟谁更凶猛！

第四大魅力：博学（Knowledgeable），是最好的榜样。

博学不是一种能力，而是一种态度，一种对所研究课题的好奇、执着、深入、谦虚的态度。

博学，首先是一种好奇的态度。老师对一个课题发自内心地热爱，他想弄明白这个领域里所有的问题。一旦弄明白以后他有一种强烈的成就感，这会激励着他去探索其余的问题。

博学，其次是一种执着探索并且步步深入的态度。深挖能力、考证能力、横向比较能力都是深入探索的基本方法。讲出一个单词的含义和发音非常容易，深入一下讲出它的词根、词缀构成也不难，再深入讲解词根词缀的起源、历史故事、经典用法，这就需要功底了。

博学，就是扩展和联想。即使是讲一个单词，也要讲得厚重，讲得深入人心，讲得令人感动。比如讲“transcend”（超越）这个词，不仅讲词根和意思，还引申到transcendental genius（超凡的天才），讲中国古代的李贺，欧洲的达利、莫乃等，使学生从倾听到分享，到感动。当学生被李贺的生命感动的时候，还要总结一下故事背后的人生哲理，我们的专业术语叫做**“heart-toucher”（心灵抚慰）**，让学生在感动之余明白故事背后厚重的人生哲理，产生奋斗的激情和力量。

以我讲过的英语写作课为例，仅仅六次课，但是我讲到的由英语考试技巧引申出来的知识点包罗万象：

☆“投其所好”心理原则

☆女人的安全感和男人的成就感

☆电影《无间道》

☆中国加入WTO

☆神五上天

☆超女和快男

☆毛泽东和蒋介石成败的终极秘密

☆电影《功夫熊猫》《阿甘正传》以及《当幸福来敲门》

☆星座、血型和人的性格分析

☆邓小平和屈原的最大不同

☆克服学习遗忘的“一劳永逸”原则

☆小布什和克里的总统之战

☆阿迪达斯的广告

☆ 凯撒大帝和埃及艳后的传说

☆ 特洛伊战争和美女海伦

☆ 苏格拉底、柏拉图和亚里士多德

☆ 写作是上妆，阅读是卸妆

☆ 拿破仑的豪言壮语

☆ 国家元首名字中的奥秘

☆ 《大话西游》中的唐僧

☆ 培根的《论学习》

☆ 林肯的《葛底斯堡演讲》

☆ 奥巴马的口号“Change! Yes, We can!”

当这些知识点被演讲者讲到熟练的程度，在听众的印象中，随意的讲解就成为了令人佩服不已的“信手拈来”甚至是“出神入化”。

第五大魅力：勤奋（Industrious），是唯一我们可以向学生炫耀的。

有一位老师以在结课时跳舞出名，很多人以为这样的老师就是跳舞好，不学无术、哗众取宠。其实不然，请问如果这位老师只是跳舞好会吸引那么多的学生来上他的英语课吗？ 一个英语老师只是跳舞好，才艺表演出众，是不可能赢得无数学生认可的，只有讲课牛+跳舞也牛，才能被无数的学生狂热地追捧！这位老师被学生流传最广的名言是：**“我唯一能向你们炫耀的，就是我的勤奋！”**可见这位老师也是以勤奋的备课和讲课才在牛人如林的培训行业立住脚的。

我周围的老师天赋各异，多才多艺，每个人擅长的领域各不相同，但是他们都有一个共同的特点，就是勤奋。我有一个好搭档，叫赵晓栋，现在结课打分稳居第一。他在应聘的时候还是一名大四的学生，当他讲完试讲内容时，做了一个令人震惊的举动。他交给教师评委会一本讲义，但是，确切地讲，这是一本“手写的书”，厚达200多页，每一页都密密麻麻地写满了蝇头小楷。每一堂课中的每一个知识点、每一个亮点安排、每一个词源故事、每一个互动环节都丝毫不差地写在上面，甚至还有一些插图也是他自己一笔一画描绘上去的。

评委会的老师看到这本一笔一画写成的书，非常震撼，甚至有老师当场断言：此人今后一定会成为最优秀的老师！今天看来，这个断言非常准确。

凭心而论，我自己也是一个勤奋的人，为了鞭策自己，我在家里挂着一个醒目的匾额，客人一进家门就可以看到，上面写着四个大字——**“天道酬勤”**。5年前，我曾经把前辈教师的讲义打印出来，贴满了客厅的三面墙，一有空就对着三面墙壁念念有词，背诵讲义。最开始我面对墙壁嘴里唠唠叨叨的时候，被妈妈看到，还误以为我脑子进水了。**她说从来没有见过讲师这样备课的，听也没听说过，她还说：你这样努力，妈妈也佩服你！**

虽然勤奋是在讲台之下做出的努力，学生看不到。**但是我深信，我们的努力和勤奋，会在讲台上呈现出巨大的成果，这一点学生听课时心灵是可以接收到的。**这种勤奋和努力，会通过老师讲解的精辟知识点、老师本人的奋斗故事或者一句励志语录传递给学生。很多学生忘记了老师在课上讲的英语知识，唯独记住了老师讲过的自己奋斗的故事，从此开始模仿老师，学习老师，从而把英语学好，把考试顺利通过，在以后的生活、学习和工作中也秉承这种“天道酬勤”的人生观，最后终会实现自己不断追寻的留学梦想、考研梦想……

用勤奋备出来的课，是经过了千锤百炼的，是精益求精的，也是对学生们帮助最大的。只有这样，我们才能对得起自己的良心，才能对得起对“老师”两个字有着极高期待的莘莘学子。

挂在我家客厅里的匾额

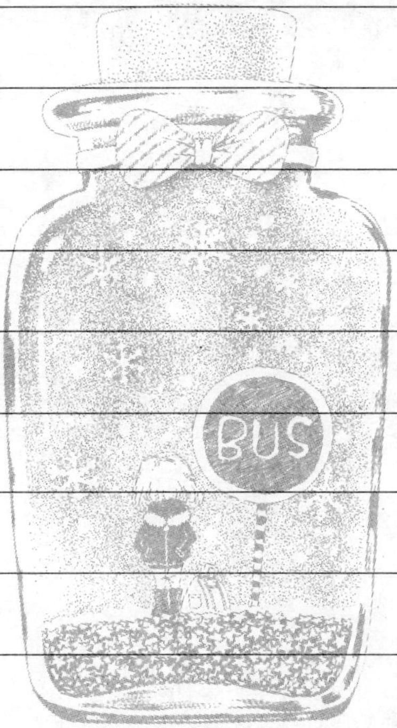
BUS

图书在版编目(CIP)数据

嚣张奋斗/张一楠编著. —济南：山东人民出版社，2011.12（2012.4 重印）
ISBN 978-7-209-05959-6

Ⅰ.①嚣… Ⅱ.①张… Ⅲ.①成功心理—青年读物
Ⅳ.①B848.4-49

中国版本图书馆 CIP 数据核字(2011)第 238477 号

责任编辑:苗 壮
封面设计:张 晋

嚣张奋斗
张一楠 编著

山东出版集团
山东人民出版社出版发行
社 址:济南市经九路胜利大街 39 号 邮 编:250001
网 址:http://www.sd-book.com.cn
发行部:(0531)82098027 82098028
新华书店经销
莱芜市华立印务有限公司印装
规 格 32 开(170mm×230mm)
印 张 14.5
字 数 300 千字
版 次 2011 年 12 月第 1 版
印 次 2012 年 4 月第 2 次
ISBN 978-7-209-05959-6
定 价 29.70 元(赠《嚣张奋斗》绘本)

如有质量问题,请与印刷厂调换。 电话:(0634)6216033

第1个秘密　上帝不要你先成功，只要你先开始！

如果你没有一个惊人的开始，不妨有一个卑微的开始；如果你没有一个完美无缺的开始，不妨有一个惨不忍睹的开始。上帝不要你先成功，只要你先开始！只要你能够一次又一次地开始，必将一次又一次地成为！

紧张奋斗 出征誓言

我的**梦想**

____

我实现**梦想**的具体时间

20____年___月___日

实现梦想之日，我要与

______________一起庆贺！

第2个秘密　逆境商数

活到最后的，不是温室中娇艳欲滴的花朵，而是沙漠中面目可憎的仙人掌。“逆境商数”就是不怕输，输得起，打拼到底！这是神一样伟大的精神。

第3个秘密　你敢动真格的吗?

一个人对梦想足够真诚，梦想对他才会足够真诚。

不管你的目标多么宏伟，先问问自己：这次是玩真的吗?

不管你的梦想多么伟大，先问问自己：这次是动真格的吗?

如果你回答“是”，开始吧!

第4个秘密　野性，是一个人最高的学历！

所有奋斗者的消失，都是因为内心野性的消失；所有奋斗者的辉煌，都是因为内心野性的绽放！

第5个秘密　Change! Yes, you can!

你没有资格慢慢地变化，你必须做到——脱胎换骨！随时随地破茧而出，这是一个成功者应该保持一生的生命状态。

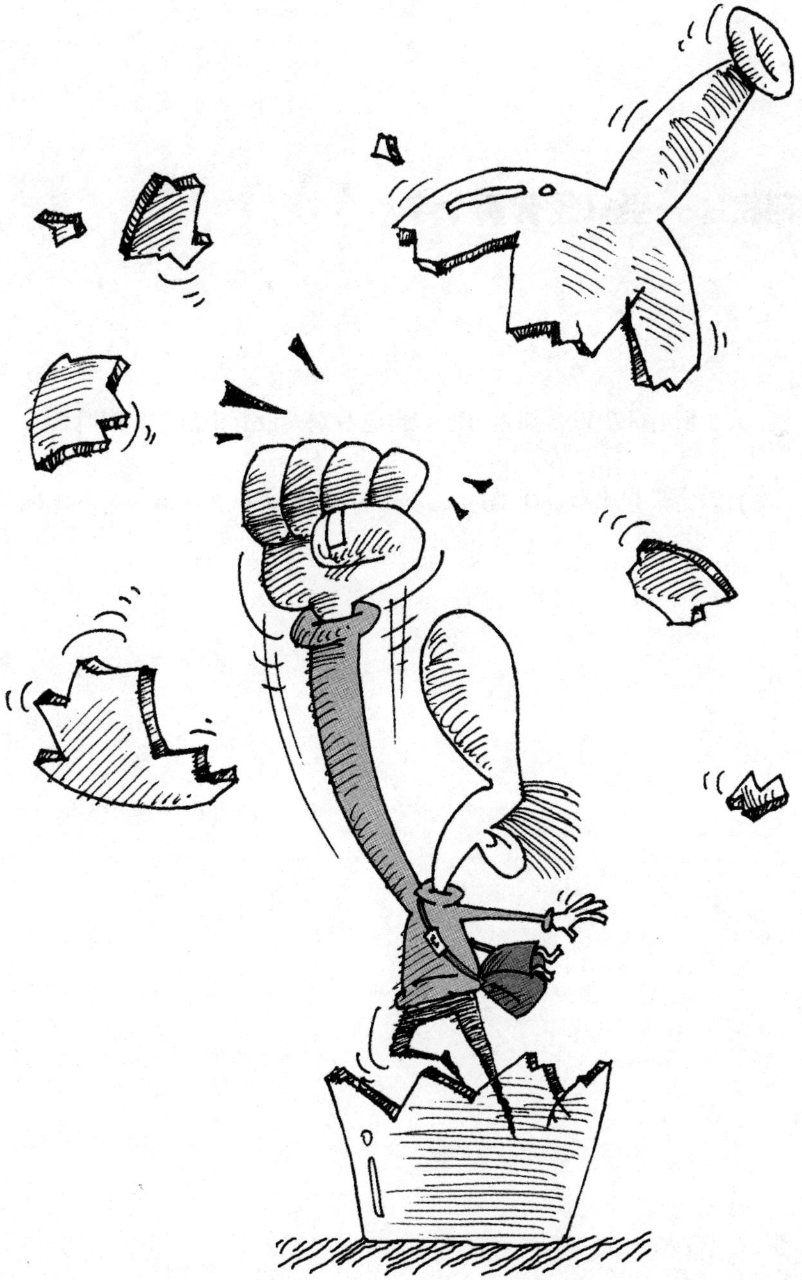

第6个秘密　一生只经营两个字

人生所有的失败，都来自于“自己对别人没有价值”。同时，人生所有的幸福和成功，都来自于“成功地塑造了自我价值”。人生价值，即被他人需要。

第7个秘密　江湖中最无敌的武林秘笈——I believe!

江湖中根本不存在什么狗屁武林秘笈，这个世界上真正的武林秘笈就是——相信自己！从相信自己到信仰自己！这个世界上真正的武林高手不是别人，而是你自己！

第8个秘密　人与人最大的差别是神马？

人和人最大的差别，就是“大脑思维程序”的差别。有的人在脑中建立了一个“苹果帝国”，有的人脑中只有一个苹果核。

第9个秘密　忘记过去，就是清理自己

忘记过去，就是清理自己。让过去的过去，让未来的到来！

第10个秘密　假如今天是你生命中的最后一天

等待，是生命的最大杀手！想做什么事，现在就做！想做什么事，此时此刻就做！你节约的不是时间，而是你的生命！

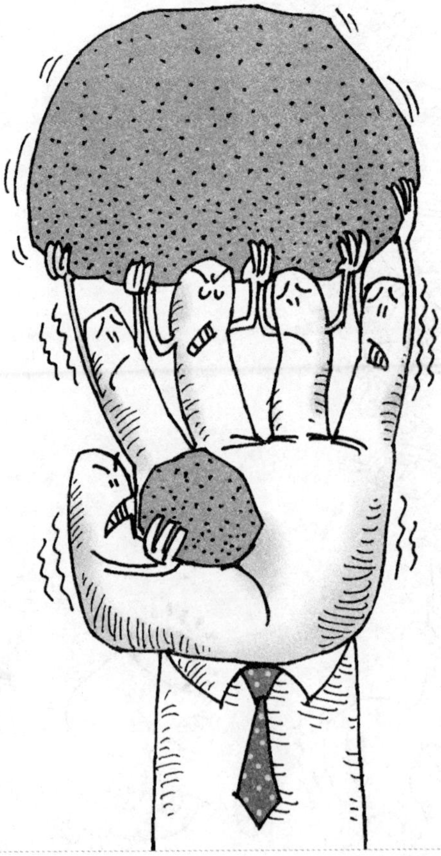

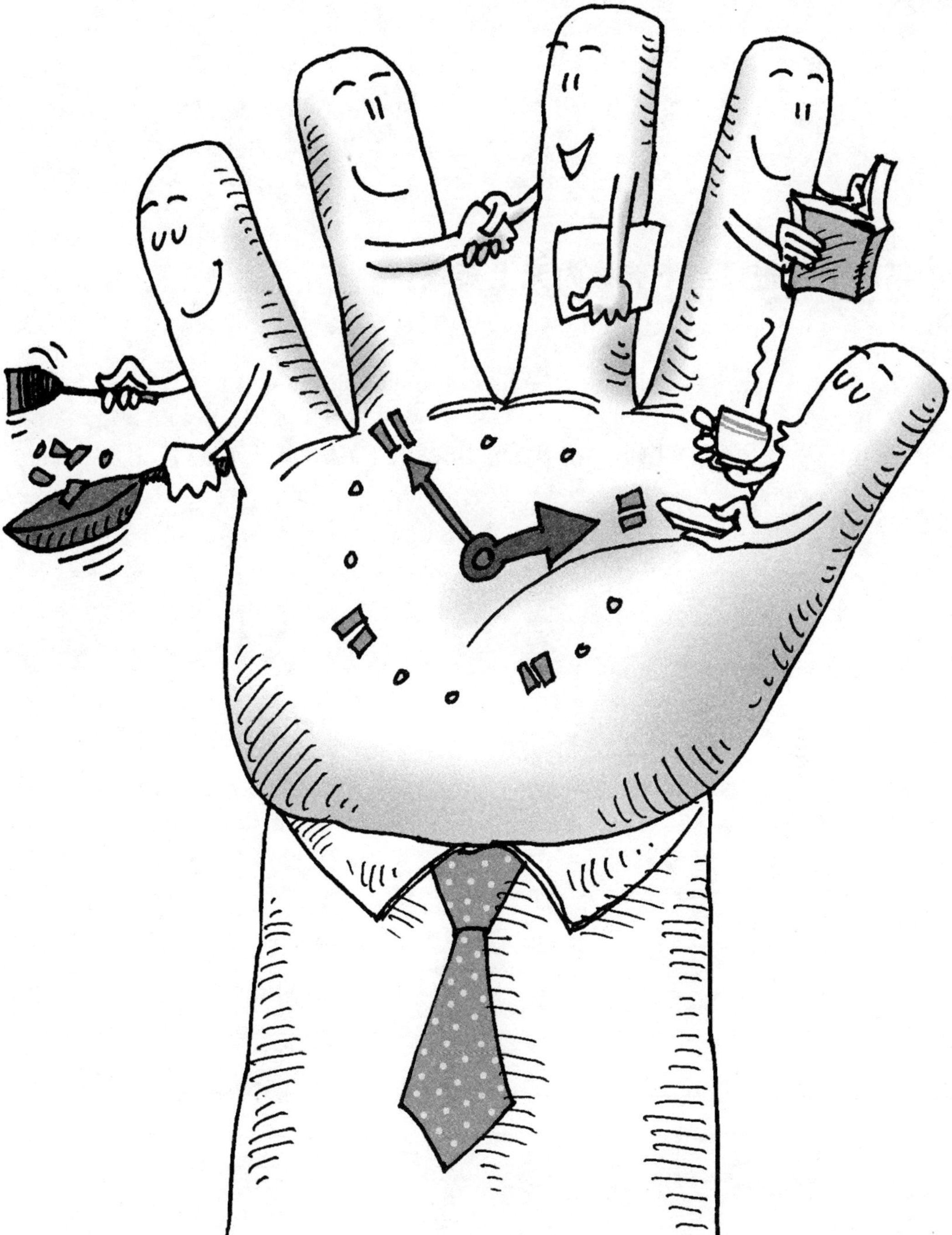

第11个秘密　当下英雄为无上英雄！

当下师为无上师，当下法为无上法，当下英雄为无上英雄！

第12个秘密　曾荫权与鲍笑薇的“裸婚时代”

女人对男人最大的贡献是——成就他的事业；男人对女人最大的贡献是——给她永恒的爱。真正的爱情是——相互成就，相互牵挂，永不改变。

囍

第13个秘密　你的口头禅是什么？

不要再用什么狗屁名牌装点你虚荣的人生，为自己设计一句彪悍、嚣张、勇猛、刚强的口头禅吧，这句话才是你的个人LOGO！

第14个秘密　从厕所清洁工到麦当劳总裁，他们做了什么？

没有人能让你输，除非你自己不想赢！

第15个秘密　毕业五年后，将校友甩出视线的8条思路

男人，你不需要背景，你自己就是最大的背景！女人，你不需要嫁给豪门，你自己就是最大的豪门。你唯一的方向就是——前进，身后无路！

第16个秘密　50年后，哪种男人会成为雕塑？

为了梦想，嚣张地奋斗！给自己一个十年，磨一剑，锋芒毕露！

有梦想的男人会成为巍峨的雕塑！100年，屹立不倒！

第17个秘密　人脉——团队——兄弟——自己

拥有了“人脉——团队——兄弟——自己”的同心圆，你就不再是一个人在战斗！你已经拥有了夺取天下的资本，这个世界所有的美好都将为你而存在！

第18个秘密　要成功，先断绝！

要成功，先断绝。断绝一切与目标无关的事情，只做与目标有关的事情。

第19个秘密　一位年轻女董事长的57条忠告

这个世界，有这么一小撮人，仿佛世界是为他们准备的，他们呼风唤雨，无所不能。你的目标，应该是努力成为这一小撮人。

第20个秘密　让自己变大，让世界变小

如果你总是看到不足并气馁，你就总是不行并卑微！当你离梦想最近的时候，就是离自己最近的时候。是梦想让我们变大，是梦想让世界变小！

第21个秘密　成为领袖的第一条铁律——人低为王

低调，是最牛B的炫耀。低手炫耀自己，高手照耀他人。

第22个秘密　成为领袖的第二条铁律——乐于分享

当你一无所有的时候，就去练习“分享美好”的能力，逐渐的你就会变得富有。生命的丰富也因你的分享而成倍增长。

第23个秘密　成为领袖的第三条铁律——包容一切

领袖，必须是一个坦荡的人，能容纳多大的事情，就能成就多大的事业。心胸宽广，方能纵横天下。

CEO

第24个秘密　成为领袖的第四条铁律——使全员强大

在做管理之前，成就自己；在做管理之后，要成就别人。伟大的企业领袖，一定是“Make all teammates great!”（使全员强大）！

第25个秘密　有一种标准叫做“天理不容”！

做一件事，感觉到疼了，说明你用心用力了。只要你足够真诚地耕耘，不停止，老天绝不会负你。有时候会欠收，甚至很多时候欠收，但是，不会一直欠收。

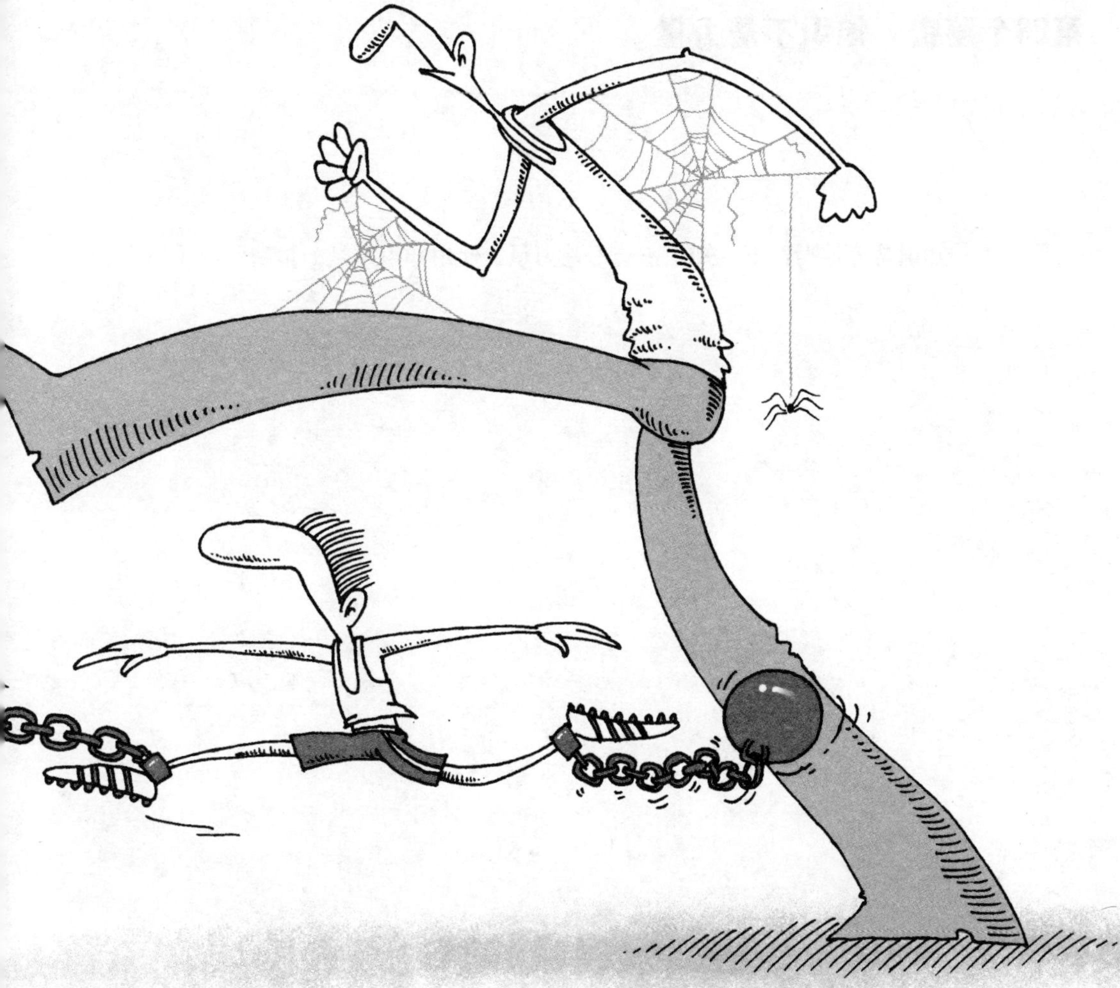

第26个秘密　知识不是力量

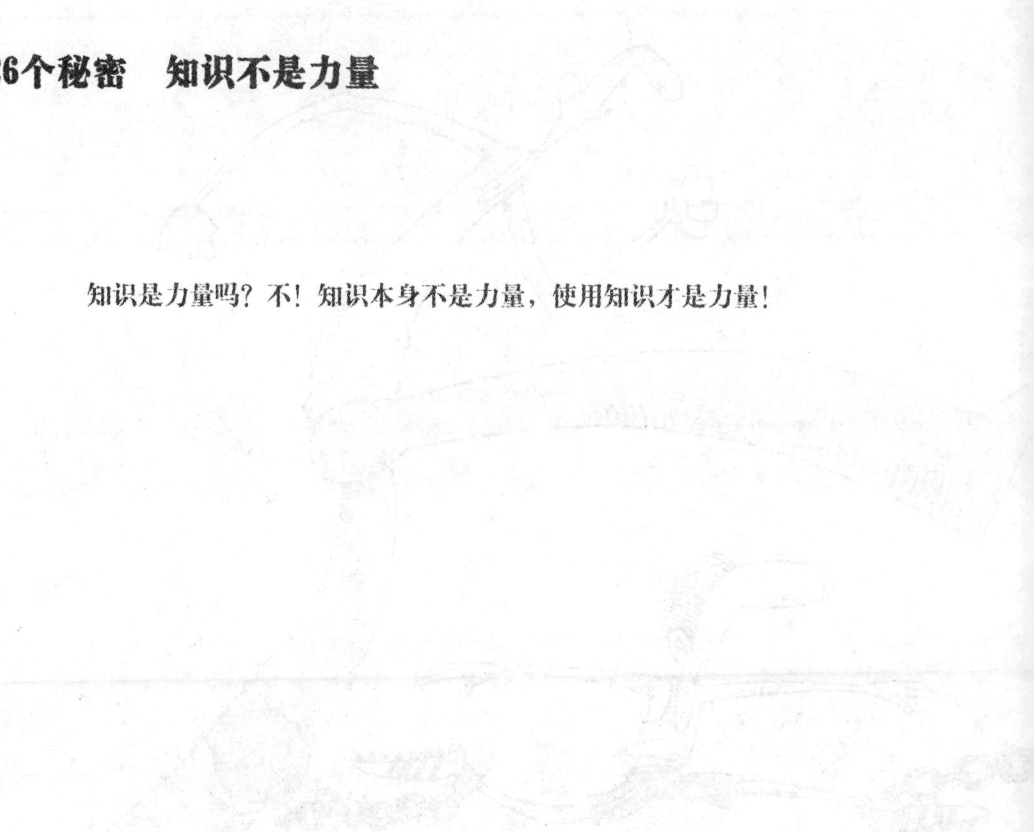

知识是力量吗？不！知识本身不是力量，使用知识才是力量！

第27个秘密　吸星大法，就是吸尽世间所有的优秀！

吸星大法，就是消化并吸收世间所有的优秀。以天下为师，然后师天下。

第28个秘密　八个绝招，治愈你的心灵绝症（一）

有一天，你败了，因为心中没爱了；

有一天，你胜了，因为心中的爱增加了。

第29个秘密　八个绝招，治愈你的心灵绝症（二）

哪里有“爱”，哪里就有“财富”和“成功”。

第30个秘密　失败之后，牛人和菜鸟分别做了什么？

遭遇失败，菜鸟认命了，而牛人选择——继续再战！这是二者之间最大的差别。

第31个秘密　寻找自己的贵人，并成为别人的贵人

把朋友的“穷困”当作你自己的“穷困”，该出手时就出手，那么日后朋友的“富贵”才可能成为你的“富贵”。

第32个秘密　专业=无人企及！

专业，就是无人企及。专业，使我们从平庸走向优秀，从卓越走向伟大！

第33个秘密　你敢在梦想上按手印吗？

有什么限制冲破什么限制，有什么障碍粉碎什么障碍，有什么敌人消灭什么敌人，有什么苦难穿越什么苦难！前方没有任何的阻碍，全速往前飞行，这就是你全部的宿命。

第34个秘密　根本智

世界上有一个神奇的标点符号，就是“？”，思考，就是“问+答”的过程。

第35个秘密　销售牛人是怎样炼成的？

职业精神，就是用敬畏之心对待卑微之事。任何一个有志于成功的青年，请学会在任何时间，任何地点，将任何产品卖给任何人！

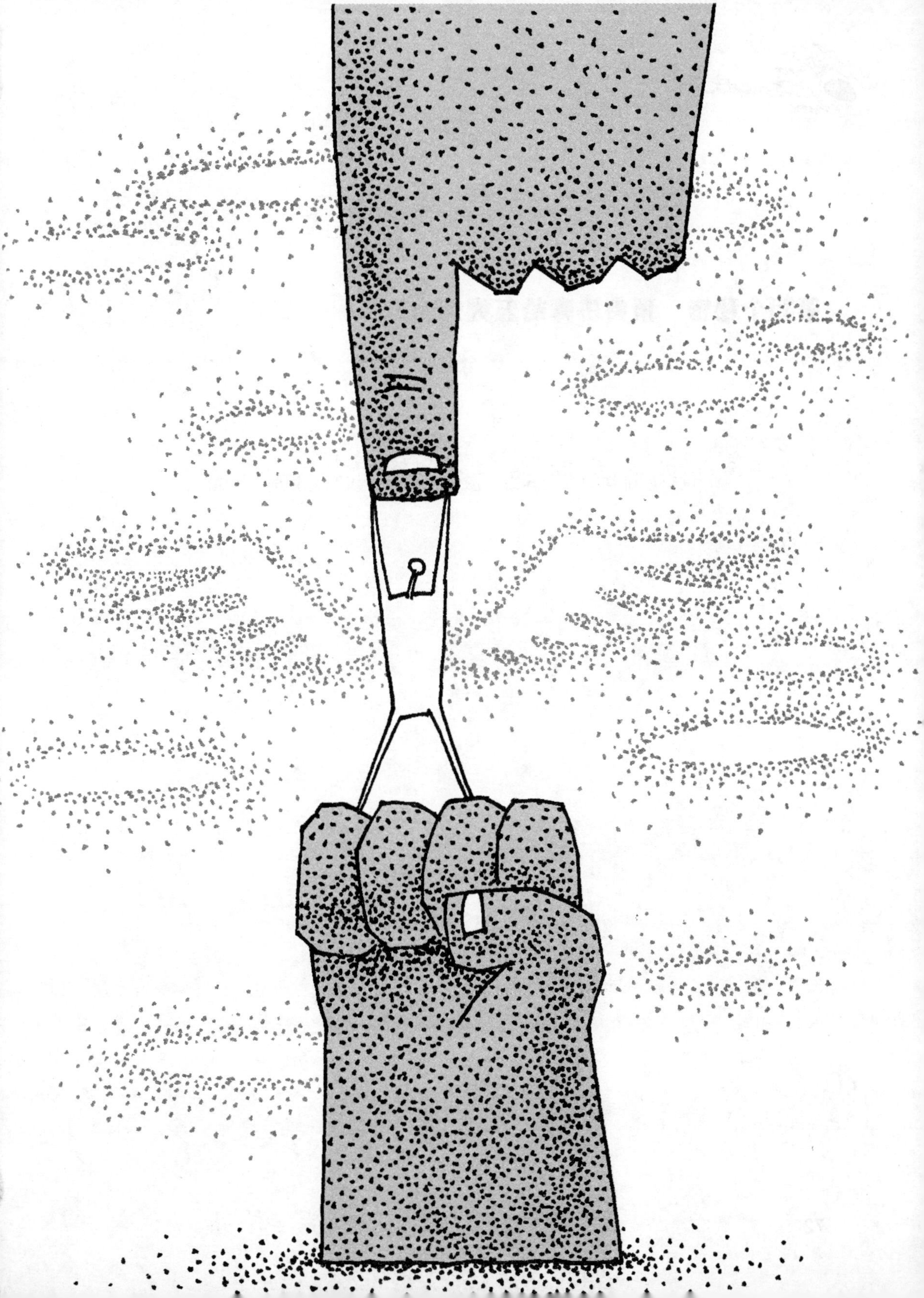

第36个秘密　顶尖讲师的五大魅力

一位卓越讲师的五大魅力：激情、幽默、雄辩、博学、勤奋。

我们做个交换吧！
用我的幸运换你的美好，
可以吗？

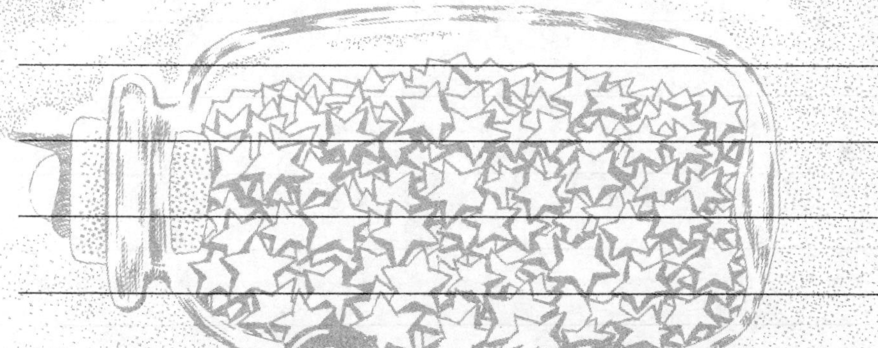